W0094729

SPECTACULUM · MODERNE THEATERSTÜCKE

SPECTACULUM 72

Vier moderne Theaterstücke

Jon Fosse – Else Lasker-Schüler – Dea Loher
Roland Schimmelpfennig

SUHRKAMP VERLAG

Abbildung auf dem Einband:
Dea Loher »Klaras Verhältnisse«, Talia Theater 2000
Foto: Marlies Henke

Erste Auflage 2001
© dieser Ausgabe 2001 Suhrkamp Verlag
Frankfurt am Main
Alle Rechte vorbehalten
Copyright und Aufführungsrechte der einzelnen Stücke
am Schluß des Bandes
Kein Teil des Werkes darf in irgendeiner Form
(durch Fotografie, Mikrofilm oder andere Verfahren)
ohne schriftliche Genehmigung des Verlages reproduziert
oder unter Verwendung elektronischer Systeme
verarbeitet, vervielfältigt oder verbreitet werden.
Satz und Druck:
MZ-Verlagsdruckerei GmbH, Memmingen
Printed in Germany

JON FOSSE
Der Name
Aus dem Norwegischen von Hinrich Schmidt-Henkel   7

ELSE LASKER-SCHÜLER
Arthur Aronymus und seine Väter   59

DEA LOHER
Klaras Verhältnisse   145

ROLAND SCHIMMELPFENNIG
Die arabische Nacht   221

Materialien:

Thomas Janßen
Ausgeträumt träumen   256

Georg-Michael Schulz
Zur Entstehungs- und Aufführungsgeschichte von
»Arthur Aronymus und seine Väter«   260

»Wenn der Kitsch vorbei ist, geht der Kampf weiter«
Dea Loher im Gespräch mit Sonja Anders   262

»Und wenn sie nicht gestorben sind, dann leben sie noch heute«
Roland Schimmelpfennig im Gespräch mit Sebastian Huber   266

Jon Fosse
Der Name

Namnet

Aus dem Norwegischen
von Hinrich Schmidt-Henkel

Der Name

Personen: Das Mädchen · Der Junge · Die Schwester · Die Mutter · Der Vater · Bjarne

I

Licht. Ein Wohnzimmer. Rechts die Tür zum Flur, links die in die Küche.
Fenster. Sofa, zwei Sessel, Couchtisch, eine Anrichte. Ein Mädchen sitzt
auf dem Sofa. Es ist ziemlich jung, es ist hochschwanger

DAS MÄDCHEN Warum ist er bloß nicht
mit rausgekommen
Ist ihm alles egal
Ich könnte ja
Bricht ab. Legt sich hin, sucht eine bequeme Stellung auf dem Sofa, aber
es bleibt unbequem, und sie setzt sich wieder auf
Ist ihm alles egal
Steht auf, geht zu einem Fenster, schaut hinaus in die Dämmerung
Jetzt muß er bald kommen
Kurze Pause
Hätten wirklich zusammen hier rauskommen können
Jetzt hab ich allein mit dem Bus fahren müssen
bloß weil er
Bricht ab. Kurze Pause
Und Mutter meckert immer nur
soll alles erzählen
Kann nicht schlafen
sagt sie
Und jetzt werd ich Großmutter
sagt sie
Schaut sich im Wohnzimmer um, geht zur Anrichte, nimmt ein Foto in die
Hand, sieht es an
Ein schönes Kind
bin ich ja nicht gewesen
Lacht kurz
Die ganzen dummen Bilder
Stellt das Foto zurück, geht zum Fenster, schaut hinaus. Pause. Es klopft
kurz an der Tür. Sie legt die Hände auf den Bauch

Das ist er wahrscheinlich
Pause. Wieder klopft es
Und wahrscheinlich will er nicht daß ihn wer mit mir sieht
Kurze Pause. Das Mädchen bleibt am Fenster stehen und schaut weiter hinaus. Es klopft wieder, diesmal kräftiger. Sie geht nach rechts ab durch die Tür zum Flur, man hört, wie die Außentür geöffnet wird. Sie kommt wieder ins Wohnzimmer, durchquert es, setzt sich aufs Sofa. Kurz danach kommt der Junge herein. Er ist ebenso alt wie sie, trägt eine Reisetasche und einen Koffer. Er stellt beide Gepäckstücke auf den Boden, zieht seine Jacke aus, hängt sie über die Rückenlehne eines Sessels. Er sieht sie an

DER JUNGE   *ängstlich*
Ich hab das Haus nicht gleich gefunden
Kurze Pause
Und dann als ich es endlich gefunden hab
hab ich angeklopft
und keiner hat aufgemacht
Lacht kurz
Ich wollte schon …

DAS MÄDCHEN   *unterbricht ihn*
Ja
Pause

DER JUNGE   *nickt, geht dann im Wohnzimmer umher, schaut sich um*
Hier bist du also groß geworden

DAS MÄDCHEN   Ja klar
Pause. Der Junge setzt sich in einen Sessel. Erneute Pause

DER JUNGE   Hübsch hier

DAS MÄDCHEN   Ja
Pause
Warum bist du nicht
mit mir rausgekommen
wenns so hübsch ist
Kurze Pause

DER JUNGE   Ich hab gar nicht ..

DAS MÄDCHEN   *unterbricht ihn*
Du willst ja nicht daß dich wer mit mir sieht
Kurze Pause

DER JUNGE   Sind deine Eltern nicht zu Hause

DAS MÄDCHEN   Doch, Mutter
Ist aber einkaufen

DER JUNGE   *steht auf, schaut sich im Zimmer um*
Also hier draußen bist du groß geworden aha

DAS MÄDCHEN	Ich will hier weg
	Ich werd hier wahnsinnig
DER JUNGE	Hier war das also
	Bricht ab
DAS MÄDCHEN	Du hättest ja auch
	ein bißchen an mich denken können
	Jeden Augenblick
	kann das Kind kommen
	Und du läßt mich allein herfahren
	und du
	Bricht ab. Der Junge geht ein wenig umher und schaut sich alles an
	Ich will hier weg
DER JUNGE	Hast du deine Mutter angerufen bevor du gekommen bist
DAS MÄDCHEN	Ich pack das nicht hier
	Bald geht es los
	und dir ist alles egal
DER JUNGE	Ganz hübsch hier draußen
	Alles so kahl
	Die Felsen
	Das Heidekraut
	Und der Wind
	Und hinter den Inseln ist das offene Meer
DAS MÄDCHEN	Ja
DER JUNGE	Und das Haus liegt schön geschützt hinter einem Fels
DAS MÄDCHEN	*etwas froh*
	Wir nennen ihn den Hügel
DER JUNGE	Ja
DAS MÄDCHEN	Und wenn richtig Sturm war
	sind wir immer draufgeklettert
	Da hat der Wind so geblasen
	da hat man sich fast nicht mehr auf den Beinen halten können
DER JUNGE	Vielleicht können wir ja heute mal hingehen
DAS MÄDCHEN	Können wir
	Pause. Der Junge stellt sich vor die Anrichte und nimmt das Foto in die Hand
DER JUNGE	*schaut sie fragend an*
	Du
DAS MÄDCHEN	*nickt*
	Kein schönes Kind gewesen
	Lacht knapp. Der Junge stellt das Foto hin, geht zum Fenster, schaut hinaus. Pause

                    Und es wird wohl auch
                    Bricht ab
DER JUNGE *schaut sie an*
                    Deine Mutter ist also einkaufen
                    Fragend
                    Im Geschäft unten
                    Das Mädchen nickt. Fragend
                    Geht sie am Stock
DAS MÄDCHEN Hab ich dir
                    tausendmal erzählt
                    Aber du hörst ja nie zu
                    wenn ich was sage
DER JUNGE War sie das
                    Ich bin an ihr vorbeigefahren
                    Sie ist die Straße runtergegangen
                    Ich bin hochgefahren
DAS MÄDCHEN Sicher
DER JUNGE *fragend*
                    Und dein Vater
DAS MÄDCHEN Arbeiten wie immer
                    Kurze Pause
                    Aber jetzt kommt er sicher bald nach Hause
DER JUNGE *geht zu einem Hochzeitsbild, das über der Anrichte an der Wand hängt,*
                    sieht es an. Fragend
                    Deine Eltern
DAS MÄDCHEN *nickt. Resigniert*
                    Ich versteh nicht
                    warum sie das da hingehängt haben
                    Die haben sich immer nur gestritten
                    Ich glaub auch früher hat das nicht da gehangen
                    Kurze Pause
                    Hat sicher meine Schwester hingehängt
                    Sie will es immer hübsch haben
DER JUNGE Ja
                    Pause. Stellt sich vor ein anderes Foto an der Wand. Fragend
                    Deine Schwester
DAS MÄDCHEN Die Große
DER JUNGE Nicht die die noch zu Hause wohnt
                    Das Mädchen schüttelt den Kopf. Pause
                    Dein Vater
                    ist also arbeiten

DAS MÄDCHEN	Ja
	Pause
	Aber er kommt sicher bald nach Hause
	Er fängt morgens früh an
	Und wenn er nach Hause kommt
	ist er immer müde
DER JUNGE	*nickt*
	Ja
	Pause
	Und deine Mutter
	Bricht ab
	Ja die
	Bricht wieder ab
DAS MÄDCHEN	*resigniert*
	Du hörst nie zu
	Stehst bloß da
	Nie wenn ich was erzähle
	hörst du richtig zu
DER JUNGE	Hm
	Pause
	Deine Schwester
	Kommt die bald nach Hause
DAS MÄDCHEN	Was weiß ich
	Kurze Pause
	Kommt wohl bald
DER JUNGE	Deine Mutter sieht okay aus
	find ich
DAS MÄDCHEN	Woher willst du das wissen
DER JUNGE	Wenn sie das war
	da auf der Straße
DAS MÄDCHEN	Nein die ist schon in Ordnung
	Greift sich an den Bauch
DER JUNGE	Strampelt es
DAS MÄDCHEN	*nickt*
	Ja
DER JUNGE	Das Kleine
DAS MÄDCHEN	Glaubst du es wird ein Junge
	Der Junge zuckt mit den Schultern
	Ich glaub es wird ein Junge
DER JUNGE	Ich hab ja nie wen von deiner Familie gesehen
DAS MÄDCHEN	Ich von deiner auch nicht

DER JUNGE	*lacht*
	Nee wirklich
DAS MÄDCHEN	*Kurze Pause. Aufgebracht*
	Aber ich halts hier nicht aus.
DER JUNGE	Ist doch nur für
	Bricht ab. Pause
	Kommt deine Mutter bald
DAS MÄDCHEN	Was weiß ich
	Steht wohl im Geschäft rum
	und redet mit wem
	Die redet immer mit wem
DER JUNGE	Hab bißchen Hunger
DAS MÄDCHEN	Wir essen wenn Vater nach Hause kommt
DER JUNGE	Ist das noch lange
DAS MÄDCHEN	Nein
	Die Haustür wird geöffnet. Schritte
DER JUNGE	*schaut das Mädchen an, etwas ängstlich*
	Da kommt wer
	Das Mädchen nickt. Fragend
	Dein Vater
	Das Mädchen zuckt mit den Schultern. Beide sehen zur Flurtür, die geht auf, und ein jüngeres Mädchen, die Schwester, kommt herein. Sie nickt dem Jungen zu
DIE SCHWESTER	*schaut zu dem Mädchen, überrascht*
	Du bist hier
	Das ist ja schön
	Wie dick du geworden bist
	Sie geht hin und umarmt das Mädchen. Dann sieht sie an ihr herunter
	So dick
	Mutter hat erzählt daß du ein Kind kriegst
	Aber nicht daß du so dick bist
	Lacht
	Ist wohl bald soweit
	Das Mädchen nickt. Fragend
	Und bist eben angekommen
	Ich hab gar nicht gewußt daß du kommst
	Darf ich mal anfassen
	Das Mädchen nickt. Die Schwester legt ihm die Hand auf den Bauch
	Kurze Pause
	Ich merk nichts
DAS MÄDCHEN	*etwas froh*

Wenn es strampelt
merkst du es deutlich
Aber jetzt strampelt es nicht
DIE SCHWESTER Strampelt es viel
DAS MÄDCHEN Ja ziemlich
DIE SCHWESTER Und wie dick du geworden bist
Du siehst wirklich aus als könnte es jeden Augenblick soweit sein
Ach ich soll dich von Bjarne grüßen
DAS MÄDCHEN *etwas zurückhaltend*
Von Bjarne
DIE SCHWESTER Ja
Kurze Pause
Ich hab ihn unten am Kiosk getroffen
Er hat gesagt ich soll dich grüßen
Und du sollst doch reinschauen
wenn du mal zu Hause bist
Sollst einfach mal vorbeikommen
hat er gesagt
DAS MÄDCHEN Ja
DIE SCHWESTER Ich hab ihm erzählt daß du ein Kind kriegst
Kichert ein bißchen
Ich hab nicht gewußt ob dir das recht ist
Weil Vater weiß es ja noch nicht
Ach das weißt du wahrscheinlich nicht
aber Mutter hat ihm noch nicht gesagt
daß du ein Kind kriegst
Sie sagt sie hat keine Lust dazu
DAS MÄDCHEN Er hat aber nichts gesagt
DIE SCHWESTER *verwirrt*
Wie nichts gesagt
DAS MÄDCHEN Weil ich schwanger bin
DIE SCHWESTER *fragend*
Bjarne
Nein natürlich nicht
Lacht kurz. Kurze Pause
Hat nur so was gesagt vor wegen hast du wieder rumgevögelt
Beide lachen
DAS MÄDCHEN *nickt in Richtung des Jungen*
Ja das ist also der Vater
Lacht kurz. Der Junge und die Schwester stehen auf, geben sich die Hand, setzen sich wieder hin

	Ist gerade angekommen
	Hat Mutter auch noch nicht gesehen
DER JUNGE	Doch
DAS MÄDCHEN	*schaut die Schwester an, lacht*
	Er ist vielleicht an ihr vorbeigefahren
	unten auf der Straße
DIE SCHWESTER	*unvermittelt*
	Sollen wir Karten spielen
DAS MÄDCHEN	Kein Bock
DIE SCHWESTER	*schaut den Jungen an*
	Wir zwei
	Er zuckt mit den Schultern. Pause. Sie lacht kurz, schaut ihn an
	Ich find das so komisch
	daß Mutter Vater nicht gesagt hat
	daß du ein Kind kriegst
	Der wird Augen machen
	Er kriegt den Mund nicht auf zur Zeit
	Und mit Mutter kann man sowieso nicht reden
	Völlig durchgedreht
	Beginnt zu lachen
	Es wird immer schlimmer
	Sie redet total verrücktes Zeug
	Ist doch sonst nicht so
DAS MÄDCHEN	Ist sie doch
	Auch schon früher
DIE SCHWESTER	Und Vater sagt wie immer
	so gut wie nichts
	Und er bekommt so wenig Schlaf
	Muß ja wahnsinnig früh raus
	Na ja er geht auch früh ins Bett
	Er sagt er liegt nur im Bett
	Kann nicht schlafen
	sagt er
DAS MÄDCHEN	Ja
	Kurze Pause
	Und Bjarne war wie immer
DIE SCHWESTER	So wie immer
DAS MÄDCHEN	*schaut den Jungen an*
	Ein Freund von früher
	Ich bin oft bei ihm unten gewesen
	Bei ihm und seinem Bruder

	Bricht ab
	Hab dir von ihm erzählt
	Der Junge nickt. Sie lacht kurz
	Aber du hörst ja nie zu
	egal was ich sag
DER JUNGE	*Kurze Pause*
	Lang her daß du ihn gesehen hast
DAS MÄDCHEN	Paar Jahre vielleicht
DIE SCHWESTER	*lacht*
	Die sind total verrückt
	Bjarne und sein Bruder
	Die Haustür wird geöffnet. Schritte. Der Junge schaut das Mädchen an
DAS MÄDCHEN	Keine Angst
DIE SCHWESTER	Wird wohl Mutter sein
DAS MÄDCHEN	*schaut sie an*
	War einkaufen
	Die Schwester nickt. Die Flurtür geht auf. Eine ältere Frau kommt herein, die Mutter. Sie hat einen steifen Fuß und geht mühsam an einem Krückstock
DIE MUTTER	Ach da seid ihr
	Stellt euch mal so was vor
	Lacht. Nickt dem Jungen zu, sieht das Mädchen an
	Wißt ihr was ich gehört hab
	unten im Geschäft
DIE SCHWESTER	*nickt in Richtung des Jungen, sieht die Mutter an*
	Das ist Beates Freund
DIE MUTTER	Wißt ihr was ich gehört hab
	Haut sich mit der freien Hand auf den Schenkel
DAS MÄDCHEN	*resigniert*
	Ja ja
	Pause
	Willst du ihm nicht guten Tag
	Bricht ab
	Du hast ihn doch noch nie gesehen
DIE MUTTER	*sieht den Jungen an, der aufsteht, sie geben einander die Hand, er bleibt bei ihr stehen*
	Ich hab gehört
DAS MÄDCHEN	*steht auf*
	Ich weiß was du sagen willst
	Die Mutter sieht das Mädchen an, etwas vorwurfsvoll, dann den Jungen, schüttelt den Kopf, dreht sich langsam um und geht nach links in die Küche ab, schließt die Tür hinter sich. Pause

DIE SCHWESTER *etwas unruhig*
                Sollen wir nicht Karten spielen
DAS MÄDCHEN   Nein hörst du doch
DIE SCHWESTER   *verstimmt*
                Was ist mit dir los
                Ich frag ja bloß
                Pause. Der Junge steht auf, geht zu seiner Tasche, öffnet sie, nimmt ein
                Buch heraus
                Hab doch bloß gefragt
                Wird ja wohl noch erlaubt sein
                Der Junge setzt sich wieder in den Sessel, er schlägt das Buch auf
                War bloß eine Frage
                Was ist mit dir los
                Warum bist du so
DAS MÄDCHEN   Ja ja
DIE SCHWESTER   *steht auf. Der Junge schaut von seiner Lektüre hoch*
                Daß du dich so anstellst
                Ich hab nur mal gefragt mehr nicht
                Geht in den Flur hinaus, wirft die Tür hinter sich zu. Der Junge sieht das
                Mädchen an, dann liest er weiter. Kurze Pause
DAS MÄDCHEN   Jetzt lernst du also meine Familie kennen
                Der Junge blickt auf, nickt, liest weiter
                Hast du sie dir so vorgestellt
                Lacht kurz
DER JUNGE   *im Weiterlesen, unbestimmt*
                Ja
DAS MÄDCHEN   Alles Scheiße
                Vater arbeitet immer nur
                Kann nicht mehr schlafen
                Mutter läuft rum und redet verrücktes Zeug
                quatscht mit den Leuten im Geschäft
                findet sich wohl komisch
                Schaut den Jungen an
                Kannst du nicht mal zuhören
                Der Junge schaut vom Buch auf
                Dir ist alles egal
                Du hörst nie zu wenn ich mit dir rede
                Du
                Bricht ab
DER JUNGE   Wieviel Uhr kommt dein Vater
DAS MÄDCHEN   Wahrscheinlich jetzt bald

	Kurze Pause
	Er ist sicher
	Bricht ab
Der Junge	Wirken nett
Das Mädchen	Ist dir alles egal
Die Mutter	*kommt in das Wohnzimmer zurück, geht zu dem anderen Sessel, setzt sich mühsam, sieht das Mädchen an*
	Und jetzt wirst du bald auch Mutter
Das Mädchen	*kurz angebunden*
	Ja
Die Mutter	Ja ich hab dich lange nicht gesehen
Das Mädchen	*nickt*
	Nicht ohne Grund
Die Mutter	Und jetzt wirst du bald Mutter
	Hebt den Stock und tippt dem Mädchen damit an die Schulter
Das Mädchen	Lustig
	Richtig nett
	Die Mutter setzt den Stock wieder auf den Boden, seufzt
	Du wolltest doch was erzählen
	Irgendwas das du im Geschäft gehört hast
	Die Mutter seufzt wieder
	Etwas worüber du lachen kannst
	Die Mutter sieht resigniert den Jungen an, schüttelt den Kopf. Pause. Der Junge blickt wieder in das Buch. Das Mädchen, den Tränen nah
	Allen ist alles egal
	Die Mutter zieht sich mühsam in dem Sessel hoch, geht nach rechts in der Flur, schließt die Tür hinter sich, man hört, wie eine andere Tür geöffnet und wieder geschlossen wird. Pause. Das Mädchen sieht den Jungen an
	Willst du jetzt nur noch lesen
	Du kümmerst dich ja wunderbar um alles
	Das Mädchen versucht aufzustehen, hat aber Schmerzen und setzt sich wieder
Der Junge	*seufzt*
	Ja ja
Das Mädchen	Dir ist alles völlig egal
Der Junge	Nein nein
	Kurze Pause. Plötzlich wütend
	Du kannst auch immer nur
	Bricht ab
Das Mädchen	*wie eine Frage*
	Zu Bjarne runtergehen

Der Junge zuckt mit den Schultern
Dem bin ich jedenfalls genauso egal wie dir
Du sitzt da rum und liest
Den Tränen nah
Sitzt da rum

DER JUNGE   Ja ja
Das Mädchen steht auf, wandert ein wenig in dem Zimmer herum, während der Junge weiterliest, dann geht sie in den Flur, man hört Schritte treppauf. Der Junge geht zum Sofa, setzt sich hin und liest weiter. Nach einer Weile kommt die Schwester aus dem Flur. Der Junge schaut sie an

DIE SCHWESTER   Ist sie weggegangen
Der Junge nickt
So ist sie
Ist eben manchmal so
So kann sie sein
Die Schwester schüttelt den Kopf. Sie geht durch den Raum und setzt sich neben den Jungen auf das Sofa. Pause
Ich versteh nicht daß sie so ist
So ist sie schon immer gewesen
Liegt nicht nur daran daß sie ein Kind kriegt
Ist einfach so
Kurze Pause
Aber dann ist sie wieder nett
Kann sehr nett sein
Sieht den Jungen an
Sie kann auch sehr nett sein

DER JUNGE   *nickt*
Ja

DIE SCHWESTER   Ich versteh nicht warum sie immer wieder so ist

DER JUNGE   Nein

DIE SCHWESTER   Manchmal ist sie eben so
Der Junge nickt
Na das kennst du ja auch
Kurze Pause
Ich glaub ich würde kein Kind mit ihr haben wollen
Lacht kurz

DER JUNGE   Ich auch nicht
Die Schwester fängt zu lachen an
Aber oft ist sie auch in Ordnung

DIE SCHWESTER   Ja

DER JUNGE   Du kennst sie ja besser als ich

DIE SCHWESTER	Ist ganz in Ordnung
DER JUNGE	Ja
	Pause. Die Haustür wird geöffnet, man hört Schritte. Der Junge schaut die
	Schwester an
DIE SCHWESTER	Jetzt kommt Vater
	Das ist er ich höre das
	Der Junge blickt in das Buch. Die Flurtür geht auf, der Vater kommt her-
	ein. Er ist fünfzig bis sechzig, wirkt gesund und kräftig, aber dennoch
	müde und verschlossen. Der Junge steht auf, doch der Vater tut so, als
	würde er ihn übersehen, der Schwester dagegen nickt er einen Gruß zu,
	bevor er sich in einen Sessel setzt; nach wie vor nimmt er den Jungen nicht
	zur Kenntnis. Er nimmt eine Zeitung vom Tisch, schaut hinein, seufzt
	leise, der Junge setzt sich wieder auf das Sofa und schlägt das Buch auf
DER VATER	*zur Schwester*
	Das wars dann also heute
	Seufzt. Fragend
	Mutter hat sich hingelegt
DIE SCHWESTER	Ich glaub
DER JUNGE	*versucht etwas anzubringen*
	Sie ist vielleicht
DIE SCHWESTER	*unterbricht ihn*
	Nein sie hat sich hingelegt
	Zum Vater
	Vorhin war sie auf
	Etwas freudig
	Aber Beate ist nach Hause gekommen
DER VATER	*schaut sie an*
	Beate
DIE SCHWESTER	*nickt*
	Heute
	Auf einmal
DER VATER	Ja ja
	Ist sie draußen
DIE SCHWESTER	Ich weiß nicht
	Der Vater nickt. Die Schwester sieht den Jungen an
	Das ist Beates Freund
DER VATER	*nickt wieder, schaut den Jungen an, dann wieder in die Zeitung. Pause.*
	Der Vater steht auf, streckt sich, geht etwas umher. Der Junge liest weiter
	Ja ja
	Sieht die Schwester an
	Beate ist also nach Hause gekommen

Lange nicht mehr hier gewesen
Kurze Pause
Na man sollte mal was essen vielleicht
Geht zum Fenster, schaut hinaus. Pause. Geht etwas umher, schüttelt resigniert den Kopf

DIE SCHWESTER Mutter hat heute was erlebt wies scheint
beim Einkaufen

DER VATER Hat sie das

DIE SCHWESTER Ist gerade eben hoch ins Bett

DER VATER Ist sie das
Kurze Pause
Nein ich seh mal zu daß ich was esse
Der Vater geht in die Küche, schließt die Tür hinter sich

DIE SCHWESTER *schaut den Jungen an*
Kennt ihr euch schon
Der Junge schaut vom Buch auf, schüttelt den Kopf
Nicht

DER JUNGE *schüttelt wieder den Kopf. Pause*
Erstes Mal

DIE SCHWESTER Hier ist alles total verrückt
Völlig unmöglich
Nimmt eine Tüte Bonbons aus einer Tasche
Willst du
Der Junge nickt, sie hält ihm die Tüte hin, und er bedient sich
Was liest du da

DER JUNGE Ist nur so
Bricht ab

DIE SCHWESTER Ja
Lacht leise
Klingt langweilig

DER JUNGE *lächelt*
Ja

DIE SCHWESTER Ich lese nie

DER JUNGE Hab ich früher auch nie

DIE SCHWESTER Ich bin mies gewesen in der Schule

DER JUNGE Ich auch

DIE SCHWESTER Aber du liest trotzdem Bücher

DER JUNGE Ja
Kurze Pause

DIE SCHWESTER Was willst du mal machen

DER JUNGE Nichts

	Lacht kurz
DIE SCHWESTER	Ich weiß auch nicht was ich mal machen will
	Kurze Pause
	Jetzt wirst du erst mal Vater
	Lacht kurz
DER JUNGE	Ja
DIE SCHWESTER	Freust du dich
	Der Junge schüttelt den Kopf
	Freust dich nicht
	Der Junge schüttelt wieder den Kopf
	Na ja bist ja auch noch ziemlich jung
	Der Junge nickt
	Seid beide jung
DER JUNGE	Ja
DIE SCHWESTER	Schon so was
	Kinder kriegen
DER JUNGE	Ja sicher
	aber
	Bricht ab
DIE SCHWESTER	Und ich weiß nicht was ich machen soll
	Auf was für eine Schule gehen und so was
	meine ich
DER JUNGE	Mach wozu du Lust hast
DIE SCHWESTER	Ich weiß aber nicht wozu ich Lust hab
	Lacht
DER JUNGE	Muß doch was geben
	Die Küchentür wird geöffnet, der Vater kommt herein. Der Junge schaut ins Buch
DER VATER	*zur Schwester*
	Hat gut getan
	bißchen was essen
	Die Arbeit macht Hunger
	Kurze Pause
	Also Beate ist heute nach Hause gekommen
	Sieht die Schwester an. Fragend
	Und jetzt ist sie draußen und geht spazieren
	Kommt wohl bald zurück
	Hab sie lang nicht mehr gesehen
	Ja ja
	Wird nett sie zu sehen
	Der Vater setzt sich erneut in den Sessel, nimmt die Zeitung wieder zur

Hand, nimmt ein Brillenetui vom Tisch, setzt die Brille auf, blättert in der Zeitung

DIE SCHWESTER *zieht die Bonbontüte heraus, hält sie dem Vater hin*
Willst du

DER VATER Nein danke
Kurze Pause, er sieht die Schwester an
Weißt du wo Beate ist

DIE SCHWESTER Nein
Kurze Pause. Die Schwester schaut den Jungen an, dann steht sie auf und geht zum Fenster, schaut hinaus, der Junge blickt von seinem Buch auf, schaut den Vater an, der weiter in der Zeitung blättert

DER VATER Ja ja
Der Junge schaut wieder in sein Buch
Ja ja ja
Der Vater legt die Zeitung aus der Hand, steht auf, der Junge schaut weiter in sein Buch, der Vater fängt an, im Zimmer herumzugehen. Zur Schwester
Hat sich hingelegt
Hat heute wieder wehgetan

DIE SCHWESTER Ich glaub

DER VATER Ja ja
Bleibt stehen und schaut auf den lesenden Jungen
Wer ist das
Der Junge schaut auf

DIE SCHWESTER Das ist Beates Freund
Hab ich doch gesagt

DER VATER Er liest

DIE SCHWESTER Ja

DER VATER Ja ja
Hat er was zu essen gekriegt

DIE SCHWESTER *zum Jungen*
Hast du gegessen
Der Junge nickt

DER VATER *zur Schwester*
Ist also Beate heute gekommen
zusammen mit ihm

DIE SCHWESTER Ich glaub

DER VATER *Setzt sich wieder in den Sessel, blättert in der Zeitung, die Schwester setzt sich neben den Jungen, der weiterhin liest. Der Vater sieht die Schwester an*
Ist das sein Koffer

DER JUNGE   *sieht den Vater an, nickt*
            Ja
DIE SCHWESTER Ich kann den Koffer auf den Flur stellen
DER VATER   Nicht wegen mir
DER JUNGE   Ich kann das selber tun
DER VATER   *schaut die Schwester an*
            Du weißt nicht wo Beate ist
DIE SCHWESTER *schüttelt den Kopf*
            Nein hab ich doch gesagt
            Der Vater faltet die Zeitung zusammen, steht auf, geht zum Fenster und schaut hinaus. Pause. Die Flurtür wird geöffnet, die Mutter humpelt vornübergebeugt auf ihrem Stock herein. Der Vater sieht sie an
DIE MUTTER *zum Jungen*
            Ich hab mich bißchen hinlegen müssen
            Der Fuß tut so weh
            Ich werd so schnell müde
            Der Junge nickt
            Ist Beate nicht hier
DIE SCHWESTER Sie ist rausgegangen
DER VATER   *zur Mutter*
            Ich hab mir was zu essen gemacht
DIE MUTTER *zum Jungen*
            Scheußlich wenn man alt wird
            kann ich dir sagen
            Dabei bin ich
            noch gar nicht so alt
            Lacht
            Nur mit der Gesundheit will es nicht mehr
            Kurze Pause
            Du bist so dünn
            Könntest wirklich was zu essen brauchen
DER JUNGE   Ja
DIE MUTTER Wirklich sehr dünn
            Pause
            Ich kann was Gutes zum Abendessen machen
DER VATER   *zur Mutter*
            Ich hab Sverre getroffen
DIE MUTTER In der Stadt
DER VATER   Ja
            Ich glaub er war nicht ganz nüchtern
            Hat schlimm ausgesehen

DIE MUTTER	Na du ja auch
	Lacht
DER VATER	Ich glaub er ist arbeitslos
DIE MUTTER	Ist er nicht zur See gefahren
	eigentlich
DER VATER	Doch doch ist er schon
DIE MUTTER	*zum Jungen, fragend*
	Hast du Geschwister
	Der Junge schüttelt den Kopf
	Eltern
DER JUNGE	Ja
DIE MUTTER	Nein was bist du dünn
	Sie lacht, dreht sich zu der Schwester um
	Wo ist Beate
DIE SCHWESTER	Weiß ich nicht
	Jetzt hast du schon paarmal gefragt
DIE MUTTER	*schaut den Vater wissend an*
	Ist ihr heut nicht richtig gut
	der Beate
DIE SCHWESTER	Ganz schlimm wars
	Kurze Pause. Der Junge klappt das Buch zu, legt es auf den Sofatisch, wirft sich die Jacke über den Arm, nimmt Koffer und Reisetasche und geht in den Flur. Die Tür schließt er vorsichtig hinter sich. Kurze Pause
DER VATER	Wer ist das
DIE SCHWESTER	Beates Freund
DIE MUTTER	Ja ich muß dir erzählen
	Bricht ab. Der Vater wendet sich ab und schaut aus dem Fenster. Kurze Pause. Die Mutter fängt zu lachen an
	Ja
DER VATER	*schaut die Mutter an*
	Na los raus damit
DIE MUTTER	Nein das kann warten
DER VATER	Wann ist er gekommen
DIE MUTTER	Beate und er sind heute gekommen
DER VATER	Ja das hab ich schon selber begriffen
	Bleiben sie lang
DIE MUTTER	Weiß ich nicht
DER VATER	Was macht er
DIE SCHWESTER	Ich weiß nicht
DER VATER	Wahrscheinlich nichts
	Kurze Pause. Schaut zur Mutter
	Wo kommt er her

DIE MUTTER Ich weiß nicht
Fängt zu lachen an
DER VATER Die Sorte kenne ich
DIE MUTTER Er wirkt doch nett
DER VATER Nett ja
DIE MUTTER Ja ja
DER VATER Will er auch hier wohnen
DIE MUTTER Wird er wohl
DER VATER Arbeit hat er keine
DIE MUTTER Ich weiß nicht
DIE SCHWESTER Der wird schon in Ordnung sein
DER VATER *ironisch*
In Ordnung sicher
DIE SCHWESTER *schaut den Vater an*
Du
DER VATER Ja
Kurze Pause. Er geht in die Küche
DIE MUTTER *zur Schwester*
Weißt du was über ihn
DIE SCHWESTER *schüttelt den Kopf*
Ich hab nur bißchen mit ihm geredet
DIE MUTTER Er sagt nicht viel
DIE SCHWESTER Nein
DIE MUTTER *leise*
Aber er ist der Vater von dem Kind
DIE SCHWESTER Glaub schon
DIE MUTTER Dann ist ja gut
DIE SCHWESTER Glaub schon
Pause
DIE MUTTER Ich war zu müde zum Abendessen machen
Kurze Pause. Zieht eine Grimasse
Jetzt kommt der Schmerz wieder
Muß mich wohl noch mal
hinlegen
*Aus dem Flur sind schwere Schritte zu vernehmen, dann die Treppe hin-
auf*
Vater muß sich wohl bißchen hinlegen
Lacht. Kurze Pause
Ich glaub ich muß mich auch noch bißchen hinlegen
Nimm dir einfach selber was
DIE SCHWESTER Ich kann mir was machen
Aber willst du nichts

DIE MUTTER Ich bin nicht so hungrig
            Nimm dir was
            Du kannst dir was braten
DIE SCHWESTER Ja kann ich schon
            Kurze Pause
            Ich hab aber auch
            nicht soviel Hunger
DIE MUTTER *lacht*
            Hast wohl zuviel genascht
DIE SCHWESTER Ich mach einfach was Gutes zum Abendessen
DIE MUTTER Ja das können wir tun
            Kurze Pause. Fragend
            Beate hat sich hingelegt
DIE SCHWESTER Ich glaube
            *Geht in die Küche. Die Mutter bleibt noch ein Weilchen sitzen, dann
            stemmt sie sich hoch und humpelt in den Flur. Man hört, wie eine Tür ge-
            öffnet und wieder geschlossen wird. Pause. Licht aus*

II

            *Licht. Pause. Der Junge kommt in das Wohnzimmer, schaut sich etwas
            um, als wollte er sich dafür entschuldigen, daß er gekommen ist. Er geht
            zum Sofa und setzt sich hin, nimmt die Zeitung, schaut flüchtig hinein,
            blickt sich im Zimmer um. Er steht auf, geht zum Fenster, schaut hinaus,
            draußen ist es jetzt ganz dunkel, er schaut sich noch einmal die Fotos auf
            der Anrichte und an der Wand an. Lauscht, ob jemand kommt. Er geht
            zum Sofa und setzt sich hin, nimmt das Buch zur Hand, blättert darin. Er
            blickt wieder auf, schaut sich im Zimmer um. Man hört Schritte, die Tür
            zum Flur wird geöffnet, und das Mädchen kommt herein*
DAS MÄDCHEN *lächelt etwas verlegen*
            Ich bin heut wohl nicht
            so ganz okay
            Der Junge sieht sie an
            Na wird schon
            Bricht ab
DER JUNGE Ja

DAS MÄDCHEN	Wo sind die anderen
DER JUNGE	Ich weiß nicht

Pause

Ich bin nur ein bißchen draußen gewesen

Als ich zurückgekommen bin war keiner mehr hier

DAS MÄDCHEN Wahrscheinlich haben sie sich hingelegt

Kurze Pause

Und meine Schwester ist wahrscheinlich runter zum Kiosk

Lacht leise. Der Junge nickt. Das Mädchen schaut ihn an, lächelt

Jetzt geht's mir besser

Der Junge lächelt wieder. Das Mädchen setzt sich neben ihn auf das Sofa.

Er schaut in das Buch. Pause

DER JUNGE Dein Vater ist nach Hause gekommen

DAS MÄDCHEN Du hast mit ihm geredet

DER JUNGE *nickt*

Na ja geredet

Ich glaub er kann mich nicht leiden

Und du wohl auch nicht

Du willst wahrscheinlich, daß ich wieder wegfahre

Das Mädchen schaut ihn an

Sag es ruhig

Wenn du willst daß ich wegfahre

brauchst du es nur zu sagen

DAS MÄDCHEN Nein

Ruhig

Will ich eben nicht

Etwas mutlos

Aber ich bin dir ja egal

Dir ist alles gleich

Ob du hier bist oder nicht

Ist für dich ein und dasselbe

Kurze Pause

Dir bin ich immer egal gewesen

Ich hab ja allein hierher fahren müssen

Dabei weißt du genau wie ich mich davor geekelt hab

Zu meinen Eltern rauszufahren

Ich halt es hier nicht aus

Kurze Pause

Da gings mir gerade mal gut

und jetzt geht das wieder von vorn los

Seufzt

DER JUNGE	Dein Vater kann mich nicht leiden
DAS MÄDCHEN	Er hat aber auch nichts gegen dich
	Er ist nun mal so
DER JUNGE	Ich fahre gern wieder weg
DAS MÄDCHEN	*atmet tief ein*
	Ja wenn du willst dann
	Brüsk
	Was wartest du noch
	Ich bin dir egal
	und das Kind wird dir genauso
	egal sein
	Geh doch
DER JUNGE	*resigniert, ruhig*
	Müssen wir so reden
DAS MÄDCHEN	Du bist so
	Ich war bis eben ganz zufrieden
DER JUNGE	Ja du bist immer nur lieb und nett
DAS MÄDCHEN	Du bist mir jedenfalls nicht egal
DER JUNGE	Können wir nicht aufhören
DAS MÄDCHEN	Bin dir immer egal gewesen
DER JUNGE	Nein das stimmt nicht
	Pause
	Und jetzt müssen wir hier sein
	Ich glaub das ist überhaupt nicht
	Bricht ab
DAS MÄDCHEN	Sag schon
DER JUNGE	Ja ja
	Du hast doch gemeint
	Bricht ab
	Ja irgendwo mußten wir ja hin
DAS MÄDCHEN	Genau
	Ironisch
	Und jetzt hast du meine Eltern und meine Schwester
	Lacht kurz. Pause
	Sind sie wie du sie dir vorgestellt hast
DER JUNGE	Ich weiß nicht
DAS MÄDCHEN	Immer sagst du du weißt nicht
	Pause. Sie sieht ihn an. Etwas froh
	Jetzt strampelt es wieder
	Sie legt sich die Hand auf den Bauch, sieht immer noch den Jungen an, er nickt ihr zu

Richtig doll strampelt es
Willst du mal fühlen
Er rührt sich nicht. Enttäuscht
Ist dir egal
DER JUNGE *rückt zu ihr heran, legt ihr den Arm um die Schultern*
Können wir nicht
DAS MÄDCHEN *sieht ihn an, und er drückt sie an sich. Sie lehnt sich an ihn*
Ja
Kurze Pause
Es ist nur so schwierig
Ich halt es hier im Hause nicht aus
Alles kommt wieder hoch
Ich halts hier nicht aus
Schritte. Das Mädchen schaut auf und wartet
Nein es kommt wohl niemand
DER JUNGE *drückt sie an sich*
Ist nur wer vorbeigegangen
Pause. Tröstend
Wir bleiben nicht so lange hier
Brauchen ja nur so lange zu bleiben
bis wir was Eigenes gefunden haben
DAS MÄDCHEN Aber wir finden nichts
Haben ja kein Geld
DER JUNGE Das schaffen wir schon
Lacht ein wenig
Wir können ja nicht
Bricht ab
DAS MÄDCHEN Ja
Kurze Pause. Sie schaut auf, blickt ihn an
Aber hast du schon mal nachgedacht wie das Kind heißen soll
Er schüttelt den Kopf. Sie lehnt sich an ihn an, dann steht sie mühevoll auf, geht zum Fenster und schaut hinaus, einige Schritte sind zu hören, sie sehen einander an. Pause. Das Mädchen geht in eine Ecke, dort steht eine Tasche, aus der sie etwas Babywäsche nimmt
Wir haben ja
Bricht ab. Schaut auf das Wäschestück
Wir haben ja was für das Kind
Hält das Wäschestück hoch, daß der Junge sie sehen kann
DER JUNGE *nickt*
Ja
DAS MÄDCHEN *schaut auf das Wäschestück*

Ganz hübsch
Pause
Jetzt dauerts wahrscheinlich nicht mehr lang
Denkt nach
Vielleicht noch einen Tag
Unvermittelt fröhlich
Vielleicht sogar noch weniger
Begeistert
Vielleicht kommt es schon heute
Immer begeisterter, sieht zum Jungen
Vielleicht kommt das Kind
schon heut
Fühlt nach
Das Wasser
Vielleicht geht das Wasser ab
Zögernd
jetzt gleich
genau jetzt
Jetzt
Pause
Nein nicht jetzt gleich
Pause. Sie hält die Babywäsche vor sich hoch, geht im Zimmer umher.
Lacht kurz

DER JUNGE *etwas erstaunt über ihren schnellen Stimmungsumschwung, freut sich*
Das wird schön

DAS MÄDCHEN Ja

DER JUNGE Aber jetzt ist es noch nicht soweit

DAS MÄDCHEN Nein aber bald
Etwas ängstlich
Und du mußt dabei sein
Das verstehst du doch
Geht zu ihm hin, setzt sich neben ihn
Daß ich dabei nicht allein sein will
nicht
Du kommst mit
Steht wieder auf, wandert wieder etwas umher

DER JUNGE *lacht ein wenig*
Ich kann doch aber kein Blut sehen

DAS MÄDCHEN Trotzdem
du sollst mitkommen

DER JUNGE Ja
Ich komme mit

DAS MÄDCHEN   *etwas anklagend*
              Und wenn es heute gekommen wäre
              als du noch nicht da gewesen bist
              Der Junge nickt. Sie schaut ihn an, traurig und vorwurfsvoll,
              doch auch versöhnlich
              Hätte ja sein können
              Der Junge nickt wieder. Kurze Pause
              Und warum hast du nicht gewollt
              daß wir zusammen hierher fahren
              Ich hab allein den Bus nehmen müssen
              Und ich halts hier doch nicht aus
              Trotzdem hab ich allein herfahren
              und mit Mutter reden müssen
              Hab allein sein müssen mit Mutter
DER JUNGE   Ich muß doch
              Bricht ab
DAS MÄDCHEN   Ja ja
              Legt das Wäschestück säuberlich zusammen, geht zu der Tasche und ver-
              staut es wieder darin. Geht zum Fenster, schaut hinaus. Pause
              Du
              Der Junge dreht sich zu ihr um
              Du
DER JUNGE   Ja
DAS MÄDCHEN   Ach nein nichts
DER JUNGE   Sags ruhig
DAS MÄDCHEN   Nein
              Zögert ein wenig
DER JUNGE   Soll ich es sagen
              Das Mädchen nickt
              Du
              hast sicher schon nachgedacht
              wie das Kind heißen soll
              Wolltest du das fragen
              Das Mädchen nickt, schaut ihn an, er schüttelt den Kopf
              Dein Vater
DAS MÄDCHEN   *unterbricht ihn*
              Das Kind muß doch irgendwie heißen
              Das Kind muß einen Namen kriegen
              Irgendwie muß es ja heißen
              Das verstehst du doch
              Es muß ja irgendwie heißen
              Geht nicht daß

Lacht kurz
es keinen Namen hat
Der Junge lacht auch. Sie, etwas verstimmt
Ja

DER JUNGE Ja klar
DAS MÄDCHEN Ich hab über viele Namen nachgedacht
Hab welche aufgeschrieben
Nimmt einen Zettel aus der Tasche
hier auf dem Zettel
Geht zu ihm hin
Die Jungennamen links
Hält ihm den Zettel hin
Also ich glaub es wird ein Junge
Und die Mädchennamen rechts
Sieht ihn an
Siehst du
Der Junge nickt. Kurze Pause
Was meinst du

DER JUNGE Weiß nicht
DAS MÄDCHEN Jetzt sag schon was
einen Namen muß das Kind ja wohl haben
Jeder hat einen Namen
Wir müssen einen finden

DER JUNGE Ja
DAS MÄDCHEN Einen schönen
DER JUNGE *nickt*
Und deine Mutter hat deinem Vater nicht erzählt
daß du ein Kind kriegst

DAS MÄDCHEN Klar hat sie das
Nur meine Schwester denkt
sie hat das nicht

DER JUNGE Ja
DAS MÄDCHEN Hat sie
DER JUNGE Ja
DAS MÄDCHEN Am liebsten soll das Kind
nicht so heißen wie alle Leute
Aber einen ganz seltenen Namen
soll es auch nicht kriegen

DER JUNGE Ja ich weiß nicht
DAS MÄDCHEN *etwas verdrossen*
Nein aha

	Sag du doch
	auch mal was
	Irgendwas
	Nur einen Namen
Der Junge	Alfred
Das Mädchen	*lächelt*
	Das meinst du nicht ernst
	daß wir unseren Sohn Alfred nennen
	Der Junge zuckt mit den Schultern. Sie, wiederum verdrossen
	Du redest bloß so drauflos
	du
	Einfach was dir so einfällt
Der Junge	*kurze Pause. Möchte interessiert wirken*
	Wir können es ja nach wem nennen
Das Mädchen	*ironisch*
	Au ja wir nennen es
	nach meiner Mutter oder meinem Vater
	Meinst du das
Der Junge	Nein ich weiß nicht
	Kurze Pause
	Vielleicht nach meiner Großmutter
	Mit der hab ich mich so gut verstanden
Das Mädchen	Aber dann muß es ein Mädchen werden
Der Junge	Ja ja
Das Mädchen	*zögert*
	Anna
	So hat deine Großmutter doch geheißen
	Nein ich weiß nicht
	Das ist irgendwie so
Der Junge	Ein hübscher Name
Das Mädchen	Eigentlich schon
	aber
Der Junge	Ich mein ja bloß
Das Mädchen	Schon ganz hübsch
	Wie wärs mit Kristina
Der Junge	Nein
Das Mädchen	Aber so hat meine Großmutter geheißen
	Ich hab nur von ihr gehört
	Hab sie nie gesehen
	Sie ist gestorben als ich noch ganz klein war

                         Aber Mutter sagt sie war lieb
                         Sie war
DER JUNGE   Das ist irgendwie so
DAS MÄDCHEN   Wie wärs mit Liv
DER JUNGE   Liv
                         Das Mädchen nickt
                         Nein also ich weiß nicht
                         Kurze Pause
DAS MÄDCHEN   Außerdem wird es ja ein Junge
DER JUNGE   Ja
DAS MÄDCHEN   Hast du noch Ideen
DER JUNGE   Jetzt noch nicht jedenfalls
                         Aber vielleicht fällt mir ja was ein
                         Eilt ja nicht so
DAS MÄDCHEN   Aber wir müssen einen Namen finden
DER JUNGE   Das Kind ist noch gar nicht da
DAS MÄDCHEN   Nein aber wir müssen uns entscheiden
                         für einen Namen
                         bevor das Kind da ist
DER JUNGE   Vielleicht müssen wir das Kind erst mal sehen
                         Damit der Name auch paßt
                         Pause
                         Ich habs
                         Bjarne
DAS MÄDCHEN   Red keinen Mist
                         Pause
                         Wir können ja paar Namen sammeln
                         und dann einen aussuchen
                         Ich hab viele Namen aufgeschrieben
                         Sie zeigt auf den Zettel, den sie immer noch in der Hand hält
                         Diese Mädchennamen hier
                         Hanne
                         Klingt fast so ähnlich wie deine Großmutter
                         Anna
                         Anne klingt noch ähnlicher
                         Aber den Namen mag ich nicht so gern
                         Aber Hanne
                         Marie find ich auch hübsch
                         Und Johanne
                         Ist zwar bißchen altmodisch

                    Sina
                    Vielleicht ein bißchen seltener
                    Aber ich hab ihn mal aufgeschrieben
                    Schaut den Jungen an
                    So schau doch mal hin
                    Kannst selber lesen
DER JUNGE   *blickt kurz auf den Zettel*
                    Aber Anna ist nicht dabei
DAS MÄDCHEN   *setzt sich neben ihn*
                    Nein den mag ich nicht so
DER JUNGE   Was ist verkehrt an dem Namen
DAS MÄDCHEN   Nein
                    Zögert
DER JUNGE   Meine Großmutter hat so geheißen
                    Kurze Pause. Er schaut auf die Liste
                    Nicht viel dabei was mir gefällt
DAS MÄDCHEN   Auch bei den Jungennamen nicht
DER JUNGE   Nein
                    Kristian
                    Vielleicht ist Kristian nicht schlecht
DAS MÄDCHEN   Dir gefällt ja gar nichts
DER JUNGE   Nein
                    Johann
                    Oder wie wärs mit Olav
DAS MÄDCHEN   Olav
                    Du machst Witze
DER JUNGE   Mein Großvater hat so geheißen
DAS MÄDCHEN   Kann nicht dein Ernst sein daß unser Sohn Olav heißen soll
                    Du machst Witze
                    resigniert
                    Ist dir sowieso egal
DER JUNGE   Olav ist doch ein hübscher Name
DAS MÄDCHEN   Nicht dein Ernst
                    Wieder verdrossen
                    Dir ist immer alles egal
DER JUNGE   Warum nicht
                    Was ist so schlimm an Olav
DAS MÄDCHEN   Red keinen Mist
                    begeistert
                    Jetzt strampelt er wieder
                    Hält sich den Bauch

Fühl
Komm her und fühl mal
Du sollst auch mal fühlen
Der Junge zögert
Fühl
Komm her
Fühl mal richtig
Der Junge legt ihr eine Hand auf den Bauch. Sie nimmt sie und legt sie an eine andere Stelle
Spürst du was
Schaut ihn an
Nein
Drück mal bißchen
Der Junge nickt. Sie sieht ihn an
Du spürst es
Der Junge nickt
Spürst wie er strampelt
Der Junge nickt, lächelt. Eine Zeitlang sitzen sie da, ohne etwas zu sagen

DER JUNGE Aber du
Nimmt seine Hand weg
DAS MÄDCHEN Ja
DER JUNGE Ich glaub dein Vater kann mich nicht leiden
DAS MÄDCHEN Ach nein ich glaub weder noch
DER JUNGE Aber
Bricht ab
Er spricht nicht mit mir
DAS MÄDCHEN So ist er
Er ist nur müde
DER JUNGE Er spricht nicht mit mir
Er sagt »er«
Hat »er« Hunger
sagt er
Hat mich nicht gefragt wie ich heiße
DAS MÄDCHEN Wir bleiben nicht lange hier
DER JUNGE Nein
Schaut sie an
Du
DAS MÄDCHEN Ja
DER JUNGE Ich hab nachgedacht
über die Kinder die noch nicht geboren sind
Pause

DAS MÄDCHEN *lacht kurz*
Hast du das
DER JUNGE Ja
DAS MÄDCHEN Ja
DER JUNGE Ich hab mir gedacht
Es gibt einen Ort wo die Kinder
alle zusammen sind bevor sie geboren werden
wo die Kinder in ihren Seelen sind
Aber sie reden trotzdem miteinander
auf ihre Weise
eine Art Engelsprache
Schaut sie an, lächelt
Und sie fragen sich wie schlimm es wohl wird
Denn sie entscheiden nicht selber
Es wird woanders entschieden wohin sie kommen
Für ein Kind nach dem anderen wird es entschieden
Ich komme nach Norwegen
sagt dann ein Kind
DAS MÄDCHEN Was du dir alles ausdenkst
DER JUNGE Ja
Und dann ist das nächste Kind dran
Ich komme nach Indien
sagt es da
Und eins das gern nach Frankreich will
muß nach Belgien
DAS MÄDCHEN Ja ja
DER JUNGE Eines das gern in die Stadt will
landet auf dem Dorf
Und erst wenn das Kind erwachsen ist
darf es endlich in der Stadt wohnen
Und alle Kinder sind gespannt
Was für Eltern sie kriegen
Wahnsinnig gespannt
DAS MÄDCHEN Da wird unseres aber enttäuscht sein
DER JUNGE Und alle haben eine Scheißangst vor der Geburt
Geboren werden ist nicht leicht
Das ist schwierig
Und wer weiß
was die Eltern für welche sind
DAS MÄDCHEN Oh je hör bloß auf
DER JUNGE Und wie das Kind wohl aussieht

DAS MÄDCHEN Mit mir als Mutter ja
DER JUNGE Und ein Kind kann arm
oder reich werden
Hübsch oder häßlich
Du die sind so was von gespannt
Das Kind merkt ja schon im Bauch
was für Eltern das sind
DAS MÄDCHEN *lacht*
Armes Kind
DER JUNGE Ja das Kind merkt
ob es die Eltern mag oder nicht
ob die Stimmen von den Eltern und ihre Seelen
ob es die leiden kann
oder nicht
Kurze Pause
So ist das
Und ich glaub
Bricht ab
DAS MÄDCHEN Hör auf mit dem Quatsch
Nur weil du mich nicht magst
denkst du dir so was aus
DER JUNGE Das Kind ist so gespannt
Ich spüre wie gespannt das Kind ist
wie wir wohl aussehen
Wie wohl
die Welt
DAS MÄDCHEN Ja
DER JUNGE in die es kommt
aussieht
DAS MÄDCHEN Ja
DER JUNGE Es ist gespannt
was wir gerade machen
Wie wir aussehen und wie wir sind
DAS MÄDCHEN Hör auf damit
Das macht mich traurig
DER JUNGE Aber ich kann spüren wie gespannt das Kind ist
DAS MÄDCHEN *wütend*
Sagst du das bloß aus Gemeinheit
Schaut ihn an, und er nickt
Hör jetzt auf
DER JUNGE All die Ungeborenen sind in einem Himmel

                    in dem alle Ungeborenen sind

                    Sie sind ungeboren still und gespannt

                    Liebes bißchen was sind die gespannt

DAS MÄDCHEN Hör jetzt auf

                    Du hörst dich an wie ein Buch

                    Mußt du

                    Bricht ab

DER JUNGE Denn die Ungeborenen sind ja auch Menschen

                    So wie die Toten auch Menschen sind

                    Wenn man ein Mensch sein will

                    muß man an alle Menschen denken

                    an all die Toten

                    all die Ungeborenen

                    und die Lebenden

DAS MÄDCHEN Wo hast du das gelesen

DER JUNGE *schaut sie etwas beleidigt an*

                    Hat es dir nicht gefallen

DAS MÄDCHEN Doch schon

DER JUNGE Ich werd so

                    Bricht ab

DAS MÄDCHEN *ironisch*

                    Du bist toll

                    Du bist ja so was von toll

DER JUNGE Ich glaub die freuen sich nicht daß wir hier sind

                    Jedenfalls nicht daß ich hier bin

DAS MÄDCHEN Ja ja

DER JUNGE Aber

DAS MÄDCHEN Wo sollen wir sonst hin

DER JUNGE Hast recht

DAS MÄDCHEN *will ihm gut zureden*

                    Sollen wir rausgehen

                    Auf den Hügel vielleicht

                    Da kannst du

                    den Wind spüren

                    Kurze Pause

                    Hab ich dir von erzählt

                    Sollen wir

DER JUNGE Aber es ist dunkel und regnet

DAS MÄDCHEN Können trotzdem

DER JUNGE Ja

DAS MÄDCHEN Und wenn ich mich bewege

kommen vielleicht die Wehen in Gang
Lacht ein bißchen. Man hört Schritte
DER JUNGE *schaut sie an*
Da kommt wer
Das Mädchen nickt. Die Tür zum Flur geht auf und die Mutter kommt herein. Sie schaut den Jungen an
DIE MUTTER Schlimm mit diesen Schmerzen
Aber wenn ich im Bett liege
bringt es auch nichts
DAS MÄDCHEN Wir haben gedacht wir gehen mal raus auf den Hügel
DIE MUTTER *lächelt*
Bei dem Wetter
Da bekommt ihr wirklich frische Luft
Lacht ein wenig
DAS MÄDCHEN Ja
DIE MUTTER Und vom Hügel seht ihr vielleicht
ein Schiff auf dem Meer oder zwei
Schaut fragend das Mädchen an
Hast du mit Vater gesprochen
Das Mädchen schüttelt den Kopf
Nein er ruht sich wahrscheinlich aus
Deine Schwester
Weißt du wo die ist
DAS MÄDCHEN *schüttelt den Kopf*
Ist wohl zum Kiosk runter
Die Mutter nickt. Sie geht zu einem Sessel, setzt sich hinein, nimmt die Zeitung
Dann gehen wir mal bißchen raus
Auf den Hügel
DIE MUTTER Ja tut das
Das Mädchen und der Junge gehen hinaus, schließen die Flurtür hinter sich. Pause. Licht aus

III

Licht. Pause. Die Mutter versucht aufzustehen
DIE MUTTER Furchtbar
Diese Schmerzen

Was ist aus mir geworden
Und nichts hilft
nein
Läßt sich wieder in den Sessel sinken
Nein es geht nicht
Pause. Sie beugt sich über den Tisch, greift das Buch, in dem der Junge ge-
lesen hat, schaut auf den Umschlag, blättert darin, legt es wieder auf den
Tisch. Man hört Schritte, die Küchentür geht auf, der Vater kommt herein

DER VATER   *schaut die Mutter an*
Hab mich bißchen hingelegt
Wohl auch kurz geschlafen

DIE MUTTER   Ja das hab ich nicht geschafft
Tut heute furchtbar weh

DER VATER   *geht wieder in die Küche, kommt mit einer Tasse Kaffee zurück, setzt sich*
auf das Sofa, nimmt das Buch des Jungen zur Hand, blättert etwas darin,
legt es wieder auf den Tisch
Ja ja

DIE MUTTER   Hast du heut nacht schlafen können

DER VATER   Bißchen
Schüttelt den Kopf
Nein schlafen kann ich nicht
Ich hab fast Angst davor
ins Bett zu gehen

DIE MUTTER   Ich kann auch nicht schlafen
Lieg nur da und achte auf den Schmerz
Kann froh sein
wenn ich mal ein Auge zukriege

DER VATER   Ja
Pause
Ist also Beate heute nach Hause gekommen
Ich hab noch nicht mit ihr geredet

DIE MUTTER   Ja auf einmal hat sie in der Tür gestanden
Lacht ein bißchen
Hat nicht mal angerufen vorher
war einfach da
Kurze Pause

DER VATER   Weißt du wie er heißt
Die Mutter schüttelt den Kopf
Hast nicht gefragt

DIE MUTTER   *schüttelt wieder den Kopf*
Nett wirkt er ja

DER VATER Na ja
Pause
Ist Beate noch im Bett
DIE MUTTER Sie ist mal kurz zum Hügel raus
Sie und er
DER VATER Na da bläst jetzt tüchtig der Wind
DIE MUTTER *Pause. Seufzt*
Nein ich geh mal und leg mich wieder hin
Erneute Pause
DER VATER Ist sie schon lang raus
Ich bin auch müde
Sollte wohl mal
Bricht ab
DIE MUTTER Ja ja
Pause. Schaut den Vater an
Weißt du daß sie ein Kind kriegt
Kurze Pause
DER VATER Nein
DIE MUTTER Doch
Ist auch bald soweit
DER VATER Also sie kriegt ein Kind
DIE MUTTER *lacht*
Da wirst du Großvater
DER VATER Und du weißt das schon lang
DIE MUTTER *lacht wieder*
Kann jeden Tag soweit sein
DER VATER Und er ist der Vater
DIE MUTTER *lacht*
Ja ich glaub
DER VATER Ja ja
DIE MUTTER Gut daß sie einen Vater zu dem Kind hat
DER VATER Ja
DIE MUTTER Beate hat es nicht so gut gehabt
DER VATER Aber
DIE MUTTER Nein hat sie nicht
DER VATER Aber er
Bricht ab
DIE MUTTER Ja ja
DER VATER Wollen sie lang bleiben
Ich hab gesehen er hat einen Koffer mit
DIE MUTTER Ich weiß nicht

              Sie sind heute gekommen
              Erst Beate
              Paar Stunden später er
              Schaut den Vater an
              Ich glaub ihm gehört das alte Auto
              Der Vater nickt
              Hast dus gesehen
DER VATER *nickt erneut*
              Ja ja
              Pause
              Aber du weißt nicht
DIE MUTTER *unterbricht ihn*
              Nein
              Sie wird wohl ihr Kind kriegen
              Und dann werden sie
              Bricht ab
DER VATER Wahrscheinlich haben sie wenig Geld
DIE MUTTER Sicher
DER VATER *zieht sein Portemonnaie hervor, nimmt einige Geldscheine heraus*
              Ja ja
DIE MUTTER Nein Beate ist nicht so einfach
DER VATER Beate
              Die Mutter nickt
              Nein ist sie nicht
              Wirklich nicht
DIE MUTTER Du hast sie ja geholt
              damals
              Als die angerufen hatten
DER VATER Ja
              Zieht das Wort in die Länge
DIE MUTTER Was war da eigentlich passiert
DER VATER Nein red nicht darüber
DIE MUTTER Aber war das nicht
DER VATER Ja ja
DIE MUTTER Du willst mir nie was erzählen
DER VATER Da gibts nichts zu erzählen
DIE MUTTER Viel geholfen hast du mir nicht
              bei den Kindern
DER VATER *seufzt*
              Ich bin müde
DIE MUTTER *unterbricht ihn*

	Ja ja
DER VATER	Ich glaub er
	Bricht ab
DIE MUTTER	Er
DER VATER	Ja ja

Steht auf, geht hin und her
Nein ich geh wohl bald ins Bett
Man hört Schritte, die Flurtür geht auf, und das Mädchen kommt herein, mit nassem Haar. Der Vater schaut sie an, beinahe froh
·Bist du also daheim
Das ist ja schön
Kurze Pause
Du mußt dir die Haare abtrocknen
Ich hol dir ein Handtuch
Geht in die Küche

DAS MÄDCHEN *zur Mutter*
Scheußliches Wetter
Der Vater kommt mit einem Handtuch zurück, gibt es dem Mädchen, sie rubbelt sich die Haare trocken. Der Junge kommt herein, auch er mit nassem Haar. Der Vater schaut ihn an und geht in die Küche

DIE MUTTER Kommt her setzt euch hin
Deutet mit ihrem Stock auf das Sofa

DAS MÄDCHEN *zum Jungen*
Du mußt dir auch die Haare abtrocknen
Reicht ihm das Handtuch. Zur Mutter
Was ein Wetter also wirklich
Der Junge setzt sich auf das Sofa, legt das Handtuch auf den Tisch. Das Mädchen geht ans Fenster, schaut in die Dunkelheit. Kurze Pause
Was das stürmt

DER JUNGE *nickt*
Ja
Pause. Zur Mutter
Rauhes Wetter da draußen

DIE MUTTER *lacht*
Ja hier bei uns geht immer Wind
Bläst und stürmt

DER JUNGE Ja

DIE MUTTER Und du wirst jetzt also Vater
Der Junge nickt, schlägt die Augen nieder

DAS MÄDCHEN *setzt sich neben ihn auf das Sofa, schaut die Mutter an, etwas spöttisch und neckend*

	Und du wirst Großmutter
DIE MUTTER	Ja da hast du recht
	Lacht
DAS MÄDCHEN	Wo ist meine Schwester
DIE MUTTER	*lacht*
	Nein weiß ich nicht
	Ist wohl zum Kiosk runter
	Schaut das Mädchen an
	Bist lange nicht mehr
	zu Hause gewesen
DAS MÄDCHEN	Das hast du jetzt oft genug gesagt
DIE MUTTER	Ja ja
DAS MÄDCHEN	Soll ich wieder wegfahren
DIE MUTTER	*lacht*
	So wie du aussiehst
	Nein nein
	Schaut zum Jungen
	Ja hier draußen geht immer Wind
DER JUNGE	Ja
	Pause. Er nimmt das Buch vom Tisch, schlägt es auf
DIE MUTTER	Ja hier draußen ist rauhes Wetter
DER JUNGE	*schaut vom Buch auf*
	Ja
DIE MUTTER	Ja ja
	Der Junge nickt. Der Vater kommt aus der Küche, geht zum Fenster,
	schaut heraus. Die Mutter zum Jungen
	Er
	Deutet mit einer Kopfbewegung auf den Vater
	hätte auch besser bißchen gelesen
	Lacht
	Hätte er mal
DER VATER	*prustet, schaut zum Mädchen*
	Ja jetzt regnets tüchtig
	Setzt sich in den freien Sessel, der Junge liest wieder. Der Vater schaut zum
	Mädchen
	Ist eine Zeit her
	daß du zu Hause warst
	Wirst eine Zeitlang hiersein
	jetzt
DAS MÄDCHEN	Ich weiß nicht
DER VATER	Aber du hast Geld

DAS MÄDCHEN	Bißchen
DER VATER	Und er wird auch
DIE MUTTER	*unterbricht ihn*
	Ja ja
DER VATER	*zum Mädchen*
	Er ist so alt wie du
DAS MÄDCHEN	*nickt*
	Er hat auch einen Namen
	Die Mutter lacht. Pause
DER VATER	Nein ich geh mal ins Bett
	Wird wieder ein langer Tag morgen
	Der Junge legt das Buch dem Mädchen in den Schoß, deutet auf etwas darin, sie liest, lächelt
DIE MUTTER	Was ist das
DAS MÄDCHEN	Nein nichts
	Gibt dem Jungen das Buch wieder, er liest weiter
DER VATER	*zum Mädchen, zögernd offenbar*
	Ich glaub ich geh ins Bett
DAS MÄDCHEN	Ja
	Gute Nacht dann
DER VATER	*steht auf, geht zum Fenster, schaut hinaus, geht zum Tisch und nimmt die Kaffeetasse, trägt sie in die Küche, kommt zurück*
	Ja war ein langer Tag heute
	Und morgen auch wieder
	Pause
	Gute Nacht also
	Geht in den Flur hinaus, schließt die Tür hinter sich. Schritte auf der Treppe. Pause. Die Flurtür geht auf, der Vater kommt wieder herein
	Beate
	Kommst du mal bitte her
	Sie steht auf, geht zu ihm. Er nimmt ihre Hand in seine, gibt ihr etwas
	Für dich
	Sie schaut ihn an
	Kannst du wahrscheinlich brauchen
DAS MÄDCHEN	*etwas verlegen*
	Danke
	Der Vater geht wieder hinaus, läßt die Tür offenstehen, das Mädchen steckt sich das Geld in die Hosentasche, geht zum Sofa und setzt sich wieder hin
DIE MUTTER	Ja so ist das wohl
	Die Haustür wird geöffnet, aus dem Flur sind Schritte zu hören. Kurze Pause

Ist wahrscheinlich deine Schwester
Wahr mal wieder unten am Kiosk
Die Schwester kommt herein. Die Mutter schaut sie an, lacht, schüttelt
den Kopf
Du warst mal wieder am Kiosk
DIE SCHWESTER Ja willst du was abhaben
Hält der Mutter eine Tüte Bonbons hin, die lehnt ab. Zum Mädchen
Ich hab Bjarne getroffen
Er hat gesagt er will hochkommen
Er hat dich so lang nicht gesehen
hat er gesagt
Das Mädchen nickt
DIE MUTTER Stimmt ist lang her daß Bjarne hier war
Eine Ewigkeit
Das Mädchen hält sich den Bauch
Strampelt es
DAS MÄDCHEN *nickt*
Und wie
DIE MUTTER So dick wie du bist
braucht es nicht mehr lang bis es losgeht
nein
DAS MÄDCHEN *schaut zur Schwester*
Willst du mal fühlen
Die Schwester setzt sich neben das Mädchen, legt ihm die Hand auf den
Bauch. Das Mädchen schaut sie an
Spürst du was
DIE SCHWESTER *nickt. Kurze Pause*
Ich glaub das ist ein Junge
DAS MÄDCHEN Ich auch
DIE MUTTER Dabei seid ihr alles Mädchen
Drei Mädchen
DAS MÄDCHEN Ja habt ihr was von Anny gehört
DIE MUTTER Wir haben eine Karte gekriegt
Ich kann sie mal holen
Stemmt sich auf ihren Stock, geht zur Anrichte, zieht eine Schublade her-
aus und sucht zwischen Papieren die Karte hervor
DAS MÄDCHEN Wär schön sie mal wiederzusehen
DIE SCHWESTER Ja
Hoffentlich kommt sie bald nach Hause
Die Mutter bringt die Karte hin und gibt sie dem Mädchen, es sieht sich
die Karte an, liest, reicht sie dem Jungen, er sieht sie an, liest

DAS MÄDCHEN	Lange her daß sie zu Hause war
DIE MUTTER	Ja lang
	Ich glaub sie kommt im Sommer
DIE SCHWESTER	Hat sie das gesagt
	Die Mutter schüttelt den Kopf. Wütend
	Du glaubst es nur
DAS MÄDCHEN	So was kannst du doch nicht einfach so glauben
	Der Junge will der Schwester die Karte geben, doch die schüttelt den Kopf;
	er legt sie auf den Tisch
DIE MUTTER	Ja vielleicht hat sie das gesagt
	am Telefon mal
	Ich weiß nicht mehr
	Es klopft lange an der Tür
DIE SCHWESTER	*steht auf*
	Ist wohl Bjarne
DAS MÄDCHEN	*steht ebenfalls auf*
	Ich kann gehen
DIE SCHWESTER	Nein ich
	Die Mutter lacht. Der Junge schaut wieder in sein Buch. Das Mädchen
	geht zur Flurtür, die Schwester hinterher
DAS MÄDCHEN	Nein ich will aufmachen
	Setz du dich mal wieder hin
DIE SCHWESTER	*bleibt stehen. Das Mädchen macht die Tür auf*
	Mach keinen Quatsch
DAS MÄDCHEN	Nein ich will gehen
	Lacht
DIE SCHWESTER	*lacht ebenfalls*
	Nein ich will gehen
DAS MÄDCHEN	*lacht*
	Wir gehen beide
	Die Schwester nimmt das Mädchen beim Arm, sie öffnen die Tür, gehen
	hinaus
DIE MUTTER	*erklärend zum Jungen*
	Bjarne und Beate sind als Kinder Freunde gewesen
	Der Junge schaut vom Buch auf, nickt
	Haben sich lange nicht mehr gesehen
	Pause
DAS MÄDCHEN	*aus dem Flur zu hören*
	Ach du bist das
	Toll dich zu sehen
	Kurze Pause

DIE MUTTER   *stemmt sich hoch, geht zum Fenster, schaut hinaus. Zum Jungen*
               Ja jetzt regnet es richtig
               Dunkel und kalt
               ist es
BJARNE   *aus dem Flur*
               Lang her
DAS MÄDCHEN   *aus dem Flur*
               Darfst mich umarmen
               Kurze Pause
DIE MUTTER   *zum Jungen*
               Ja richtig schlimm wie das regnet
DIE SCHWESTER *aus dem Flur*
               Jetzt hört mal auf zu knutschen
DIE MUTTER   *hastig*
               Es regnet und regnet
               Schaut zum Jungen, schüttelt den Kopf, humpelt zu dem Sessel, setzt sich.
               Schaut zum Jungen. Kurze Pause
               Ja jetzt sind meine Töchter richtig groß
               Jetzt wird die eine sogar Mutter
               Und du wirst Vater
               Lacht ein wenig
               Freust du dich
               Der Junge zuckt mit den Schultern
               Wird sicher schön wirst sehen
DIE SCHWESTER *Kommt herein. Lacht*
               Die stehen da draußen und knutschen
               Die ist völlig verrückt
DAS MÄDCHEN   *aus dem Flur*
               Tun wir nicht
               Bjarne und das Mädchen kommen herein, er ist etwas älter als die ande-
               ren, sie hält seinen Arm. Der Junge und Bjarne nicken einander zu
DIE MUTTER   *schlägt die Hände zusammen*
               Nein das ist doch Bjarne
               Das ist aber lang her
               Nett dich mal wieder zu sehen
BJARNE   Ja
               Ist lang her daß wir klein waren
DAS MÄDCHEN   *zum Jungen, erklärend*
               Bjarne ist mein bester Freund gewesen
DIE SCHWESTER Na ja erst als sie bißchen älter waren
               Bricht ab

Das Mädchen	Wir haben uns aber gekannt seit wir klein waren
	Bjarne geht hin und setzt sich in den freien Sessel, das Mädchen setzt sich
	auf die Armlehne des Sessels, schaut ihn an. Pause
	Wohnst du immer noch hier draußen
Bjarne	Wenn ich zu Hause bin ja
	Das Mädchen nickt
Die Mutter	Nett daß du reinschaust Bjarne
	Bist wohl nicht so oft zu Hause
Bjarne	So selten wie möglich
	Kurze Pause
	Ist aber gut mal nach Hause zu kommen
Die Mutter	Nein was tut das bloß weh
Bjarne	Dir gehts nicht gut
Die Mutter	*ächzt*
	Nein
	Überhaupt nicht
	Steht auf
Das Mädchen	Und sitzt du immer noch in deinem Dachboden oben
	wenn du zu Hause bist
Bjarne	Ja
	Zögert etwas, schaut das Mädchen an
	Kommt schon vor
Das Mädchen	*lacht*
	Die Sessellehne ist aber hart
	Lächelt ihn an
	Kann ich bißchen auf deinem Schoß sitzen
Bjarne	*etwas neckisch*
	Begreiflich
	wenn du meinst
	Nickt zum Jungen hinüber. Das Mädchen setzt sich ihm auf den Schoß. Er
	legt ihr den Arm um die Schultern
	Bequem
	Das Mädchen nickt
Die Mutter	*irgendwie bekümmert*
	Na ich werd mal
	Bricht ab. Zu Bjarne
	Hat mich gefreut dich wiederzusehen
	aber ich geh wohl besser wieder ins Bett
Bjarne	Ja hat mich auch gefreut
	Schaut zum Mädchen, legt ihr die freie Hand auf den Bauch
	Und du wirst schon Mutter

DAS MÄDCHEN	Ja
	Er streichelt ihr den Bauch
	Mach keinen Quatsch
BJARNE	*zum Jungen*
	Und du
DER JUNGE	Ja
BJARNE	Bist auch noch nicht alt
DAS MÄDCHEN	Ungefähr wie ich
	Schaut zum Jungen
	Bjarne und ich sind viel zusammen gewesen
	Lacht
DIE MUTTER	Nein ich muß jetzt
	Pause. Sie schaut den Jungen an
	Ich kann dir das Zimmer zeigen
	in dem du schlafen kannst
	Der Junge nickt
DIE SCHWESTER	*hastig*
	Kann ich auch tun
DIE MUTTER	Ja dann brauch ich nicht die Treppe rauf
	Der Junge nickt erneut. Die Mutter zieht sich hoch, geht zur Flurtür
	Gute Nacht also
	Zum Mädchen
	Nein dich sieht man wirklich nicht alle Tage
	nein
	Zu Bjarne
	Und dich auch nicht
	nicht wahr
	Lacht ein wenig
	Also gute Nacht wie gesagt
	Nickt dem Jungen zu, geht hinaus, läßt die Tür hinter sich offenstehen, man hört, wie eine andere Tür geöffnet und wieder geschlossen wird
DAS MÄDCHEN	*lacht*
	Gut daß sie weg ist
BJARNE	Deine Mutter ist doch in Ordnung
DAS MÄDCHEN	War nicht so gemeint
DIE SCHWESTER	*zum Jungen*
	Ich kann dir das Zimmer zeigen
	Er nickt, steht auf, nimmt das Buch mit, will losgehen. Das Mädchen legt Bjarne den Arm um den Hals, es sieht den Jungen an. Lacht
DAS MÄDCHEN	Da können Bjarne und ich
	Bricht ab
	Solange ihr auf dem Dachboden seid

DIE SCHWESTER Na wir ja auch warum nicht
               Schaut den Jungen an, lacht
               Nicht wahr
DER JUNGE   Wie
DAS MÄDCHEN   *überkandidelt*
               Na viel Spaß dann
               Zu Bjarne
               Wir machens uns jedenfalls gemütlich
               Was
BJARNE   Machen wir
DER JUNGE   *zu Bjarne*
               Machs gut
DAS MÄDCHEN   *zu Bjarne*
               Wie gehts so
BJARNE   Nicht schlecht
               Kurze Pause
DIE SCHWESTER *nimmt den Jungen beim Arm*
               Komm
               Der Junge nickt
               Laß sie doch da sitzen und reden
               oder was sie wollen
               Der Junge zögert
               Komm schon
               *Der Junge und die Schwester gehen in den Flur, man hört sie die Treppen
               hinaufgehen. Bjarne und das Mädchen sehen sich an, etwas verlegen*
BJARNE   Jetzt wirst du also Mutter
               Das Mädchen nickt
               Bist heute hier rausgekommen
               Das Mädchen nickt wieder
DAS MÄDCHEN   Bin nicht so gern hier
               Aber
               Ja wir haben nichts gefunden wo wir wohnen können und
               Bricht ab
               Du verstehst
               Steht von seinem Schoß auf und setzt sich aufs Sofa. Kurze Pause
               Ich hab Mutter erzählt daß ich ein Kind krieg
BJARNE   Ja
DAS MÄDCHEN   Aber sie hat es Vater nicht gesagt
               Jedenfalls behauptet meine Schwester das
               Aber ich glaub sie hat es vielleicht doch gesagt

BJARNE   Vielleicht
                Pause
                Und sonst alles in Ordnung
DAS MÄDCHEN   Ja
                unschlüssig
BJARNE   *zeigt zur Decke, lacht*
                Die brauchen aber lang
DAS MÄDCHEN   *lacht*
                Ja kannst du mal sehen
                Bjarne steht auf und setzt sich neben das Mädchen auf das Sofa. Sie legt
                sich hin, den Kopf auf seinem Schoß. Stille. Nach einer Weile hört man die
                Schwester auf der Treppe, die Flurtür wird geöffnet, sie kommt herein
DIE SCHWESTER   Er hat gesagt er will ins Bett gehen
                Noch bißchen lesen
                Setzt sich in einen Sessel. Stille
                Sollen wir Karten spielen
DAS MÄDCHEN   Nein kein Bock
DIE SCHWESTER   Ich hab ja bloß gefragt
BJARNE   Er liest gern
DAS MÄDCHEN   Die ganze Zeit
DIE SCHWESTER   *lacht*
                Sitzt schon den ganzen Tag da und liest
BJARNE   Nein
                Lesen
                Das Mädchen und die Schwester lachen
DIE SCHWESTER   Aber wir könnten doch Karten spielen
DAS MÄDCHEN   Nein du hörst ja
DIE SCHWESTER   Ich versteh nicht warum du so zu mir bist
                Pause
                Na dann geh ich mal auch ins Bett
BJARNE   Warum nicht bißchen Karten spielen
DAS MÄDCHEN   Nein hab keinen Bock
DIE SCHWESTER   Also ich geh ins Bett
                Steht auf
                Gut Nacht dann
                Geht in den Flur, schließt die Tür hinter sich. Lange Pause
DAS MÄDCHEN   Ich bin auch ein bißchen müde
BJARNE   *steht auf, geht zum Fenster, schaut hinaus*
                Es regnet und stürmt
                wie immer
                Pause

DAS MÄDCHEN   Komm her
Er sieht sie an, dann setzt er sich wieder in den Sessel. Dann hört man
Schritte, eine Tür wird geöffnet, kurz darauf geht die Küchentür auf, und
der Vater kommt herein, halb angezogen. Das Mädchen setzt sich auf

DER VATER   *etwas verlegen*
Nein ist das Bjarne
Ich kann nicht schlafen
Hab Durst gehabt
Schaust du auch mal zu Hause vorbei
Ja ja

BJARNE   Ja muß ja mal sein

DER VATER   Ja kann ich verstehen
Pause
Schön daß du vorbeikommst

BJARNE   Muß ja mal sein

DER VATER   Ja also
Sieht Bjarne an
Wirst eine Zeitlang zu Hause sein jetzt

BJARNE   Ja ja

DER VATER   Muß ja mal sein
Kurze Pause
Ich geh mal wieder ins Bett
Wir reden bald mal
Sehen uns ja sicher noch

BJARNE   Ja sicher
Ich bleibe eine Zeitlang

DER VATER   Also dann
Morgen ist auch noch ein Tag
Nickt Bjarne zu, geht wieder hinaus, schließt die Küchentür hinter sich.
Pause

DAS MÄDCHEN   Bin bißchen müde

BJARNE   Ich kann gut noch sitzen bleiben
wenn du schon ins Bett gehst
Lacht ein bißchen

DAS MÄDCHEN   Ich will gar nicht ins Bett

BJARNE   Du kannst es einfach sagen
wenn dir lieber ist daß ich gehe
Pause
Komisch daß deine Mutter deinem Vater nichts gesagt hat
von dem Kind
Das Mädchen nickt. Bjarne steht auf und setzt sich neben sie auf das Sofa,

legt ihr den Arm um die Schultern und drückt sie an sich. Das Mädchen
lehnt den Kopf an seine Schulter, so sitzen sie und schauen vor sich. Pause
Er läßt seine Hand auf ihre Brust gleiten

DAS MÄDCHEN Nein nicht
Er läßt die Hand an Ort und Stelle
Nein laß das
Er faßt nur noch fester zu.

BJARNE Genau wie in alten Zeiten
Lacht kurz. Sie legen sich dicht nebeneinander auf das Sofa und umarmen
sich. Pause. Schritte. Sie setzen sich auf. Das Mädchen ordnet sein Haar.
Sie sehen einander an. Die Flurtür geht auf, und der Junge kommt herein,
er hat seine Jacke angezogen, er setzt sich in einen Sessel. Pause

DAS MÄDCHEN *vorsichtig*
Du hast dich hingelegt und gelesen

DER JUNGE Ja ich hab versucht ein bißchen zu lesen
Pause. Zum Mädchen
Sind die anderen ins Bett
Sie nickt

BJARNE Ja sind sie wohl
Pause
Was für ein Buch liest du

DER JUNGE Nur so ein Buch
Steht auf

DAS MÄDCHEN Willst du auch ins Bett gehen

DER JUNGE Ja
Gedehnt. Geht in den Flur, schließt die Tür hinter sich. Bjarne sieht das
Mädchen fragend an. Sie zuckt mit den Schultern. Bjarne steht auf und
geht ans Fenster. Die Haustür wird geöffnet und wieder geschlossen

BJARNE Jetzt ist er wohl gegangen

DAS MÄDCHEN Ich glaub mein Vater mag ihn nicht

BJARNE Nein
Er setzt sich neben sie aufs Sofa

DAS MÄDCHEN Ich glaub ich geh ins Bett

BJARNE Ja

DAS MÄDCHEN Er kommt sicher wieder
Sie steht auf, geht ans Fenster, schaut in die Dunkelheit

BJARNE Ich
Bricht ab. Steht auf

DAS MÄDCHEN *etwas ängstlich, schaut ihn an*
Wohin willst du

BJARNE Ich muß mal wieder nach Hause

	Sie nickt
	Aber
	Bricht ab. Geht zur Flurtür und öffnet sie
DAS MÄDCHEN	Er kommt sicher zurück
	Lacht
	Und wenn er wirklich weg ist
	kann ich ja meinen Sohn Bjarne nennen
	Lacht. Pause
BJARNE	*von der Tür her*
	Ich glaub ich geh dann mal nach Hause
DAS MÄDCHEN	*nickt*
	Ich bring dich raus
BJARNE	Nicht nötig
DAS MÄDCHEN	Okay
BJARNE	*nickt*
	Ja
	Geht in den Flur. Die Haustür geht. Das Mädchen steht da und schaut ins Dunkel. Licht aus. Vorhang

Else Lasker-Schüler
Arthur Aronymus und seine Väter

(aus meines geliebten Vaters Kinderjahren)

Meiner teuren Mutter: Jeannetta
und meinem teuren Sohn Paul
in Liebe.

Editorische Vorbemerkung

Der Abdruck folgt dem einzigen Druck des Dramas zu Lebzeiten Else Lasker-Schülers. Es handelt sich um ein (als ›unverkäufliches Bühnenmanuskript‹ vervielfältigtes) Typoskript, das nicht von der Autorin selbst erstellt worden ist, aber trotz seiner zahlreichen Eigenheiten in Orthographie und Interpunktion als stillschweigend von ihr autorisiert gelten muß.

Arthur Aronymus und seine Väter

Personen: Gutsbesitzer Moritz Schüler · Henriette, *seine Frau und ihre 23 Kinder:* 1. Heinrich Menachem · *seine Frau* Elfriede *und sein Sohn* Oskar · 2. Simeon · 3. Julius · 4. Fanny · 5. Katharina · 6. Alex · 7. Elischen · 8. Dora · 9. Berthold · 10. Ferdinand · 11. Margarete · 12. August · 13. Bettina · 14. Albert · 15. Karl · 16. Eleonore · 17. Arthur Aronymus · 18. Max · 19. Lenchen · 20. Meta *und* 21. Luise (*Zwillinge*) · 22. Meyerchen · 23. Titi · Herr Henry Filigran, *Inspektor auf dem Gute* · Mamsell, *Köchin* · Clara, *Stubenmädchen* · Mägde · Melkerinnen · Knechte · Gärtner im Dienst des Gutshauses · Willy Himmel *und* Kaspar, *die 8jährigen Freunde von Arthur Aronymus* · Landesrabbiner Uriel *von Rheinland und Westfalen, der Vater Henriettens* · Ephraim, *des Rabbiners Diener* · Kantor der Synagoge · 4 jüdische Grosskaufleute · *der Rosenkreuzler* Kern *und sein junger Sohn* · *der Nachtwächter* Altmann · *der Wanderbursch* Nathanael Brennessel · *der Hausierer* Lämmle Zilinsky · *drei Lumpenhändler* Perlmutter *und ihr Neffe* Josefchen · Herr Paderstein *und seine Gattin* Milchen, *die Freunde der Gutsbesitzerfamilie* Schüler · Hugo Paderstein, ihr junger Sohn · Fräulein Paderstein, *die ältere Schwester des Herrn Paderstein* · Herr Vogelsang · Frau Vogelsang *aus Elberfeld-Wuppertal* · die Eltern von Frau Paderstein · Dr. Engelbrecht Vogelsang, *Apotheker* · ihr jüngster Sohn (*Nachsprössling*) · *Der Bischof* Lavater von Paderborn · *Caplan* Bernard Michalski · Narzissa · Ursula, *seine beiden kleinen Nichten* · Alexander Ostermorgen *und* Siegfried Ostermorgen, *die beiden Söhne des Jugendfreundes des Herrn Gutsbesitzers Schüler, 17 und 18jährig* · Alfonso Kissinger, *ein Weinreisender (Dr. Faust)* · jüdischer Gärtner · christlicher Gärtner in Paderborn · Schornsteinfeger · und die Einwohner Gaesecke's.

Tischordnung im 15. Bild.
Herr Gutsbesitzer Schüler

Fanny	Alex
Herr Kissingen	Eleonore
Dora	Julius
Arthur Aronymus	Meyerchen
Lenchen	Menachem
Max	Oskar
Meta	Elfriede
Meta Luise	Ferdinand
Berthold	Albert
Karl	Margarete
Siegfried Ostermorgen	Dr. Vogelsang
Elischen	Simeon
Titi	Kaplan Bernard
Frau Schüler	

Bischof Lavater

An der kleinen Tafel sitzen:

die sieben geladenen armen Juden der jüdischen Gemeinde in Gaesecke: Nachtwächter Altmann, Hausierer Lämmle Zilinsky, Wanderbursche Nathanael Brennessel, die drei Brüder Perlmutter und Brudersohn Josefchen.

Hagâdâhbüchlein überall zu haben in den Buchläden!

1. Bild

Mit dem umzäunten Gutsgarten des Schüler'schen Gutshauses, zu dem eine Freitreppe führt, beginnt das Dorf: Hexengaesecke. Eine warme Augustnacht, der Vollmond und die Sterne am Himmel. (Von überall sieht man die Tierhecken um Gaesecke). Das Theaterstück spielt etwa um 1800.
In der Nähe des Gutshauses steht ein alter Brunnen.

Personen: der Nachtwächter Altmann; Jungfer Fanny; der Kaplan Bernard Michalski; der Wanderbusch Nathanael Brennnessel.

Kaplan heiter von der Landstrasse her dem Dorfe zuwandernd rastet er vor dem grossen Gutsgarten. Er hört den Nachtwächter schnarchen.

NACHTWÄCHTER *erwacht jäh, dann schlaftrunken:* Wat, Brennessel, schon wieder hier von der Rundreise?!
Kaplan verhält sich schweigend.

NACHTWÄCHTER Gestern man erst auf und davon! *dilatorisch* In der Nacht hab eck nur zu residenzen in der Welt, Mensch!! – *Pause. Wat? . . . Er erkennt den Kaplan.*

KAPLAN *hebt die Hände, neckisch bittend:* Noch ein Viertelstündchen vergönnt dem Kaplan aus der schönen grünen Welt in den *er zeigt zum Himmel* zu gucken!?

NACHTWÄCHTER *verwirrt:* Eck – *sucht sein Horn, das ihm auf den Rücken gerutscht ist* Eck Hornochse!!
Der Kaplan hilft ihm sein Horn wiederzufinden. Der Nachtwächter küsst die Hand des Kaplans.

NACHTWÄCHTER Aber jewiss so lang et dem Hochwürdigen Herrn Kaplan beliebt. *Der Nachtwächter bläst ganz leise und vorsichtig in sein Horn.* Damit minne Kinder *er weist auf alle Häuser im Dorf, zuletzt auf die vielen Fenster im Gutshaus, süsslich* nicht die Äugelein öffnen.

KAPLAN Fürsorglicher Vater er unserem lieben Dorfe Gaesecke.

NACHTWÄCHTER Dat hör eck gern und justement von Eurer Kaplanigkeit. *Kaplan pflückt ein kleines Zweiglein von dem über dem Zaun üppig herüberhängenden Zweige.*

NACHTWÄCHTER *erstaunt:* Kick eener an? –

KAPLAN *er deutet fragend auf sich:* Gedenkt er mich etwa wegen Laubraub zu verpetzen, Altmann?

NACHTWÄCHTER *naiv vertraulich:* Eck? Klau ja selwer die Zwetschken von den Bäumen.

KAPLAN *lacht überlegen und frisch:* Wuchs mir doch dieses kleine wilde Zweiglein entgegen, dass ich mich seiner annehme, mich an ihm erfreue.

NACHTWÄCHTER So ist et! *Kleine Pause, er zeigt aufs Gutshaus.* Der Grossvatter Rabbi aus Paderborn ist auf Besuch.

KAPLAN *stürmisch fragend:* Der berühmte Gelehrte??

NACHTWÄCHTER Gelehrte? Rabbi ist er!! Der Vatter von Madame. *Der Nachtwächter setzt das Horn an die Lippen. Kaplan erinnert ihn, seine Kinder nicht aufzuwecken.*

NACHTWÄCHTER Eck blas jo schofa – Ihm zu Ehren. *Er bläst ganz heiser.*

DIE STIMME DES WANDERBURSCHEN *flötend, wie auf einer Syrinx:* Tekia! . . . Schewarim!
. . . Terua!

NACHTWÄCHTER *zum Kaplan:* Eck hab mir doch nicht geirrt . . .
sie lauschen beide: Kaplan und Nachtwächter Komm heraus aus
dem hohlen Baumstamm, Nathanael! *Er bläst nochmal ganz heiser.*

KAPLAN Aber was weiss er vom Schofablasen?

NACHTWÄCHTER *ausflüchtend:* Eck versteh eben auf katholisch zu blasen und – –
anders.

KAPLAN Und weiss er auch, warum im Synagogentempel Schofa geblasen
wird?

NACHTWÄCHTER Weiss et der Herr Kaplan justement?

KAPLAN Um das neue Jahr anzulocken, Altmann.

NACHTWÄCHTER Jo! . . . *er bläst wieder rau, aber milde ins Horn und dann den Kaplan examinierend* Und dat olle Jahr – wohin dat nu?
Kaplan hebt ironisch lächelnd fragend die Schultern.

NACHTWÄCHTER Die Katholischen, mit Fürlaub, zählen die Zeit erst vom Christi
Geburt an, aber wir – ich meine die Juden müssen immer wieder
dat olle Jahr transportieren durch die Sintflut mang bis nach Wel-
tenanfang.

KAPLAN Er versteht sich ja excellent in der Weltgeschichte!

NACHTWÄCHTER Und dann erscht locken wir – ich meine die Juden – dat neue Jahr
heran, wenn dat abgenutzte heimgekehrt ist *belehrend* in die Ur-
sprünglichkeit.

KAPLAN Und wer hat ihm dann das Schofablasen beigebracht?

NACHTWÄCHTER *ausflüchtend:* Eck versteh katholisch und – und anders zu blasen.

KAPLAN *heimlich lächelnd:* Ist er etwa doch ein Jude? Denk er mal nach . . .

NACHTWÄCHTER Ein halbwüchsiger schon – vom Vatter her, aber minne Mutter – –
war eine Nonne *für sich* Dat kommt von dat viele Schwätzen noch
im Dunkeln, wo man kaum dat Maul findet.

KAPLAN Schämt er sich denn seines alten Glaubens, Altmann?

NACHTWÄCHTER Eck mir nich, ehrwürdiger Herr Kaplan, aber die Katholischen
schämen sich – meiner – und deswegen blas ich katholisch und
wenn Er *zeigt nach oben zum Gutshause* auf Besuch ist, für Ihn jü-
disch.

KAPLAN Plagt ihn diese Verzwicktheit nicht immerhin in seinem Mannes-
adel?

NACHTWÄCHTER Den muss man ablegen! So een Dünkel kann ein Tagelöhner, *verbessert sich* ein einfacher Nachtwächter, sich verdeck nich leisten.

KAPLAN *nachdenklich, gütig und mitleidig:* Dein Geheimnis bleibt unter uns Männern, Altmann. Stoss er getrost nach Gutdünken weiter ins Horn, doch setz' ers mir fürder nicht auf.

NACHTWÄCHTER Für Herrn Kaplan hat Altmann immer ein Faible gehabt – *blickt jäh empor zu einem der Fenster, das geöffnet wird* Een Moment – een kleenen Moment – kleensten Moment – und denn bring eck Herrn Kaplan in die Klappe und blas ihm ein.

KAPLAN Mich?

NACHTWÄCHTER *lässt kein Auge von oben:* In letzter Zeit treiben sich Nachtühlen auf den Pfaden umher.
Kaplan streckt dem Nachtwächter seinen kräftigen Arm entgegen.

NACHTWÄCHTER Stille eens! Sch! *spricht abwesend weiter* Soll Ihnen mal so ein Nachtgespenst –

KAPLAN *bemerkt Jungfer Fanny oben im Fensterrahmen und verhindert den Nachtwächter immer wieder, nach oben zu schauen:* Ich bin doch noch jung.
Nachtwächter in Verwirrung.

KAPLAN Schau er doch! *Hält seinen Arm unter seine Nase.*

NACHTWÄCHTER *zerstreut:* Dat wundert mich verdeck bei däm Futter! Excüs, Herr Kaplan, aber auf der gelehrten Schul wird doch nur Gelehrsamkeit geschluckt.
Jungfer Fanny lehnt aus dem Fenster zwischen blumigen Gardinen. Der Kaplan spielt weiter den Uninteressierten.

KAPLAN Die kräftigt grad den Mann!

NACHTWÄCHTER *überhört die Antwort, in Exstase:* Die Fanny!! *blickt intensiv zum Fenster empor* Mit dem sauberen Frauenzimmer hätt sich Altmann verehelicht, wenn er ein Chevalier geworden wär.

KAPLAN Wie?

NACHTWÄCHTER Die Fanny ist die Älteste von den Schwestern. *andächtig süsslich* Nu trällert die Lerche in die Nacht hin aus . . . *Er hält die Hand hinters Ohr. Kaplan blickt ironisch lächelnd empor.*

NACHTWÄCHTER *etwas eifersüchtig, den Kaplan bemusternd:* Die wär ooch wat man für Euch gewesen. *lauernd* Aber die Kaplans müssen keusch leben, wat?

KAPLAN *streng zurückweisend:* Altmann!!
Fanny verlässt das Fenster.

NACHTWÄCHTER Excüse, hochwürdiger Herr Kaplan! *Kleine Pause.* 23 Kinder und einen Enkelsohn und einen Kaffeepott schmauste die Gemeinde heit am Nachmittag beisammen auf dem Rasen.

KAPLAN Wann ruht er dann eigentlich von der Nacht aus?

NACHTWÄCHTER Der Moritz und ich sind aus einer der selbigen Geburtsstadt, darum legt er immer noch zu meinem kargen Lohn bei.

Kaplan anerkennend.

NACHTWÄCHTER Nur der Simeon, der Zweite von vorne gezählt, darf es nicht sehen. *Der Nachtwächter lässt keinen Blick vom obigen Fenster.* Sie
ist wieder weg!! Eenmal kömmt sie, eenmal geht sie – –

KAPLAN Der Gutsbesitzer Schüler soll ein grosszügiger biederer Mann
sein!

NACHTWÄCHTER Im grossen ganzen schon – darum schlof eck auch so gern vor seiner Pforte. *Guckt verstohlen wieder nach oben.* Und erst die Henriette, sein ehelich Weib – *leiernd* so rundlich und mundlich mit
däm goldenen Mond *geil* da droben im Wolkenbett. *Der Nachtwächter lässt sich wieder auf dem Grenzstein nieder.* Oder wollen
der Herr Kaplan sich gefälligst plazieren?
*Fanny erkennt den Kaplan, lehnt sich weit aus dem Fenster. Man
sieht, wie ihre Hand rücklings ein helles Tuch ergreift, das sie um
ihre Schultern kokett legt. Sie wirft eine Rose über den Garten, die
aber im Dorn des Zaunes hängen bleibt. Der Kaplan ergreift sie.
Der Nachtwächter bemerkte den Vorgang nicht.*

KAPLAN *mit absichtlich vernehmbarer Stimme und beherrscht zum
Nachtwächter:* Erfrischen Sie sich, Altmann, den Rest der Nacht
an dem Duft.

NACHTWÄCHTER Wo kam die her?
Fanny schliesst hörbar ihr Fenster.

NACHTWÄCHTER *enttäuscht:* Jetzt is sie wieder weg von der Bühne – und sie kommt
heute nicht wieder! Wat hat se nur auf eenmal? Se kommt, sie
geht, sie kommt, sie geht, wat hat se nur auf eenmal?
*Kaplan angewidert durch des Nachtwächters Vertraulichkeit. Er
ist im Begriff weiterzugehen, der Nachtwächter ihm zögernd nach.*

NACHTWÄCHTER *bleibt wieder etwas stehen:* 23 Kinder hat er zu füttern der Moritz,
aus einer Kasse und die mannigfachen Gäste und Gastgemälde!
gehen beide weiter Zuerst wurde ihm der Menachem Heinrich geschenkt. Er ist sing Erstgeborener! Ein fertiger Gutsbesitzer lag
der Kronprinz in den Wiegen. Dann kam der Simeon *er leiert die
Namen wie ein Schuljunge herunter* der Julius, die Fanny, die Ka-
tharine, die Elise, der Berthold, der Alex, der hats auf der Brust;
der Ferdinand, August, die Dora, die Eleonore, der Albert, die
Bettina, der Arthur Aronimus, die Margarete, das Lenchen *der
Kaplan zählt die Namen* der Karl, dat Mäxken sing Augapfel, die
Zwillingsmetas wie zwei Zuckerpüppkens! Dat kleine Meierchen,
und zuguterletzt – die Titi.

KAPLAN Na, den Vers hat er aber tadellos auswendig gelernt.

NACHTWÄCHTER Was soll ich in der Nacht weiter tun?

KAPLAN Nun ja, ein schöner Strauß von Namen.

NACHTWÄCHTER Aber das Fünfzehnte von den Kindern, Unkraut vergeht nicht, der Arthur Aronimus, der will nich so wie Er gern will.

KAPLAN Wie meint er das?

NACHTWÄCHTER Der Jung ist doch gestern in einer Papierbuchse aus unserem Käseblättchen geschnitten, auf Prells Esel durch Hexengaesecke geritten und seine beiden Taugenichtse von Schulkameraden, der Willy und der Caspar heissen sie, hinter ihm her, dat Faultier anzufeuern.

KAPLAN Köstlich!

NACHTWÄCHTER Aber den Vater hätten Sie resonieren hören müssen, Herr Kaplan, als der verflixte kleine Kerl mit den Annoncen am Allerwertesten nach Hause geschlichen kam. *Der Nachtwächter setzt noch einmal das Horn an die Lippen und bläst heiser hinein.*

DIE STIMME DES NATHANAELS neckisch Tekia! Schewarim . . . *Triller* Terua!

NACHTWÄCHTER Komm heraus aus dem alten Brunnen, oller Ziegenbock! *Beide, der Kaplan und der Nachtwächter, biegen um die Landstrasse ein zum Katholischen Kirchplatz zu. Alles ganz ruhig. Es läutet eins vom Kirchturm.*

2. Bild

In Paderborn im kleinen Synagogengarten ruht auf einer schlichten Bank der Landespriester Rabbiner Uriel von Rheinland und Westfalen.

Personen: eine kleine Abordnung von Grosskaufleuten; 1., 2., 3., 4. Grosskaufmann; der Rosenkreuzler und Astrologe August Friedrich Kern; sein 16jähriger Sohn; der Diener des Rabbunis: Ephraim; der Kantor; Arthur Aronimus und Lenchen.

Rabbi Uriel hält still seine feinen Hände übereinandergelegt im Schoss. Seine Lippen bewegen sich noch andächtig wie im Gebet.

EPHRAIM *deutet auf die Schar der Männer vor dem Gitter des Gärtchens:* Sie lassen sich nicht bescheiden, Rabbi.

RABBI *sanft:* Und warum auch? *Der Rabbi ladet mit gastlicher Gebärde die vor dem Tore wartenden Männer ein, einzutreten.*

EPHRAIM Ich sah des Rabbis Seele noch am Gottesdienste hangen . . .

*Die Männer verharren in pietätvoller Entfernung vor dem Hohen
Priester. Einer der Kaufleute beginnt zu sprechen.*

1. KAUFMANN   Rabbi, wir sind in aller Herrgottsfrühe aufgebrochen, ein jeglicher
               aus seiner Stadt und alle doch aus gleichem Anlass.

2. KAUFMANN   Und legten unsern Flug in des Allmächt'gen Hand.

3. KAUFMANN   Wie grosse Wandervögel –

4. KAUFMANN   Gönnten wir uns keine Rast.

KERN   Schloss mich den Juden an, Ehrwürdiger Priester, *legt den Arm
               um seinen Sohn* ich und mein Sohn.

4. KAUFMANN   Er ist August Friedrich Kern, der Rosenkreuzler und weltbe-
               rühmte Astrologe.
               Rabbi klatscht stumm Beifall.

ALLE KAUFLEUTE *zusammen:* Den Rest der Abende vertieft er sich mit uns im Stu-
               dium der Kabala.

DER ALTE KERN *neigt sich vor dem Rabbi:* Es steht geschrieben: Simeon Ben Jo-
               chay verletzte sich. – Zwei von den Heiligen Gottes verbrannten
               an der Erkenntnis überirdischem Licht. – Nur Rabbi Ben Akiba
               kehrte aus dem geistigen Paradies der Kabala heil zurück.
               *Alle murmeln einen frommen hebräischen Spruch. Rabbi wieder-
               holt den Spruch, küsst sodann die Fingerspitzen seiner Hände den
               Männern zum Gruss. Er winkt Ephraim, die sich an der Mauer be-
               findende zweite Bank für die Gäste herbeizuholen. Der junge Kern
               ist ihm behilflich. Alle setzen sich nebeneinander gegenüber vom
               Rabbi.*

RABBI   *nach einer Pause:* Was begehren die lieben Pilger von mir?

KERN   Nehmt Euren Einfluss wahr im Parlament Gewaltiger in Jsrael.

2. KAUFMANN   *auf Kern deutend:* Ihn trieb mit uns zu Euch die nahende Gefahr.

3. KAUFMANN   Die unserem Volke dräut.

1. KAUFMANN   *gläubig:* Euer Flehen, Rabbi Uriel, erreicht das Ohr des Ewigen.

3. KAUFMANN   Bis in seinen Himmeln.

ALLE   Amen!
               *Aus der Synagoge ertönt die Schlussstrophe der Feier. Der Rabbi
               weist auf die Kuppel der Synagoge.*

RABBI   Das Sch'ma Jisroel bewegt noch innig meine Lippe, die tröstete die
               gottesfürchtigen Juden in Paderborn; noch weht ein frommes Säu-
               seln über mein altes Priesterherz.
               Die Männer beugen ihr Angesicht vor dem Rabbi.

1. KAUFMANN   *gläubig:* Gewaltiger!

2. KAUFMANN   Du Falke!

3. KAUFMANN   *zum alten Kern:* Um den Sinai streift sein Sinn.

4. KAUFMANN   Reisse an Gottes Gewandung!

Der junge Kern will etwas bemerken, aber sein Vater deutet ihm zu schweigen. Der Rabbi bemerkt den Vorgang.

RABBI Nun, Knabe, mit welcher frommen Näscherei gedachtest du den alten Rabbi zu beglücken?

DER JUNGE KERN *herb:* Der Vater fürchtet recht. Mein Wort scheint ihm zu kindisch noch für Euren Tisch.

RABBI Und doch sehnt sich Uriels arg geplündert Rabbiherz nicht nach eitelem Tand, doch mit kindischem Spiel behangen zu werden.

Der junge Kern naht dem Rabbi und küsst ihn auf die Wange.

RABBI *klatscht in seine Hände, und dann zu Ephraim:* Sage Du es ihnen, Ephraim, was der Rabbi ist – sag?

EPHRAIM Der Rabbi ist –

RABBI Sag!

KERN Das Sch'ma in Jsrael.

EPHRAIM *zögernd:* Der Rabbi ist ein Kind.

Der Kantor tritt in das Gärtchen, da sein Winken Ephraim nicht bemerkt, tritt er behutsam hinter die Bank des Rabbis und flüstert Ephraim etwas ins Ohr. Ab.

EPHRAIM Der Rabbi ist ein Kind, ich muss den Rabbi täglich zwei dreimal daran erinnern: »Der Rabbi ist ein Kind.« Morgens, wenn der Rabbi sich erhebt: »Der Rabbi ist ein Kind!« Und Abends, wenn der Rabbi sich zur Ruhe legt; »Der Rabbi ist ein Kind!« Und wieder muss ich es dem Rabbi sagen: »Der Rabbi ist ein Kind.«

KERN Fürwahr, ein heiliges Kind in Israel, so ein rechtes Urkind dünkt der Rabbi mich, ein schlichtes aus den Sternen – auf unsere eitle Welt gefallenes.

1. KAUFMANN *gläubig:* Ein Sternenkind! – Darum leuchtet er auch.

2. KAUFMANN Der Rabbuni!

3. KAUFMANN Und Sein Angesicht entdunkelt die Wirrnis!

1. KAUFMANN *beugt sich vor dem Rabbi in die Knie:* Rabbi Uriel!
Pause.

4. KAUFMANN *Zu den Männern energisch:* Le temps s'enflui!

2. KAUFMANN *zum vierten Kaufmann:* Beginne!
Rabbi er bewegt den Kopf die Männer auffordernd, zu beginnen.

4. KAUFMANN *leidenschaftlich:* Unsere Töchter wird man verbrennen auf Scheiterhaufen!

2. KAUFMANN Nach mittelalterlichem Vorbild.

3. KAUFMANN Und Greueln.

1. KAUFMANN Der Hexenglauben ist auferstanden.

3. KAUFMANN Aus dem Schutt der Jahrhunderte.

2. KAUFMANN   Die Flamme wird unsere unschuldigen jüdischen Schwestern ver-
              zehren.
1. KAUFMANN   *fragend:* Und ihre Seelen verhindern zu Gott zu steigen? Rabbi?
ALTER KERN   Wohl erheben sich aufgeklärte Mönche, etliche und predigen von
              der Kanzel der Kirchen und ermahnen die vom Teufel gebissene
              westfälische Christenheit.
2. KAUFMANN   Was vermag ein Hirte und wären es etliche Wächter gegen eine
              bissige Herde!
RABBI   *erhebt sich, gewaltig:* Moses ward ein Volk und sein Arm schlug
              die verblendeten Philister.
              Pause.
4. KAUFMANN   Von Stunde zu Stunde verstärkt sich die Gehässigkeit der Christen
              gegen uns Juden namentlich in den Dörfern und Flecken Westfa-
              lens.
3. KAUFMANN   Kein Judenhaus, das nicht gezeichnet ist mit dem Blut der Tochter.
4. KAUFMANN   *ungeduldig:* Was gedenkt der Rabbi zu unternehmen? Die Tage
              sind gehetzt und die Nächte ruhelos.
KERN   Wie der Jude, so respektiert den Landespriester von Rheinland
              und Westfalen auch der Christ.
2. KAUFMANN   Eure Stimme geht ins Blut, Rabbi.
1. KAUFMANN   Euer Wort stärkt den vom Weg Geirrten, Rabbi.
              Rabbi nachsinnend.
DER JUNGE KERN Wir Rosenkreuzler erzählen uns von des Rabbis Wundertaten.
1. KAUFMANN   *gläubig:* Das will ich meinen. *Er legt die Hand auf sein Herz.*
              Hoffnung ist eingezogen schon bei des Rabbis Anblick und
              Friede . . .
DER JUNGE KERN *lauschend begierig:* Rabbi Uriel könne sein Herz nehmen aus der
              Brust und seinen roten Zeiger nach Gottosten stellen? – –
RABBI   *stark:* Ich konferierte im Parlament mit dem Erzbischof Lavater
              von Paderborn.
              Ephraim bejaht des Rabbis Worte mit dem Kopf.
4. KAUFMANN   *ungeduldig und hart:* Das Resultat?
EPHRAIM   *glättet liebreich des Rabbis Bart. Plötzlich ringen sich folgende
              starke Worte aus seinem Munde:* Er fastete die ganze Woche, der
              Rabbi, doch seine heilige Stimme brüllte durch die aufgeworfenen
              gleichgültigen Gepflogenheiten aufwirbelnd durch die hohe
              Räumlichkeit des Parlaments.
RABBI   *betrachtet lange seinen Diener und dann stark:* Denn mich erfüllte
              nur der einzige einige Gedanke, wie helfe ich meinem gequälten
              Volk.
KERN   *bescheiden:* Man sagt Lavater nach: er, ein fanatischer Katholik.

RABBI   Ein heiterer sympathischer Kirchenfürst ist er auf lichten Wegen

ALLE   *begierig:* Und seine Antwort an Israel?

RABBI   Er legt der Verirrung seiner Christenheit keine weitere Bedeutung bei.

4. KAUFMANN   Wie? Und die Gefahr, an der die verehrungswürdige alte Seele Israels wieder zu ergrauen droht.

2. KAUFMANN   Ihm nur ein Thema?

RABBI   *bejaht:* Eine auferstandene Klamotte!

4. KAUFMANN   *sarkastisch:* Mit Teufelsöhrlein und Schwänzlein schwach auf den Beinen noch eben lebensfähig, verdrängt zu werden von der nahenden Weihnachtszeit.

JUNGER KERN   Mit Teufelsöhrlein und Schwänzlein, ha, ha.
Der alte Kern ermahnt ihn, sich ruhig zu verhalten.

RABBI   Aus des Kirchenfürsten quellendem Wesen schöpfte ich, Euer Rabbi, Redlichkeit! Euch, meine lieben Männer zum Trost.

3. KAUFMANN   Und wie verhält sich unser grosser Rabbi Eigens zu dem Trost, den ihm der Kirchenfürst gespendet?

4. KAUFMANN   *überlegen:* Dem auferstandenen Souvenir von anno Sechzehnhundert...

RABBI   Wie er mir gereicht ward, mein lieber Freund.

4. KAUFMANN   *überlegen:* Und fühlt sich unser Rabbi von der Hostie so gestärkt?

RABBI   *streng:* Auch alte Kinder lieben nicht das an sie gerichtete geklügelte Wort.
4.Kaufmann verneigt sich betroffen.

RABBI   Mich dünkt, der Erzbischof kennt seine Kinder.
Der Kantor winkt Ephraim, an das Gitter des Gärtchens zu kommen und gestikuliert. Gespräch geht weiter.

KANTOR   Ich kann die Kinder nicht wach kriegen.

1. KAUFMANN   *gläubig:* Wie der Rabbi uns, die Kinder Jsraels *Er ermahnt mit dem Finger die übrigen Männer.*
Pause. Der Rabbi reckt mächtig seine Arme zum Himmel empor.

RABBI   *gewaltig:* Der Einige, Einzige Gott über uns. Er prüfte seines Knechtes opferwilliges Herz.
Die Männer erheben sich, beugen sich erschüttert vor dem Rabbi und verlassen ihn hintereinander einzeln, sich noch einmal an der Pforte des Gartens verbeugend.

EPHRAIM   *legt dem Rabbi das abgeglittene Synagogentuch wieder um seine Schultern und sagt zu ihm:* Zwei Kinder sagt der Kantor schlummern auf der hinteren Bank im Gotteshaus.

RABBI   Kümmere Dich um sie, Ephraim, Dein Abba findet schon allein in seinen Bau.

Ephraim aber führt den Rabbi ins Haus, kehrt eilend um, durch den Garten in die Synagoge. Es wird immer finsterer.

3. Bild

Im kleinen Sitzungsraum des Landesrabbiners Uriel von Rhein-land und Westfalen. Ein langer, schwerer Tisch, um ihn hohe Stühle. Auf einem der Stühle sitzt der Rabbi in sich versunken. Mit dem Rücken zu der Türe, die zu seiner Privatstube führt. Auf dem Tisch steht der Sabbathleuchter mit brennenden Kerzen. An der Wand hängt ein sehr grosses Familienbild seiner Tochter Henriette mit ihrem Gatten und den sämtlichen Kindern: 23.

Personen: der Rabbi; Ephraim, sein Diener; Arthur Aronymus; Lenchen; der Todesengel.

EPHRAIM *Er tritt von der angrenzenden Wohnstube in den kleinen Sitzungs-raum. Man sieht, bevor er die Türe schliesst, die beiden Kinder zwi-schen Sitzungsraum und Stube stehen. Ephraim ermahnt sie, zu-rück in die Stube zu gehen:* Grossväterlein ist gleich wieder auf der Erden. Esset artig in der Zeit euren Griessbrei. *Er schliesst leise die Tür, tritt nah an den Rabbi heran. Er ist sehr erschrocken über des Rabbis Blässe.* Die lange Unterhaltung nach dem Gottesdienste hat den Rabbi angestrengt. *Kleine Pause; Ephraim bemerkt mit Erstaunen eine verschwindende Gestalt.* Ich liess den Bettler nicht herein.
Ohne die Türe zu öffnen, verschwindet die Gestalt, als ob sie durch das Holz der Türe tritt aus dem Raum.

EPHRAIM Sch'ma.

RABBI Er war kein Bettler Ephraim, er war der Todesbote des Ewigen.

EPHRAIM *erstarrt:* Sch'ma Jisroel . . . *Er eilt in das Nebengemach des Rabbis und man hört verschwommen wie die Kinder fragen.*

DIE KINDER Ist Grossväterlein schon wieder auf der Erden?
Ephraim tritt wieder in den Sitzungsraum.

RABBI Sahst du ihn auch, den Todesboten des Herrn, Ephraim?

EPHRAIM *benommen:* Dein Diener Ephraim – träumte – – –

RABBI Du warst mir mehr wie mein Diener, mein Ephraim, mein, und nur aus Schonung für den treuen Freund verheimlichte ich *er streichelt die Hände Ephraims* was geschah.

Ephraim lauscht ganz hingegeben.

RABBI *verklärt und stark zu gleicher Zeit:* Wir kamen aus dem Parlament, als mir der Ewige den Todesengel sandte.

EPHRAIM Frühzeitig verliessen wir das weisse, grosse Haus: Der Landesrabbiner von Rheinland und Westfalen und Sein Diener.

RABBI Und nahmen unser schlichtes Mahl; doch als es dunkelte, hülltest Du, mein treuer Freund, liebreich des Rabbis Leib in Feierseide; glättetest der weissen Gewandung fromme Haut. *Ephraim lächelt und küsst den Saum des Gebettuches des Rabbis.*

RABBI *wiegt den Oberkörper hingebend:* Herr Zebaoth forderte von seinem Knecht den Liebling unter seinen Enkeln ...

EPHRAIM *erhebt sich tieferschrocken, öffnet behutsam die Tür zur angrenzenden Stube und sagt zu den Kindern leise:* Grossväterlein ist gleich wieder auf der Erden.

RABBI Mit der geliebtesten, lebendigen Gabe, gedachte der Herr, seines Knechtes opferwilliges Herz in Israel zu prüfen. *Ephraim hält seine Arme behütend erhoben.*

RABBI Und all mein Flehen, sich mit seines Knechtes Seele zu begnügen – erbarme Dich, Zebaoth!! – Glitt ab von der Majestät des Herrn wie der Staub von seines dunklen Engels Flügelpaar. *Plötzlich erhebt sich der Rabbi mit gewaltiger Gebärde.* Da betrog ich den Ewigen, unsern Gott!
Ephraim entsetzt.

RABBI Ich pries in glühender Extase von den Enkeln den Kränklichen dem Heiligen Engel, den Sechsten unter den Dreiundzwanzig, dessen Seele ein Sommerfädchen, zart geknüpft an unserer Erdenwelt, doch von jedem Wehen in den Lüften angefeindet, dem Dasein schon zu entzittern droht.

EPHRAIM *angstvoll und schüchtern:* Gab sich der Bote des Herrn zufrieden, Rabbi?

RABBI Sein schwerer Flügelschlag erschreckte mich, Dein Rabbi bebte ...

EPHRAIM *Er hält beide Hände weit gespreizt von sich:* Und?

RABBI Er zeihete mich des Betrugs an Adonay!

EPHRAIM *gläubig:* Nur der Teufel wagt es, den Rabbi des Betrugs zu zeihen. Der Teufel wars auf Engelsfittichen.

RABBI Auch du, Ephraim glaubst an diese unwürdige Macht!
Ephraim küsst reuevoll die Hand des Rabbis.

RABBI Ich kämpfte mit dem greisen Engel in Rätseln den Rest der Nacht.

EPHRAIM *spricht wie in einer Ballade:* Darum bluteten des Rabbis Lippen in der Frühe.

RABBI *schliesst die Augen überwältigt angedenkens der Stunde:* Ich feilschte mit Ihm; ... der Rabbi, des geschlagenen Israels, ein Menschenhändler mit dem Käufer!: »Genüge Dich an meiner Seele, wirf die Gequälte in die Scheol. Doch pflücke die lachende rote Beere, noch unschuldig und ungegoren am Zweige heiter pochend, von meinem Stamme nicht.«

EPHRAIM Amen.

Kleine Pause.

RABBI *flehend:* »Nimm meinen erstgeborenen Enkel für den Knaben hin, Menachem, den gottesfürchtigen Landmann! Bescheide dich mit Simeon Morderchei! Nimm Julius Ahasveros! Nimm Fanny, die Blume der westfälischen Flur ...! Nimm Katharina, ihres Vaters Stolz! Nimm Elise! Berthold, den frischen Jüngling! Nimm Ferdinand! Nimm Dora, die noch halbwüchsige Maid! Augustus! Eleonore! Albert! Bettina! Margarete nimm!! Nimm die Zwillinge, zwei Mandelkerne zum Verwechseln in ihrer goldenen Hülle! Nimm!!! Das sanfte Lenchen, trag es hin zu Gott! Nimm Carl! Max, des Vaters Augapfel ... Bescheide dich mit Meierlein! Ja, nimm von seiner Mutter Schoss das kleinste Kindlein – eben geboren, – *dringender, fast aufschreiend* Nur lasse ab von ihm, Arthur Aronymus, dem Liebling meines Herzens!« ...

Ephraim trocknet die feuchten Augen und Wangen seines Rabbis.

ARTHUR ARONYMUS *aus der Nebenstube:* Grossväterlein! *Er trampelt etwas ungeduldig.*

LENCHEN Grossväterlein!

EPHRAIM *beglückt über das plötzliche Aufleuchten seines Rabbis:* Die Beiden warens, die da schlummerten im Synagogentempel.

Der Todesengel ist für den Rabbi ganz kurz sichtbar. Er beugt sich über ihn, steht hinter seinem Stuhl. Über des Rabbis Antlitz schimmert eine Beseeligung, denn der Engel flüsterte dem Rabbi eine seelige Botschaft ins Ohr.

EPHRAIM Sie werden ihr Grossväterlein zerstreuen.

RABBI *noch trunken von den Worten des Engels:* Wie? –

EPHRAIM Die Kinder!

RABBI *lächelt matt, klatscht leise in die Hände, die Kinder springen in den Sitzungsraum, Rabbi beugt sich sehr ermattet über die Kinder:* Wo kommt ihr her?

ARTHUR ARONYMUS *im singenden Tone wie der Rabbi:* Von Hexengaesecke!

LENCHEN *im selben Tone:* Von Hexengaesecke!

RABBI Und Eure liebe Mutter?

ARTHUR ARONYMUS *fröhlich:* Wir setzten uns mit Hut und Rock, hühott, zum Postillone auf den Bock.

RABBI	*Er liebkost die Kinder:* Ihr kleinen Ausreisser!
ARTHUR ARONYMUS	Grossväterlein!
LENCHEN	Grossväterleinlein!
	Ephraim setzt die Kinder auf des Rabbis rechtes und linkes Knie.
RABBI	Und Eure liebe Mutter, weiss sie von Eurer Reise?
ARTHUR ARONYMUS	*ausflüchtend:* Mutter sagt: Pass auf, auf Lenchen!
RABBI	*zu Ephraim:* Frag Du die Kinder. *Des Rabbis Kopf sinkt müde in den Sessel zurück.*
EPHRAIM	*betonend:* Passt fleissig auf, was Euch Ephraim fragt: Weiss Euer Mütterlein, dass ihr in der Postkutsche von Gaesecke nach Paderborn gereist seid zum Grossväterlein Rabbi?
ARTHUR ARONYMUS	Es war so hell!
RABBI	*etwas ungeduldig:* Weiss Euer Mütterchen davon?
EPHRAIM	Wer sandte Euch?
RABBI	*aufatmend:* Der Allmächtige – noch einmal seinen Knecht mit dem Anblick des Knaben zu erfreuen. *Ephraim verneigt sich tief.*
ARTHUR ARONYMUS	*sich aus der ernsten, seltsamen Situation zu befreien, imitiert er seinen Vater:* Der Herr Vater sagte zur Mutter: Der Rabbi in Paderborn verdirbt an seiner Erziehung an einem Tage mehr wie ich mir Mühe gebe, ihn zu einem Menschen zu machen schon 8 Jahre lang. *Rabbi und Ephraim lächeln.*
EPHRAIM	*zum Rabbi:* Er fürchtet, sein Grossväterlein sende ihn mit dem Schwesterlein wieder heim nach Gaesecke. Ist es so Arthur Aronymus?
ARTHUR ARONYMUS	*frisch:* Präzise.
RABBI	Ihr Ausreisser, Ihr. *küsst die beiden Kinder und wiegt sie müde auf den Knien*
ARTHUR ARONYMUS	*umhalst den Rabbi stürmisch, ebenfalls Lenchen den Grossvater:* Wir wollten Grossväterlein was von der Dora fragen. Ist sie wirklich eine Hexe?
RABBI	*gequält:* Wer sagte das Euch?
ARTHUR U. LENCHEN	Sie soll verbrannt werden.
RABBI	Sch'ma Jisroel! – Und Eure Mutter verheimlichte mir diese ungeheure Gefahr?
EPHRAIM	*zu sich selbst:* Es regnet wahrlich Feuer heute auf den Rabbi.
RABBI	*zu Ephraim:* Und nun verstehe ich den kleinen mutigen Reisenden, meinen Liebling Arthur Aronymus, was ihn zum Grossväterlein drängte.
ARTHUR ARONYMUS	*sehr drollig:* Eigentlich weil et so jemütlech bi deck is, wie beem

Vatter Abraham. *Er umarmt wiederum stürmisch den Rabbi.*
Rabbi u. Ephraim lächeln.

LENCHEN Die Dora hat 'nen Veitstanz.

RABBI *leise zu Ephraim:* Eine verbreitete Entwicklungskrankheit.

ARTHUR Ach, ömmer de Dora!

EPHRAIM *misstrauisch:* Ob der Wildfang nicht gar versuchte, nur Grossväterlein einen kleinen Streich zu spielen mit der Hexerei?

RABBI So alt und besonnen ist er doch, bei all seiner Streichlust, – um zu
wissen, dass diese Schmerzenskunde Grossväterleins Herz und
Nieren zerreissen könnte!

ARTHUR ARONYMUS *fängt laut an zu heulen:* Die Hexen sitzen alleman op dän Tierhek-
ken in die Neit. Auf dem Kalb sitzt immer eine ganz dicke mit
Glotzaugen, ich hab se selber Lenchen gezeigt, wat Lenchen?

LENCHEN *nickt bedeutungsvoll:* So eine dicke. *Sie zieht einen Kreis in der*
Luft.

ARTHUR ARONYMUS Und auf dem Hirsch sitzen oft zwei bis drei Stück zusammen und
fressen sein Blattgeweih auf.
Beide Kinder stürmisch lachend.

LENCHEN Und Grossväterleinlein, auf dem grossen Hahn aus Rotdorn hat
doch in der Früh, als ich mich mit Arthur Aronymus auf den Weg
zur Postkutsche machte, eine Hexe gesessen, die hat gewackelt wie
unsere Dora.

RABBI *zu Ephraim:* Wie dieser Aberglauben die Phantasie der Kinder
vergiftet. *zu sich selbst* Und Lavater legte der Verirrung keine Bedeutung bei?

EPHRAIM *seinen Rabbi zu zerstreuen, zu Arthur Aronymus:* Aber verbro-
chen hat der kleine Schelm doch sicher etwas im Gutshause? *zu*
Lenchen Erzähle Du's dem Grossväterleinlein und dem Ephraim.

LENCHEN *blickt fragend auf Arthur Aronymus:* Er springt immer mit dem
Lehm an den Schuhen in Mutter ihre Stube und plums in ihren
Nähkorb, dass die Garne nur so rieseln.

EPHRAIM Und was noch?

LENCHEN Und einen Turm für uns beide hat Arthur Aronymus gebaut und
ihn auf das Blumenbrett vor seinem Fenster gestellt.

ARTHUR ARONYMUS Denn später will ich Lenchen freien, dass sie nicht an einen gelehrten Mann kommt.

LENCHEN Und als der Herr Vater vorbeikam, fiel ihm ein Klotz hoch von
oben auf seinen frisch gebürsteten –

ARTHUR ARONYMUS Schornstein!

LENCHEN Da bekam er von Herrn Vater eine Strafarbeit. Hundertmal sollte
er schreiben: »Ich bitte den Herrn Vater um Excüs!« Und das war
ihm zu langweilig!

EPHRAIM Und da seid Ihr beide ausgerückt, ihr zwei Schelme!

RABBI *zu Ephraim:* Es geschah nach dem Willen des Herrn.

ARTHUR ARONYMUS Präzise! Und später wohnen ich und Lenchen in meinem Turm in den Wolken, – und regnen immer!

EPHRAIM Lasset die Kindlein nicht mehr von Euch fort, Abba.
Hinter dem hohen Stuhl des Rabbi ist der Todesengel für den Rabbi wieder sichtbar. Die Augen des Rabbis stehen plötzlich fern. Er presst den Knaben an sich und segnet ihn.

ARTHUR ARONYMUS *sich aus dem Ernst der Handlung zu befreien, springt in die Mitte des Zimmers auf den Teppich, Lenchen hinter ihm her. Sie fassen sich an die Hände, bilden einen kleinen Kreis, hüpfen und tanzen und singen das Hexenliedchen:* Maria, Josef, et läutet so heiss ... etc.
Rabbi bewegt über dieses Lied. Ephraim im Begriff die Kinder zu hindern, weiterzusingen.

RABBI *leise:* Störe sie nicht ... Auch das Böse dient dem Kinde zur Anmut des Spieles.

EPHRAIM Ich lege sie beide in der Wohnstube aufs Kanapee schlafen.

RABBI Vorher reiche mir unsere teure Thora.
Ephraim entnimmt einem Fach der Wand die Thora.

RABBI *lächelnd:* Wie meinte Kern? Dem »Urkind« – – – d a s   e w i g e   K i n d. *Der Rabbi umschlingt innig die Thora.* Allmächtiger Gott, so wie ich Deine Thora betreue, lasse leuchten dein Angesicht über Arthur Aronymus, meinen Liebling.
Arthur Aronymus bemerkt den Todesengel, den er vorher schon unbewusst beim Spiel hinter dem Stuhl seines Grossväterleins erblickte; er reisst sich jäh von der Hand Ephraims los, bleibt gehemmt vor der Türe des Sitzungssaals stehen, mit geöffneten Lippen – –

EPHRAIM *ahnungslos zu den Kindern, auf den Rabbi weisend, der die Augen geschlossen hält:* Nun stört Euer Grossväterlein nicht in seinem Schlummer!
Alle drei gehen in die Wohnstube.

RABBI Herr Zebaoth hat Seinen Knecht erhört ... *Der Rabbi ist gestorben.*

4. Bild

*Auf dem katholischen Kirchplatz hinten steht die zweitürmige
Kirche. Neben der Kirche ein kleines Gebäude, darin der Kaplan
Bernard Michalski wohnt. Tannenbäume für das nahende Weih-
nachtsfest stehen auf dem Markt, ebenfalls kleine Buden mit Weih-
nachtsschmuck und Allerhand. Schulkinder tummeln sich und
schlittern über den zugefrorenen Boden des Marktes. Sie tragen
Ranzen auf den Rücken. Arme jüdische Männer aus Westfalen, unter ihnen der galizische Hausierer: Lämmle Zilinsky. Seine Hände
hängen wie beim aufrechtstehenden Lamm herab. Die drei Jungen:
Arthur Aronimus, Willy Himmel und der Kaspar werfen ihre
Schulranzen vom Rücken, ziehen Kreise und spielen Heuer (Mur-
meln).*

*Personen: der Kaplan; der Hausierer: Lämmle Zilinsky aus Gali-
zien; jüdische arme Männer aus Westfalen; der Christbaumver-
käufer; Arthur Aronymus; Willy Himmel; Caspar; Fräulein Paderstein.*

WILLY   Wenn ich heute den dicken (Heuer) gewinne, kriegst du'n aber
nicht wieder, dat sag' ich dir!

CASPAR   Ob ihn Dir die Fanny oder euer Lenchen geschenkt hat.

ARTHUR ARONYMUS   Ihr Köllner Hännesken!

WILLY   Also wacker ens!
Alle Drei stehen tief gebückt über den Marktboden.

CASPAR   Beinahe hätt eck ihn gewonnen; *zu Willy* wat stösst du mich auch
immer?

WILLY   *zeigt frech auf den armen Hausierer:* Hepp! hepp! hepp!

ARTHUR ARONYMUS   Kiek ens, sinne Nase, hat er vergessen zuzudrehn.

CASPAR   Na, gibs Lammpfötchen, wacker!
*Willy hebt sich vom Boden auf, tut so, als ob er dem Zilinsky einen
seiner Heuer schenken will; zieht ihn dann neckend zurück.*

HAUSIERER   Wös wollt ihr mir – lösst mich in Frieden.

CASPAR   Hepp! hepp! hepp!

ALLE   Hepp! hepp! hepp!

WILLY   Nimm ding Schabbesdeckel vom Kopp!
Alle drei kreischen.

HAUSIERER   Was stört Dich mein Hütle meines – – Du Dorfjüngele?

DIE ANDEREN ARMEN JUDEN AUS WESTFALEN   *die dem Hausierer langsam gefolgt sind:*

Macht, dass Ihr miserablen Bengels fortkommt, sonst kriegt Ihr Ohrwatschen.

Die drei Jungens springen schnell zur Seite, strecken ihnen ihre Zungen raus, bemerken den Kaplan, der hinter einer Bude alles beobachtet und gehört hat. Sie rennen direkt dem Kaplan in die Arme. Er fasst sie alle drei.

WILLY *verlegen:* Der Jüd da hat uns doch gehauen, Herr Kaplan.

KAPLAN So?

ARTHUR ARONYMUS Der Caspar wollte ihm nur seinen Heuer schenken.

KAPLAN Ach!! *heimlich lächelnd* Das ist doch aber sehr undankbar von dem armen Hausierer – oder?

CASPAR Und dabei haben wir ihm guten Tag gewünscht. *Er zwinkert seinen Freunden zu.*

KAPLAN Also ihr habt ihm guten Tag gewünscht?

ARTHUR ARONYMUS ... so ähnlich wie guten Tag.

KAPLAN Hm ... Nun da bin ich aber begierig, was ihr Drei ihm Ähnliches gewünscht habt? Nun?

DIE KINDER *kleinlaut und verschüchtert:* Hepp! hepp! hepp!

KAPLAN Allerdings das gab ihm keine Ursache, Euch zu schlagen, denn wisst Ihr was hepp! hepp! hepp! bedeutet? *Er weist auf Arthur Aronymus.*

CASPAR Der kann das doch nicht wissen.

KAPLAN Warum denn nicht?

WILLY Der ist selbst ein Jude.

KAPLAN Nun denn antwortet ihr beiden Jungen mir. *Sie sperren den Mund weit auf wie zwei nichtsnutzige Spatzen.* Hepp! Hepp! hepp! bedeutet für die Juden eine glückliche Botschaft und zwar, dass Jerusalem nicht verloren ist.

ALLE Wir werden ihn nie mehr wieder ausschimpfen.

KAPLAN Und wisst Ihr, in welchem Lande Jerusalem liegt? *Er wartet.* Im gelobten Lande.
Alle Drei verstellen sich und zwar, als ob sie mit grossem Interesse zuhörten.

KAPLAN Also, was versteht man unter hepp, hepp, Willy?
Willy besinnt sich, verdutzt.

KAPLAN Caspar, sag Du es ihnen.

CASPAR Eben habe ich es noch gewusst.

KAPLAN Und du mein Sohn? *zu Arthur Aronymus*

ARTHUR ARONYMUS *jäh:* Gaesecke ist nicht perdu.

KAPLAN *lächelt:* Wenn ihr erst in meinen Unterricht kommt, dann sprechen wir über manche Dinge, die ihr zu begreifen mir noch zu kleine

Taugenichtse scheint. Und nun nach Hause, fix, die Suppe wird sonst kalt.

WILLY *leise zu Arthur Aronymus:* Da geht ja ding Vatter.

CASPAR *leise zu Willy:* Und so staatsgemacht.

ARTHUR ARONYMUS *zum Kaplan:* Unsere Zwillinge, die Metas, haben heute Geburtstag und da essen wir erst um ein Uhr zu Mittag, wegen Menachem.

KAPLAN So? –

ARTHUR ARONYMUS Der kommt mit der Post aus Erwitte circa.

WILLY U. CASPAR *zeigen auf Arthur Aronymus:* Der ist sein ältester Bruder aus Schülers Garten und der ist *auf Arthur Aronymus zeigend* der Arthur Aronimus Schüler. Und minne Mutter sagt, ich darf mit ihm verkehren, weil er hellbraune Haare hat und Schrot im Leib.

KAPLAN *glättet den Scheitel Arthur Aronymus':* Ich werde Deine Mutter in diesen Tagen einmal besuchen Willy. Sage ihr das, mein Junge.

WILLY Jawohl, Herr Kaplan.

KAPLAN Nun wollen wir mal artig mitsammen die Heiligen Bäume anschauen, wer von ihnen der höchste ist?

Der Hausierer hatte sich noch vor dem Ende des Platzes von seinen Begleitern getrennt, um wieder umzukehren. Er erblickt den Kaplan, lüftet schüchtern seinen Hut. Der Kaplan reicht dem Hausierer die Hand. Des Kaplans Blick streift beobachtend die Kinder.

KAPLAN Nun mein lieber Bruder, fühlst Du Dich auch wohl in unserem Dorf?

WILLY *leise zu den Freunden:* Heiliger Strohsack!!

KAPLAN *lächelt, denn er hat die Bemerkung gehört:* Oder hast Du zu leiden durch den Unverstand unserer grossen oder – gar k l e i n e n Mitbürger?

DER HAUSIERER *rührend kindlich:* Die Schulbübili, wenn se mich nur in Frieden lassen würden, gütigster Herr Kaplan. Ihre Gendarms meinten schon, wenn ich mer die Lockerl meine unterm Hut stecken tät und den langen Rock, *er blickt an ihm herunter* vom Vater selig, eintauschen tät für einen neumodischen Frack, dann hätt ich Rüh!

KAPLAN Wenn Dir Deine Tracht lieb ist, trag sie in Ehren weiter, Lämmle Zilinsky.

HAUSIERER Wieso, kenne Sie mich?

KAPLAN Ich werde doch *die Kinder im Auge haltend* so einen fleissigen Menschen wie Sie sind, lieber Zilinsky, mit seinem Namen kennen.

HAUSIERER *verbirgt seine Rührung über das selten hörende Lob; mit niedergeschlagenen Augen:* Herr Kaplan, ich muss Ihne sagen, ob ses hören wollen oder nech, – immer hab ich eine heimliche Freud, wenn ich

Sie sehen tu. Und dass Sie mer grad, armen Jid, so'n Lob zuteil werden lassen, hätt sich Zilinsky nech em Traum eingebild. *Mit Tränen in den Augen küsst er die Hand des Kaplans und geht schlicht, wie er gekommen ist, weiter des Wegs.*

KAPLAN Seht Ihr Jungens wie wenige der Worte es bedarf, einen Menschen zu erheben?
Die Jungens verlegen.

CASPAR Mutter und Vatter gehen jeden Sonntag schon um sechs Uhr in die Kirche.

KAPLAN *zu Willy:* Und Deine liebe Mutter?

WILLY *nickt und dann auf Arthur Aronymus zeigend, etwas schadenfroh:* Sein Herr Vater und seine Mutter sind – Semiten.

KAPLAN *zu Arthur Aronymus:* Du bist also der kleine Arthur Aronimus aus dem weiten Gutsgarten drüben? Und der wievielte zählst Du unter den vielen Geschwistern?

CASPAR Der vierundzwanzigste.

ARTHUR ARONYMUS So viel hab ich ja gar nicht!

KAPLAN Nun?

ARTHUR ARONYMUS Der fünfzehnte Geschwister bin ich präcise! Bernard.

KAPLAN Wer hat Dir denn verraten, dass der Herr Kaplan Bernard heisst?
Er schickt Willy und Caspar ermahnend nach Hause.

ARTHUR ARONYMUS Meine Schwestern die rufen immer, wenn Sie vorbeikommen: Kommt schnell!! Bernard kommt, Bernard kommt!!

KAPLAN *geschmeichelt, er kann sich das Lachen kaum verbeissen:* Das ehrt mich sehr, mein kleiner Arthur Aronimus.

ARTHUR ARONYMUS Die Fanny namentlich. *er ahmt ihr nach* Ach warum ist der Kaplan gerade kein Jude?

KAPLAN Ach!!

ARTHUR ARONYMUS *ahmt seiner Schwester Katharina nach:* Welch ein Malheur, sagte da Katharina.

KAPLAN Ach!!

ARTHUR ARONYMUS Und Elischen sagte, da sie gelehrt ist, Fanny, wie unlogisch wieder einmal! Ein Jude kann doch kein Kaplan sein und kein Kaplan ein Jude. Da sagte Fanny schweige! *Arthur Aronymus besinnt sich und schluckt fortwährend. Der Kaplan bedeckt sein Gesicht, sein Lachen zu verbergen.* Wisst Ihr, sagte Fanny, wie der Bernard aussieht? Und alle sannen. Da sagte Fanny, er sieht aus wie der Grosse Kurfürst Conradin von Hohenstaufen. Da sagte Elischen: Wie ungebildet, Fanny! Conradin war ein Ritter Kreuz und kein Kurfürst, denn er zog in den heiligen Krieg von 1680 – bis 1725. Merke Dir das, Schwester!

KAPLAN Köstlich! *Er streichelt Arthur Aronymus Scheitel.*

DER BAUMVERKÄUFER Die kleine Tanne im Topf, *er hebt ihn empor* passt gerade für des Herrn Kaplans Stübchen. Dem Herrn Kaplan für den hälften Preis?

KAPLAN Gott vergelts Euch, lieber Freund.

VERKÄUFER Schülers Aronimus trägt sie Euch in Euer Stübchen. Hat das jüdische Kind am Christbäumchen mal Freud, wenigstens eine Strecke Wegs.

Arthur Aronymus hat es überhört.

KAPLAN *nimmt das Tannenbäumchen an sich. Arthur Aronymus aber bemüht sich, ihm die kleine Tanne nach Hause zu tragen:* Da steht sie ihm schon auf der Schulter.

ARTHUR ARONYMUS Jetzt spielen wir Dienstmann.

KAPLAN Ist sie auch nicht zu schwer für Dich?

ARTHUR So een kleng Bömken wie meiner Mutter Gummipappel.

Kaplan im Begriff Arthur Aronimus eine kleine Münze ins Täschchen zu stecken.

ARTHUR ARONYMUS Nää, dafür nehm eck doch nix!

KAPLAN Ihr habt ja eine Menge Kinder. Hast Du auch unter ihnen ein Lieblingsschwesterchen, wie ich eins habe?

Pause.

ARTHUR ARONYMUS Kennen Sie unser Lenchen nicht? *dem Kaplan anvertrauend* Die is meine Braut. Ich bin ja auch zwei ganze Jahre älter wie unser Lenchen. Lenchen isst so gerne Marzipan. Darum besuchen wir beide in Lippstadt öfters Frau Sanitätsrat Grünbaum.

KAPLAN *vertraulich wie er und im selben Tone:* Aber merkt denn die Frau Sanitätsrat Grünbaum nicht, dass ihr beide nur des Marzipans wegen kommt? *Kaplan tut sehr interessiert; sie bleiben öfters stehen.*

ARTHUR ARONYMUS Im Gegenteil, sie ruft immer: Na das ist schön, dass Ihr Beide mich wieder besucht und dann sagt sie: mein Sohn hat mir auch wieder frisches Marzipan aus Königsberg geschickt und wenn wir es aufgegessen haben, dann bleiben wir beide noch etwas stehen, weil ich und Lenchen Durst haben, bis sie sagt *sie imitierend* was macht denn Eure Mutter?

Kaplan fragend.

ARTHUR ARONYMUS *blickt treuherzig zum Kaplan auf:* Kaffee, wenn Leute kommen.

KAPLAN Köstlich!

Fräulein Paderstein bleibt neugierig vor den beiden Nahenden auf dem Markte stehen, betrachtet sie durch ihr Lorgnon. Kaplan und Arthur Aronymus sind angelangt vor dem kleinen Kaplanhäuschen neben der Kirche. Seitwärts der Eingang. Der Kaplan hebt den kleinen Baum von Arthur Aronymus Schulter.

KAPLAN Ein Stück Schokolade nimmst Du doch vom Kaplan Bernard?
Arthur Aronymus bläst schrill auf seinem Metallpfeifchen und rennt davon.

5. Bild

Im Schüler'schen Gutsgarten. Die Magd Clara deckt den Kaffeetisch in der Jasminlaube. (Im Winter von bunten Glaswänden geschlossen. Innen brennt ein kleines Holzfeuer).

Personen: Herr Schüler; Frau Schüler; Herr Vogelsang; seine Gattin Alwine (zu spielen von einem hageren Mann), Frau Vogelsang hat einen grauen, kleinen Backenbart, spricht stark Wupperthaler Dialekt; ihr Sohn Dr. Vogelsang (ein Spätsprössling); Katharina; Herr und Frau Paderstein, die älteste Tochter von Vogelsangs; Fräulein Milchen Paderstein, die Schwester des Herrn Paderstein; Clara, die Magd; Wanderbursche Nathanael Brennessel.

CLARA Na, kiek eener an – unser Hausmütterchen! *Sie erblickt den Wanderburschen auf der Landstrasse, sie winkt ihm, er kommt in den Gutsgarten.*

CLARA *vorwurfsvoll, höhnisch:* Herr Nimmermüde . . .

BRENNESSEL Machen Sie sich man erst auf die Wanderschaft, Frauenzimmerchen, just das Wandern bietet einem – *pfeift mit spitzen Lippen* so rechte Gelegenheit – auszuruhen. Wie schon der Wolfjang an die Frau Rätin Mutter *affektiert* aus Italien nach Weimar schrieb.

CLARA *spricht ihm höhnisch nach:* – bietet so rechte Gelegenheit? . . . Bind er nem andern Weibsbild auf. Vom Herumflannieren und Pussieren werden die Kartoffeln nicht dick.

BRENNESSEL *an die Ehre gegriffen, affektiert:* Ich muss höflichst bitten, Frauenzimmerchen.

CLARA Ich mein ja blos ens, Herr Brennessel.
Brennessel tritt nahe an Clara heran, versucht sie zu umarmen.

CLARA Er will mich auch wohl ins Unglück stürzen, wie der Wolfjang die Friedericke?
Brennessel kichert.

CLARA Betrachten Se ens – das hat unsere Katharina verloren, als sie eben vom Imker gerufen wurde bei die Bienenkörbe. *Clara zeigt ihm ein Bändchen mit einem Herzchenanhänger.*

BRENNESSEL Zur Königin Brautfahrt. *etwas geil* Ich sah sie in den Lüften mit dem Bienerich, Clärken.

CLARA *betrachtet das Herzchen, summend:* Brennessel, kick er ens *Sie schaukelt das Herzchen am Bande hin und her.* Der meint es ehrlich mit der Demoiselle . . . *flüstert* Die Eltern Vogelsang sind gestern eingetroffen. Dat imponiert mich, Brennessel!
Brennessel als ob er Tränen aus den Augen wische.

CLARA *mitleidig:* Ich weiss ja, dat Sie keine Eltern jehabt haben, Nathanaelchen.

BRENNESSEL Darum hab ich auch keine Bleibsamkeit, dat is ja eben ming Geburtsfehler, ming Zuckerclärchen.

CLARA Die Madame kommt!
Hinter Frau Schüler der Herr Schüler, beide in bester Kleidung und Laune. Der Handwerksbursche hat nicht mehr Zeit sich ungesehen zu empfehlen.

FRAU SCHÜLER *zu Brennessel:* Er kommt mir wie gerufen, Brennessel!

BRENNESSEL Das will ich meinen, geehrteste Madame.

FRAU SCHÜLER Die Teppiche kann er helfen ausklopfen. Will er? *zu Clara* Lassen Sie ihm vorher . . .

HERR SCHÜLER *kurz:* Na?
Brennessel lüftet den Hut bis zur Erde.

FRAU SCHÜLER . . . in der Küche einen kleinen Imbiss geben. *Sie nickt Brennessel gutmütig zu. Brennessel und Clara ab.*

HERR SCHÜLER Du verwöhnst die Leute, Henriette, der Mann ist gewöhnt, im Freien zu grasen.

SIMEON *der in die Laube gekommen ist:* Der Mann bekommt seinen Lohn und damit basta, Mutter.

FRAU SCHÜLER In meinem Elternhaus ging niemand heim, ungestärkt.

SIMEON *zum Vater:* In den Dingen der Ökonomie ist mit der Mutter nicht zu reden.
Julius kommt in die Laube.

HERR SCHÜLER *etwas unangenehm von dem Urteil seines 2. Sohnes berührt:* Im Hause wollen wir schon die Mutter walten lassen.

JULIUS *reinigt sein Lorgnon; er schnüffelt:* Es duftet nach Rodontkuchen . . . Oder irr ich mich?

MUTTER Ihn hat gestern Abend noch Katharina mit der Köchin gebacken.

VATER *unbewusst etwas eifersüchtig auf ihre nahende Verlobung:* Ein Prachtmädel, beileibe, der Doktor kann sich gratulieren.

SIMEON Wie weit ist die Unterredung mit seinen Eltern gediehen?

MUTTER *blickt auf zum seitlichen Erkerfenster:* Sch –

SIMEON Darum eben, weil sie gleich kommen werden.

MUTTER *auf ihren Gatten weisend:* Der Herr Vater erklärte sich einverstanden, ihrem Sohn eine Mittelapotheke zu kaufen.

SIMEON Was sagt Frau Mutter dazu?

MUTTER Diese Fragen müssen wir des Herrn Vaters grosser Erfahrenheit überlassen.
Der Vater fühlt sich sichtlich befriedigt von der Antwort seiner Gattin.

VATER Ich kann Dir nur denselben Rat erteilen, mein Sohn Simeon.

JULIUS Mich überraschen des neugebackenen Schwagers Kenntnisse in der modernen Literatur. Er deklamiert den ganzen Faust I. und II. Teil auswendig!

SIMEON *überhört Julius Einwurf:* Noch bei den schlechten Zeiten.

VATER Auch sind die Zeiten nicht die schlechtesten. Das Glück meiner Tochter Katharina liegt mir lediglich am Herzen. Mein Prachtmädel!

JULIUS *wie auf dem Katheder geschwollen, überspannt:* Den II. Teil!! Deklamiert er a u s w e n d i g! Begreift ihr Herrn Eltern, welche Intensivität des Verstandes zu dieser Leistung gehört?

SIMEON *sarkastisch:* Ein Werther scheint der neugebackene Schwager k e i n e s f a l l s zu sein.

VATER Wer weiss – denn er liebt mein Mädelchen.
Mutter gerührt über ihren Gatten, streichelt ihm die Hand.

SIMEON Idealisten –

VATER *sich wieder ermannend:* Wenn nur nachher die Herde nicht in unsere Konferenz einfällt –

MUTTER Ich habe Elischen und Fanny mit den sämtlichen Kindern auf die Farresbeck geschickt. Milch trinken und Waldbeeren suchen. Beim Pflücken lassen sich die Kinder so leicht nicht stören.

SIMEON *vorsichtig:* Mit Fürlaub, Herr Vater, ich bat Menachem, unseren ältesten Bruder, Deinen Erstgeborenen über Vogelsangs Erkundigungen einzuziehen.
Kleine Pause. Vater springt empört auf, sein Gesicht errötet sich. Aber schon nahen Vogelsangs und ihnen zur Seite Padersteins.

SIMEON Ja, sie zählen tatsächlich zu den wohlhabendsten Familien im Wuppertal.
Der Vater erhebt sich, beherrscht, geht wie ein Grandseigneur seinen Gästen entgegen, führt die alte Frau Vogelsang artig in die Laube, die anderen folgen ihnen nach. Fräulein Paderstein kommt in den Garten.

FRAU VOGELSANG *geschmacklos in lila und grüne Seide gekleidet; Wuppertaler Dialekt:* Vogelsang wollt nicht aufwachen und ich konnt doch bei seinem Schnarchen nicht einschlafen – so stört er mir immer die Ruhe seit unserer Hochzeit.

HERR VOGELSANG Alwinchen plauderst wieder aus der Schule. *Es lachen alle, Herr Schüler aus Höflichkeit ebenfalls, nur Simeon kalkuliert noch abwesend.*

HERR SCHÜLER Desto besser wird Madame Vogelsang der Rodontkuchen von unserer Katharina gebacken, munden.

FRÄULEIN PADERSTEIN *neugierig:* Na, seid Ihr schon einig geworden?

FRAU PADERSTEIN *dumm:* Ne gute Partie macht der Engelbrecht.

FRAU VOGELSANG *listig:* Man langsam voran.

FRAU SCHÜLER *für ihre Tochter an die Ehre gegriffen:* Meine Tochter?
Herr Schüler überhört diplomatisch den kleinen Vorgang zu Gunsten Katharinas.

FRAU VOGELSANG *stösst ihres Mannes Fuss mit ihrem Fuss unterm Tisch an, sie hält ihre Kaffeetasse in der Hand:* Du kennst Dich doch aus in Porzellan, Vogelsang?

VOGELSANG Erste Qualität, Schüler, echtes Sevres. Was titulieren wir uns eigentlich noch immer mit Madame und Monsieur – zwei Brauteltern.

HERR PADERSTEIN *schmaust und kräht:* Erhebet Eure gefüllten Tassen! Also Moritz und Wilhelm, – Henriettchen und *er weist auf seine Schwiegermutter Vogelsang* Alwine.

FRAU VOGELSANG Nu man langsam voran, Schwiegersohn.

HERR SCHÜLER Eh bien, Madame Vogelsang. *Reserviert und hart.*

FRAU VOGELSANG *empfindet die plötzlich abgekühlte Atmosphäre, listig lenkt sie ein:* Der liebe Engelbrecht, sämtliche Frauenzimmer sind in Elberfeld hinter ihm her.

FRAU PADERSTEIN *dumm:* Das will ich meinen. Allen hat er den Kopf –

FRAU VOGELSANG *fällt erschrocken ein:* – gewaschen mit seinem unvergleichlichen gesetzlich geschützten Kopfwasser.

FRÄULEIN PADERSTEIN Wie nennt sich dat?

SIMEON *sarkastisch, er streift seine Eltern:* Nach Katharina.

FRAU PADERSTEIN *trocken:* Dat is ne gute Idee!!

HERR SCHÜLER *energisch:* Bevor unsere Kinder kommen, schlage ich vor, die interne Angelegenheit zu regeln.

FRAU VOGELSANG Dat mein ich auch. *Kratzt sich im Backenbart.*

HERR VOGELSANG *intim:* Also, Moritz? *zu seiner Frau* Wir werden schon einig werden.

JULIUS *für seine Schwester an die Ehre gegriffen, in beschwingtem Ton:* Mit dem Kuhhandel? Was?

HERR SCHÜLER Ich also erkläre mich bereit, eine Mittelapotheke zu kaufen und zwar die vakante Ihrer Schwesterstadt Barmen. Ich liebe meine Tochter Katharina und will ihr Glück.

FRÄULEIN PADERSTEIN *neidisch:* Sie hat ja immer für die Pharmazeuden geschwärmt, seitdem der Profisor hier in Gäsecke mit der Kleie ihre roten Händ gebleicht hat.

FRAU VOGELSANG *aufatmend:* Bravo, Moritz! *auf einmal intim* Siehste Vogelsang, so eine Vaterliebe imponiert mir!

Tränen stehen in den Augen des Herrn Vogelsang.

FRAU VOGELSANG *würdig:* Beherrsch Dich, Vogelsang. *Frau Vogelsang lässt en passant die Worte fallen* Unserem Jungen stand die Welt offen –

FRÄULEIN PADERSTEIN *etwas neidisch:* Die Katharina wird sie ihm wacker zuriegeln.

SIMEON *eiskalt, Fräulein Padersteins Bemerkung überhörend:* Dann rate ich Ihnen, Madame Vogelsang, dieselbe noch nicht hinter ihm zu schliessen.

Eine kühle Pause.

HERR VOGELSANG *vorwurfsvoll:* Das hat nu Deine Liebe, Alwinchen, zu unserem Engelbrecht Dir wieder eingebrockt.

FRAU PADERSTEIN Mutter meint es ja nicht so.

FRAU VOGELSANG *verbrennt sich die Zunge an dem heissen Kaffee:* Kinder, der Kaffee, der Kaffee, der Kaffee.

Frau Paderstein tritt ihrer Mutter auf den Fuss.

HERR VOGELSANG Ein vorzüglicher Mocca.

FRAU VOGELSANG *hält ihren Leib mit beiden Händen:* Ich bin ja so dunkel nicht gewöhnt, Kinderkes! *Sie ächzt und erhebt sich schnell, um an einen bestimmten Ort zu eilen.*

HERR VOGELSANG Wird Alwinchen auch finden?

Frau Schüler eilt ihr etwas angewidert nach; Herr Vogelsang spaziert indessen etwas über den Kiesweg.

HERR PADERSTEIN *kräht:* In Barmen haben die Kinder von der ollen Vogelsang nix zu fürchten, Schüler!

Das Brautpaar tritt durch die Pforte in den Gartengang, ganz im Gespräch vertieft. Sie übersehen die verstummten Verwandten in der Laube und steigen die Freitreppe Arm in Arm hinauf. Katharina lehnt komisch an Engelbrechts Schulter.

FRÄULEIN PADERSTEIN *neidisch:* Dass seine Wahl nicht auf die schöne Fanny fiel?

Frau Schüler tritt erregt wieder in die Laube, vom Seiteneingang des Hauses her. Frau Vogelsang aufatmend mit den Händen auf dem Leibe wie nach überstandener Operation.

HERR SCHÜLER Fasst Euch, Frau Mutter. *Er zeigt auf das Brautpaar.* Darum lasst sieben grad sein.

FRAU VOGELSANG Habt Ihr unsere beiden Kinder gesehen, als ob sie nicht auf Erden

seien. Das Käthchen gefällt mir von Minute zu Minute immer
noch besser. Ein herziges Kind! *Kleine Pause.* Bist wohl abge-
spannt, Henriettchen, nach der ernsten Konferenz? Weisste wat,
leg Dich aufs Kanapee in der guten Stube und streck die Glieder
von Dir. Wir in der Zeit promenieren wat im Garten umher.
Komm, Moritz! Sei ein Kavalier und reich mir Deinen Arm.
Herr Schüler reicht ihr artig seinen Arm, beherrscht.

FRAU VOGELSANG Nimm Dir'n Beispiel, Vogelsang.

FRAU SCHÜLER *ruft ihren Gatten stehenbleibend vor der Freitreppe:* Moritz, alles
erträgst Du in Deiner blinden Liebe zu Katharina, da hat das Mädchen nun an Deinem Hals geweint –

HERR SCHÜLER Das ernste Mädchen, Henriette, sie w e i s s, was sie will! Übrigens,
lange wird die 70jährige Närrin auch nicht mehr leben, Katharina
wird schon aufräumen.
*Frau Schüler geht ins Haus, indessen spaziert Frau Vogelsang mit
ihrem Gatten auf den Gartenwegen.*

HERR SCHÜLER *nimmt aus seinem Portefeuille einen Brief, er liest ihn noch einmal,
bevor er in die Laube zurückkehrt, in der Fräulein Paderstein auf
ihn wartet. Den Brief wieder faltend:* A u c h übertrieben!

ELISCHEN *tritt durchs Gartentor, erregt:* Wo ist die Mutter?

HERR SCHÜLER Was willst Du von der Mutter?

ELISCHEN Die Fanny hat sich von unserer Schar getrennt und sitzt bei Prells
mit einem Dr. Faust.
*Die Kinder kommen alle durch das Tor und singen: Sah ein Knab
ein Röslein stehn . . . Die Kinder kommen von der Stadt her, zwischen Ferdinand und Berthold die sehr zappelige Dora, dann die
Zwillinge Meta, Luise Hand in Hand. Hinter ihnen fährt Albert
behutsam den kranken Alex im Wägelchen. Hinter ihnen Eleonore
und August, dann Bettina und Margarete, hinter ihnen Arthur
Aronimus mit Lenchen an der Hand, dann Karl mit Meierchen
und Titi. Sie bemerken den Vater und gehen b e h u t s a m weiter die
Freitreppe herauf ins Haus.*

HERR SCHÜLER *wohlwollend, fast im gutmütigen Tone der Mutter:* Seid nur weiter
frohgemut, Kinder! *Er betritt wieder die Jasminlaube.*

FRÄULEIN PADERSTEIN Deine Prozession *auf die Kinder zeigend* Moritz.
Herr Schüler nickt abwesend.

FRÄULEIN PADERSTEIN *schmeichlerisch:* Früher hast Du mich doch beim Vornamen genannt, Moritz, nun sag schon wieder Milchen zu mir, wo wir ver-
wandt geworden sind.
Elischen kommt zurück in die Laube.

HERR SCHÜLER Was erzähltest Du eben von Deiner Schwester Fanny?

ELISCHEN Sie trennte sich von unserer Schar und sitzt mit einem fremden Monsieur bei Prells im Weingarten.

HERR SCHÜLER Ich werde gleich Julius hinschicken.
Elischen ab. Brennessel im Begriff, sich aus dem Garten zu entfernen.

HERR SCHÜLER Hole er mir das Blättchen vom Händler, Brennessel!
Brennessel nähert sich in einem Sprung der Laube. Herr Schüler legt ihm eine Münze in die Hand. Brennessel bespuckt sie dreimal, lüftet dankend den Hut und zwar einige Male.

FRÄULEIN PADERSTEIN *lauernd:* Vielleicht stehts schon drin.

HERR SCHÜLER Weiss die Jungfer von den angekündeten Pogromen in Erwitte und den benachbarten Flecken? *Er sucht mechanisch nach seinem Portefeuille, darin sich der beunruhigende Brief seines Sohnes Menachem befindet.*

FRÄULEIN PADERSTEIN Das hör ich heut' zum ersten Mal.

HERR SCHÜLER Also was meinte die Jungfer denn, von welcher Neuigkeit sprach die Jungfer denn? Sie bequeme sich, deutlich und ohne Hinterhalt zu reden.
Brennessel reicht das Blatt Herrn Schüler durch das Laub der Laube, ab.

FRÄULEIN PADERSTEIN Es wird gemunkelt im Dorf, Du beabsichtigtest, Moritz, Deinen Sohn Arthur Aronimus taufen zu lassen.

HERR SCHÜLER *erstarrt:* Entweder hat das die Jungfer erfunden, oder das Gerücht, an dem kein Haar echt ist, hat man ihr aufgebunden.

FRÄULEIN PADERSTEIN *lacht höhnisch auf:* Weisst Du denn nicht, Moritz, dass sie beide über die Tierhecken springen um die Wette, der Kaplan und Dein Aronimus? Trug der wilde Junge ihm doch erst vor ein paar Tagen sein Christbäumlein vom Markt in die Stube.

HERR SCHÜLER *steht auf:* Da möchte ich doch eben meine Henriette wecken.

FRÄULEIN PADERSTEIN Sie weiss davon und hat sie dem Gemahl das verschwiegen? – *listig* Darüber würde ich mich an Deiner Stelle sehr kränken, Moritz.

HERR SCHÜLER Kränken? *klug und überlegen* Im Gegenteil, ich respektiere diesen jungen frischen Geistlichen und es sei mir eine Lehre fürder, seine Freundschaft, mit der er meinen, von mir vernachlässigten *er betont* lieben Arthur Aronimus auszeichnet, mich dringlicher um meines Jungen Erziehung zu kümmern.
Fanny sieht den Vater im Vorbeischleichen ins Haus.

HERR SCHÜLER Fanny: Du kommst mir wie gerufen. *Er legt ihren Arm in den seinen und zieht sie, froh die Jungfer loszusein, ins Haus. Die Jungfer putzt sich die Nase in ein gesticktes Tüchlein und nimmt ihr Lorgnon und späht nach den Verwandten im Garten.*

6. Bild

Im kleinen Kaplanhaus. Ein geschmückter Christbaum. Die beiden kleinen Nichten des Kaplans, Narzissa und Ursula, knien in der Nische vor einem kleinen Altar vor dem Kreuz, daran Herr Jesus hängt. Angezündete Kerzen, Tannen und Blumenschmuck und ein Wachsherz, geweiht Maria.

Personen: Kaplan; Arthur Aronymus; Narzissa; Ursula; Leute aus Gäsecke und Nathanael Brennessel.

ARTHUR ARONYMUS *verharrend vor der halbgeöffneten Stube des Kaplans. Er hält einen Weihnachtsstrauß in der Hand:* Mutter hat mir's verboten, h e u t e durch Dein Fenster zu klettern – selbst – wenn es geöffnet ständ.

KAPLAN *lacht:* Vermutlich des schönen Blumenstrausses in der kostbaren Spitzenmanschette wegen. *Er zieht Arthur Aronymus in die Stube.*

ARTHUR ARONYMUS Der Weihe wegen – sagte meine Mutter. *Arthur Aronymus erblickt den Baum.* Ah – h . . . ! Bezähme dich, Junge, sagte meine Mutter, damit der Herr Kaplan Deine gute Kinderstube nicht vermisst. *Arthur Aronymus gewahrt plötzlich die beiden Nichten des Kaplans, die die letzten Strophen des Vaterunsers beten.*

URSULA U. NARZISSA *gleichzeitig:* . . . und vergib uns unsere Schuld, wie auch wir vergeben unsern Schuldigern. Und führe uns nicht in Versuchung, sondern erlöse uns von den Übeln. Amen. *Sie erheben sich beide. Ursula kommt auf Arthur Aronymus zu.*

KAPLAN Nun Kinder, gebt Euch mal alle die Hände! *zu den Nichten gewandt* Dieser nette Junge ist mein kleiner Freund Arthur Aronimus und diese kleinen artigen Mädchen, lieber Aronimus, sind meine Nichten Ursula und Narzissa. Tretet näher, lasst uns vorerst den Christbaum anschauen.
Arthur Aronymus regt sich plötzlich nicht von der Stelle und ist verstummt.

KAPLAN *zu Arthur Aronymus:* Du bist ja so still mit einem Mal geworden, was ist Dir denn, mein Junge?

ARTHUR ARONYMUS Mir is wat unheimlich. *Er sieht sich im Zimmer um.*
Die beiden Mädchen drängen sich um den Kaplan, der Kaplan führt den Arthur Aronymus an den Christbaum, die beiden Mädchen folgen.

KAPLAN Nun lasst uns zusammen: O Tannenbaum, o Tannenbaum singen.

URSULA	Und dann beschert uns der Onkel Bernard.
NARZISSA	Lieber Onkel Bernard. *Sie umhalst ihn.*
KAPLAN	*streicht Arthur Aronymus über seinen Scheitel:* Oder wisst Ihr was? Ihr stellt Euch dort in die Ecke und schliesst alle drei die Augen und wenn ich rufe: »Macht die Augen auf«, war das Christkind hier gewesen und hat seine Presente gebracht.
DIE DREI KINDER	O ja!
	Kaplan holt aus dem Schrank zwei Puppen, zwei kleine Testamente in Samt gebunden, einen kleinen Baukasten, einen Kreisel und stellt die Geschenke unter den Baum auf den Tisch, holt dann drei Teller, mit Spekulatius, Äpfeln, Apfelsinen und Nüssen gefüllt. Zuguterletzt zieht er ein Schaukelpferd hinter dem Schreibtisch hervor.
URSULA	*zu Arthur Aronymus, leise:* Ich kann alles sehen, zwischen den Fingern!
ARTHUR ARONYMUS	Ich seh gar nix.
	Kaplan hört es und lächelt amüsiert.
NARZISSA	Ich muss so zittern, Onkel Bernard.
KAPLAN	Augen auf!!!
DIE KINDER	Aaaaaah!
KAPLAN	Nehmt den Arthur Aronymus in die Mitte, ihr zwei Mädchen, und tretet vor den Tisch des Christbaums!
	Ursula im Begriff, auf die Geschenke loszustürzen.
KAPLAN	Nicht so ungeduldig, Ursula.
	Die Kinder betrachten mit Jubel ihre Geschenke.
URSULA	Narzissa, sollen wir tauschen? Ich möchte lieber Deine rosare Puppe –
	Arthur Aronymus beglückt über das schöne Schaukelpferd, hat alles andere um sich vergessen.
KAPLAN	Nun wollen wir singen.
NARZISSA	*mit einem sehr feinen hellen Stimmchen:* O Tannenbaum . . .
ALLE	O Tannenbaum, wie grün sind Deine Blätter . . . *die erste Strophe*
ARTHUR ARONYMUS	*zum Kaplan:* Das haben wir grade in der Gesangsstunde gelernt. *Freudestrahlend.*
KAPLAN	Das hörte ich eben vom Christkindchen.
ARTHUR ARONYMUS	Ich muss es immer allein Singen in der Schule. Der Lehrer sagt, dann käme er so richtig ins Lachen mal. Das täte seinen trägen Därmen gut.
NARZISSA	*hebt den Finger:* Ist das nicht eine Sünde von seinem Lehrer über ein heiliges Lied zu lachen, Onkel Bernard?
KAPLAN	*erschüttert:* Eine sehr grosse, mein Kind. Nun schnell wieder an die Weihnachtsgaben, die das Christkindlein Euch brachte.

NARZISSA *verzückt:* Lieber, lieber Onkel Bernard. *Sie nimmt die Puppe in den Arm, mit dem andern Arm umarmt sie den Kaplan.*

KAPLAN Wahrlich, Du bist so ein rechtes Gotteskind.

URSULA *zu Narzissa:* Tausch doch mit mir, ich geb' Dir meine blaue und Du gibst mir Deine rosare.
Arthur Aronymus springt auf den Gaul und reitet. Seine Augen blitzen.

KAPLAN Dass Du ihm aber einen Stall baust, Arthur Aronimus. *Tief gerührt beobachtet der Kaplan die Kinder.*

ARTHUR ARONYMUS *fällt ihm jäh um den Hals:* Ich danke Dir, lieber Onkel Bernard.

URSULA *zu Narzissa:* Zeig mal Deinen Teller, *zu Arthur Aronimus* und Deinen.

NARZISSA Fein, nicht?

URSULA *zu Arthur Aronimus:* Du hast ja einen Zuckerfrosch, ich und Narzissa nicht. *zum Kaplan* Warum hat Arthur Aronimus einen Zukkerfrosch?

KAPLAN Der kam gewiss auf seinen Teller gehüpft.

URSULA Wie komisch.

KAPLAN Nun wollen wir aber die Schokolade in der grossen Kanne nicht länger warten lassen, denn meine Hausfrau feiert bei ihrer Tochter und ihren Enkelkindern den Heiligen Abend, und wird sie nicht wieder aufwärmen. Plaziert Euch Drei bescherte Kinder recht brav um den Tisch.
Vor dem Kaplan steht die grösste Tasse mit Goldbuchstaben: Bernard. In zwei Körben liegen Aniszwiebäcke und Kuchen. Die beiden Mädchen ordnen umständlich beim Niedersetzen die weiten Röcke, um sie nicht zu verrammeln. Arthur Aronimus betrachtet noch vertieft sein Schaukelpferd und dann jäh mit einem Satz sitzt er auf dem Stuhl zwischen den Mädchen am Tisch.

KAPLAN Nun, Ursula, Narzissa, ihr wollt doch mal Hausfrauen werden, reicht schön die Bäckerei von Hand zu Hand. *Der Kaplan füllt in der Zeit die Tassen.*

NARZISSA Ich will Nonne werden, so eine recht andächtige, im schwarzen Gewande.

KAPLAN Und du, Ursula?

URSULA Ich will freien und lauter Kinder haben und dann gibts alle Tage Pudding mit Saffrantunke.
Der Kaplan und Arthur Aronimus lachen.

KAPLAN Und unser Arthur Aronymus, was will er mal werden?
Arthur Aronimus lächelt verlegen.

KAPLAN Doch wahrscheinlich ein Baumeister.

ARTHUR ARONYMUS	Ach ja, ich wusst nur nicht, wie das heisst.
KAPLAN	A propos, ich wollte Dich schon fragen, wie es Deiner kranken Schwester der Dora geht?
ARTHUR ARONYMUS	Simeon hat gesagt: Der Arzt studiert nur an dem Kinde herum. Bald hat er Dein Geld geschluckt, der Quacksalber, Herr Vater, – und Julius hat gesagt: Lasse Professor Eisenbart aus Paderborn kommen, der ist Arzt über 500 unheilbare Kranke. *Kaplan verbeisst sich das Lachen. Auf einmal wird ein Stein ans kleine Fenster geworfen und es singt jemand gehässig vor dem Kaplanhaus.*
STIMME	Dat käm ein Christenkind zu gut, herfür mit dinne Judenbrut!! *Kaplan eilt ans Fenster, der Lästerer ist nicht zu sehen.*
ARTHUR ARONYMUS	*hebt den Finger:* Darf ich was sagen?
KAPLAN	Gewiss, mein Junge.
ARTHUR ARONYMUS	Der singt immer im Sommer, wenn sie das Fallobst bei uns sammeln in ihren Säcken. Meine Mutter sagt, arme Leute wollen auch Obst essen.
KAPLAN	*beunruhigt:* Habt Ihr verstanden, was der böse Mann gesungen hat?
URSULA	*lügt kindlich:* Ich hab alles verstanden, Onkel Bernard.
ARTHUR ARONYMUS	*vertieft in sein Schaukelpferd, er zieht es an den Tisch zu sich. Er glaubt, er muss Ursulas Worte bestätigen:* Präzise.
NARZISSA	*versonnen:* Ich hab es nicht verstanden ...
KAPLAN	*legt den Kindern noch Kuchen auf den Teller:* Nun schmaust weiter, meine lieben kleinen Gäste, sonst ladet Euch das Christkindchen nicht wieder nächstes Jahr zum Kaplan ein.
ARTHUR ARONYMUS	*zu Ursula:* Du hast ja schon leer.
URSULA	*zu Arthur Aronymus:* Trink doch aus. *zeigt auf Narzissa* Die ist so zimperlich immer.
ARTHUR ARONYMUS	Lass doch das Puffen.
URSULA	Onkel Bernard, ich hab noch so Durst. *Kaplan füllt noch einmal ihre Tasse.* Schmeckt lecker, Onkel Bernard. *Ein zweiter Stein trifft wieder das Fenster. Derselbe Gesang, etwas ferner und zwar dieses Mal von einigen Stimmen. Der Kaplan eilt wieder ans Fenster, öffnet es. Brennessel kommt über den Marktplatz. Der Kaplan erkennt ihn. Im Arm hält er ein kleines geputztes Weihnachtsbäumchen.*
BRENNESSEL	Da laufen sie doch.
KAPLAN	Kennen Sie die Leute bei Namen?
BRENNESSEL	Die Missetäter? Nää. *Er hebt das Bäumchen empor, ein bischen affektiert im Flötenton* Vom Zuckerclärchen. Se hat dem Nathanael

ein Bäumchen geputzt. *Er geht weiter.* Schönen Weihnachtsabend wünsch ich Herrn Kaplan. *Geht ab.*

KAPLAN   *kommt vom Fenster, vergisst es ganz zu schliessen. Setzt sich wieder zu den Kindern:* Nun dürft ihr Euch alle noch etwas zum Schluss der Feier vom Baume abpflücken.

NARZISSA   Den schönen Silberstern, bitte, bitte.

Kaplan geht nochmals ans Fenster, das er vergessen hatte, wieder zu schliessen.

URSULA   *zu Arthur Aronimus:* Pflück mir wacker die Schaumkugel, kik, die da!

ARTHUR ARONYMUS   Nää.

URSULA   *auf den Kaplan zeigend:* Er merkts jetzt nicht. *Sie reckt Arthur Aronymus' Arm in die Höhe.* Nur wacker.

Arthur Aronymus, wie behext, pflückt die Kugel.

KAPLAN   *kommt dazu, zu Arthur Aronimus:* Aber Du willst doch nicht gar ein dreister Judenjunge werden? *Tief erschrocken über die ihm entfahrene Bemerkung.*

ARTHUR ARONYMUS   *instinktiv schwer erschrocken, jäh erwacht, dann apathisch, ruft auf einmal weinerlich und furchtbar schmerzlich:* Ich will zu meiner Mutter.

Pause. Kaplan erschüttert.

ARTHUR ARONYMUS   *schwingt sich jäh aufs Schaukelpferd und reitet unbändig vorwurfsvoll:* Nun bin ich bald zu Hause angekommen.

Der sich schwer schuldig fühlende Kaplan ergreift den Arthur Aronimus in seinem galoppierenden Ritt, hebt ihn vom Pferde zu sich empor und küsst ihn auf den Mund. Dann holt er den Wachsengel aus der Krone des Baumes.

KAPLAN   Für Lenchen, Dein Schwesterchen.

Arthur Aronymus lächelt müde, er lässt sich apathisch den Engel in die Tasche stecken, und ohne sich auch nur nach seinen Geschenken umzusehen, flieht er aus der Stube, aus dem kleinen Kaplanhaus über den Markt dem Gutshaus zu.

KAPLAN   *verzweifelt:* Legt Euch in der Nebenstube schlafen, Ursula und Narzissa, damit Ihr morgen ausgeruht seid für die Heimreise.

Narzissa instinktiv, streichelt tröstend des Kaplans Wange und schreitet mit Ursula in das Nebenzimmer.

KAPLAN   *nimmt seinen Rosenkranz, der auf dem kleinen Altar unter den Blumen liegt, kniet vor dem Altar nieder:* Vergib mir armem Sünder, Jesus Christus, diese giftige Muschel! *Tränen fliessen über sein Gesicht.* Längst geläutertes Blut trieb sie an den Strand meiner Lippen. *Seine Augen tief geschlossen. Nach einer Weile erhebt er sich und bläst die Kerzen des Baumes aus.*

7. Bild

In der Schlafstube des Arthur Aronymus und einiger seiner Brüder: Bertholds, Ferdinands Betten stehen rechts an der Wand, Arthur Aronymus' und das Bett seines Bruders Max an der linken Wand. Zwei grössere Waschtische, 2 Schränke, einige Stühle, ein kleines Pult mit Schulheften, Tinten etc. und ein Tisch, ebenfalls mit Schulsachen darauf. Früh am Weihnachtsmorgen.

Personen: Berthold; Ferdinand; Arthur Aronymus; Max; Katharina; Fanny; Elischen; Dora und Lenchen.

Arthur Aronymus liegt unruhig schlummernd noch in seinem Bett. Ab und zu stöhnt er und spricht weinerlich im Traum. Von draussen hört man die Weihnachtsglocken hell durch Hexengaesecke läuten. Die Geschwister sind schon alle aufgestanden, und unterhalten sich im Garten. Man hört ganz nah die Magd Clara schimpfen vom hinteren Garteneingang herauf.

CLARA Ich hol gleich den Inspektor, den Monsieur Filigran, wenn ihr euch nicht fortschert noch am Christmorgen –

DORFLEUTE IM GARTEN *äffen Clara nach:* Monsieur *näselnd* Filigran ... Solche Redensarten wie Sie am Leibe haben, nimmt sich ja noch nicht mal die Madame heraus! Hol ihn ens, den Monsieur *näselnd* Filigran.

CLARA Nicht eine Birne odern Appel blieb für uns Angestellte in der Küche übrig. Abgegrast habt Ihr täglich die Obstwiesen, darauf die fettesten Bäume stehen. *lügt* Dat sagt auch die Madame.

DORFLEUTE Das soll die Madame Schüler gesagt haben?? – ! Gefegt haben wir das faule Fallobst von die Wiesenplätze! Unsre Kinder haben Hunger nach heilem Obst, schäbiges Weibsbild!

CLARA Faulet Obst? Dat macht einer Dümmeren weiss, wie eck et bin. Grad der Appel, der vom Zweig fällt, ist der schmackhafteste! Und gelegen hat er auch nicht allzulange im Gras, davor habt Ihr gesorgt, ihr Aasgeier. – Dat sagt auch *sie lügt* die Madame.

DORFLEUTE Der werden wir's besorgen. *Verlassen drohend und murrend den Garten. Oben in der Schlafstube spiegelt sich der Traum Arthur Aronimus an der Wand wieder.*

DER TRAUM *(Tonfilm):*
Sein Grossväterlein, der Rabbuni und er wandeln durch die Strassen von Paderborn. Passieren die altmodischen Bibel-Giebel-

häuser. Manches von den Häusern trägt eine Arabeske in Form einer spitzen langen Nase mitten im Gesicht. Bei manchen Häusern öffnen sich zwischen den Fenstern grosse Mäuler – eins schluckt nach Grossväterlein und ihm. Grossväterlein stolpert immer über seinen langen Bart, er ist schon steinalt, viel älter, wie er geworden ist in Wahrheit. Auch er, Arthur Aronimus, hat weisse Haare und er trägt den kleinen Wachsengel in der Hand vom Christbaum. Auf einmal begegnet ihnen: Lämmle Zilinsky, der grüsst sie beide artig. Grossväterlein winkt ihm stehen zu bleiben, fragt ihn: »Sind jetzt die Kinder auch alle artig zu Dir?« Lämmle nickt und Arthur Aronimus sagt zu ihm: »Ich will Dich nie mehr beschimpfen.« Dem Grossväterlein wachsen zwei schwarze Flügel an den Schultern, die werden immer grösser und Arthur Aronymus bittet Grossväterlein: »Liebes Grossväterlein, bleib doch auf der Erden.« Auf einmal kommt ein ganz gross gewachsener Mann auf seinem Schaukelpferd geritten – und da gucken Fanny, Elischen, Arthur Aronimus und Katharina aus dem Fenster eines ganz alten Hauses. Und Fanny sagt: »Das ist der Kurfürst von Hohenstaufen«. Katharina sagt: »Wo?« Elischen sagt: »Wie ungebildet, Fanny, schäme Dich, der heisst nicht Kurfürst, sondern Conradin, der Ritter: Kreuz.« Da lacht der Kaplan Bernard ganz übermütig und an seinen Ohren bammelt die rote Schaumkugel vom Christbaum, die Arthur Aronimus stibitzen sollte der Ursula. Da kommt plötzlich ein Blitz vom Himmel und trifft Arthur Aronimus mitten ins Herz. Und danach ein Donner.

Zu gleicher Zeit mit dem Donnerschlag fällt die Stubentür (der Traum ist aus) ins Schloss. Fanny tritt ein, nach ihr Elischen, mit überlegenem Lächeln auf Fanny, dann Katharina mit der sehr unruhigen an Veitstanz leidenden Dora an der Hand.

Arthur Aronymus schlaftrunken im Bettchen. Dora plumpst auf den Boden. Katharina und Elischen heben sie auf und legen sie auf eines der Betten.

FANNY *ungeduldig:* Nun wach mal richtig auf, dummer Junge. *Schüttelt ihn etwas.*

KATHARINA Nicht so wüst, Fanny.

FANNY Du und Elischen geht doch sonst morgens mit Dora spazieren.

ELISCHEN Bitte, wir Drei wollten uns abwechseln.

FANNY Ich kann sie nicht halten. Mir fehlen die Muskeln.

ELISCHEN Muskeln hat überhaupt von uns Schwestern nur die Käthe.

KATHARINA Es gehört mehr Liebe als Muskeln dazu, unser Dorchen zu pflegen.

	Dora will was fragen, aber man versteht sie ihrer geschwollenen Zunge wegen nicht.
ELISCHEN	Sie meint, wir zanken uns immer um ihretwegen. Unser armes Dorchen! *Sie küsst sie sehr gutmütig und warm.*
KATHARINA	Wir sollten uns schämen!
	Dora nickt dazu. Arthur Aronymus öffnet ganz die Augen, die sind noch wehmütig, feucht und weit aufgetan.
FANNY	Was fehlt Dir denn, Du dummer Junge?
	Sie setzen ihn aufrecht in die Kissen.
ALLE	*hastig, neugierig:* Wie war's gestern beim Herrn Kaplan? Erzähl!!
FANNY U. ELISCHEN	*gleichzeitig:* Sieh mal an, unsere Braut!
FANNY	Was hat er gesagt?
ELISCHEN	Sprich doch, Arthürchen!
ARTHUR ARONYMUS	Nix!
FANNY	*ahmt ihn nach:* Nix! Er muss doch was gesagt haben!
ELISCHEN	Na?
KATHARINA	*klug:* Der arme Junge muss sich doch erst besinnen.
ARTHUR ARONYMUS	Ein Schaukelpferd hab' ich bekommen, vom Christkind.
ELISCHEN	Vom Christkind?? –
FANNY	Warum denn nicht?
ARTHUR ARONYMUS	Und einen Teller mit Leckers – *trübe* Und allerlei sonst noch ...
ELISCHEN	Junge, was hast Du denn nur?
ARTHUR ARONYMUS	Nix!
FANNY	*hebt den Zuckerfrosch aus einer Falte des Kissens:* Der ist dir wohl über die Zunge gelaufen. *Sie betrachtet heimlich lächelnd das grüne Tier.*
ARTHUR ARONYMUS	Lass meinen Frosch. *Er will sie klapsen.*
FANNY	Nun ist er wenigstens wach!
ALLE	*ihn ermunternd:* Erzähle.
ARTHUR ARONYMUS	Was soll ich erzählen?
	Dora will etwas sagen und kann nicht.
ARTHUR ARONYMUS	Ein Weihnachtsbaum stand, Ursula und Narzissa beteten vor Jesus, der blutete.
FANNY	Wer sind die?
ARTHUR ARONYMUS	Wer meinste?
FANNY	Ursula und Narzissa.
ALLE	Sinds noch Kinder?
ARTHUR ARONYMUS	Onkel Bernards Nichten. – Er hatte die grösste Tasse mit Bernard darauf, aber Zwiebäcke mit Anis assen wir und Mandelkuchen und nachher Pudding mit Saffrantunke. Und dann galoppierte ich auf dem Schaukelpferd nach Hause. *Er blickt im Zimmer umher nach dem Schaukelpferd.*

FANNY   Weisst Du was Du bist?
         Arthur Aronymus den Mund öffnend.
FANNY   Ein kleines Kamel.
ARTHUR ARONYMUS   Er liess euch grüssen.
FANNY   Wirklich?
ALLE   Wirklich?
ARTHUR ARONYMUS   Er wollte euch jeder einen Überwurf mit Mäuseschwänzen schen-
         ken. *Er bemerkt das Entsetzen in den Augen der Schwestern. Dora*
         lacht dick auf ... mit goldenen Fransen, sagte er, und Rosetten für
         die Haare und ein Testament von Goethe – von Jesus seiner Mut-
         ter gereimt.
ALLE   Was?
ARTHUR ARONYMUS   Verdeck wahr.
ALLE   Nää ...?
         Arthur Aronymus sinkt trübselig wieder zurück in die Kissen.
ELISCHEN   Dem Jungen ist doch was?
KATHARINA   Er hat sich den Magen verdorben.
         Von draussen hören die Schwestern das Hexenliedchen drei-
         stimmig bösartig singen.
         Maria, Joseph, es läutet so heiss
         Bimmel la bammel,
         Wasch in Jesu Blut deck weiss,
         »Bimmel la bammel!
         Widerstrebt deck der Christenwein,
         Bimmel la bammel!
DORA   *schwerfällig, aber vernehmbar:* Ich hab so Angst ...
LIED   Zieh ding Hexenschwänzlein ein
         »Und erleide Höllenpein, Höllenpein
         h, h, Höllenpein.
         Wir aber danken Herrn Jesu Christ,
         Da durch ihn unsere Seele errettet ist.
         Elischen macht sich um Dora zu tun, erwärmt ihre Hände.
DORA   Ich geh auch nicht mehr in den Garten.
ELISCHEN   Aber Dorachen, Deine Angst musst Du überwinden.
         Katharina legt Dora ihren Nerzkragen um. Katharina und Eli-
         schen tragen das Kind aus dem Zimmer. Die Wintersonne scheint
         warm und hell.
FANNY   Arthürchen, Aronimuschen, ich schenk Dir einen neuen Bauka-
         sten.
         Arthur Aronymus blitzschnell setzt er sich in die Kissen.
FANNY   Sag mir genau, hat Bernard von mir gesprochen? Von Fanny? Hat

er alle oder nur mich, die Jungfer Fanny grüssen lassen? *sie betont noch einmal* Fanny, Fanny – mich!

ARTHUR ARONYMUS *anmutig und naiv:* Vielleicht fällt es mir ein, wenn ich den neuen Baukasten habe.

FANNY *nimmt ihre Börse, zählt in Arthur Aronimus Händchen:* 1, 2, 3, 4, 5, 6, 7, 8, 9, 10 Münzen.

Die Brüder: Berthold und Ferdinand kommen und bringen das Schaukelpferd und die anderen Weihnachtsgeschenke und eine grosse gelbe Tüte mit den Leckers. Lenchen trippelt mit ihnen in die Stube.

BERTHOLD U. FERDINAND *gleichzeitig; auf Fanny blickend:* Vom Herzbischof auf dem Katholischen Kirchplatz.

FANNY Alberne Bengels, macht, dass ihr rauskommt. *Sie zwinkert Arthur Aronimus zu.* Arthur Aronimus soll noch schlafen. *Sie zieht die Gardinen zu Lenchen ist im Begriff, ihr Köpfchen neben das des Arthur Aronimus zu legen.*

ARTHUR ARONYMUS *zu Lenchen:* In meiner Jacke steckt wat für dich, Lenchen. Ich mag nichts haben. *Er wendet sein Gesicht der Wand zu, Fanny entfernt sich unmutig. Lenchen kramt in seiner Tasche, holt den Wachsengel heraus. Legt sich neben Arthur Aronimus in die Kissen. Draussen läuten immerfort die Weihnachtsglocken.*

8. Bild

Vor dem kleinen Kaplanhause steht Fanny an der Hecke des Gärtchens (mittags), auf den Kaplan wartend. Der Eingang des Hauses liegt seitwärts. vis a vis: Prells grosser Weingarten zur Seite des Platzes. Der Kaplan kommt gerade aus der Kirche, seine Gemeinde sieht man andächtig über den Platz schreiten. Man hört noch etwas Musik der Orgel. Der Wanderbursche Nathanael Brennessel streicht um das Kaplanhaus herum. Warme Wintersonne scheint.

Personen: Fanny; Kaplan; Brennessel.

NATHANAEL BRENNESSEL *sagt für den Kaplan vernehmbar, mit dem Gedanken, von dem mitfühlenden Kaplan eine kleine Gabe zu bekommen:* Der Fuchs hat seinen Bau, der Vogel sein Nest, nur der Wanderbursch hat kein Ruhekissen, wo er sein Haupt legen kann, – sagte auch Herr

Jesu. *Er sieht Fanny.* Ja, ja, ja *im Flötenton* Nur der Nathanael
Brennessel hat kein Himmelbettchen, wo er süss drin schlummern
tät.

KAPLAN   *überhört die letzten Worte mit Absicht; freundlich:* Nur war der
Heiland kein Wanderbursch, aber eben der Heiland.

BRENNESSEL   Streifte er etwa nicht durch die Lande, mit Fürlaub?

KAPLAN   *erkennt die verlegene Fanny und tritt an sie heran:* Jungfer Fanny,
etwas erschrocken meinem kleinen Freund Arthur Aronimus ist
doch nichts zugestossen?

FANNY   Darum erlaubte ich mir, auf Sie zu warten, Herr Kaplan.

KAPLAN   Um Himmelswillen!

BRENNESSEL   Er stand doch eben noch im Fensterrahmen, quietsch vergnügt
und wieherte mit einem Pferdschen in die Landschaft.

FANNY   Im Gegenteil, er weint, seitdem er gestern Abend heimkam.

KAPLAN   Um Himmelswillen. *Er öffnet die Haustür:* Wollen Jungfer Fanny
mir nicht in meiner Behausung Näheres mitteilen? Zwar verlebt
meine Hausfrau bei ihrer Tochter die Christtage.

BRENNESSEL   *für sich:* Am Weihnachten ständ man sich besser, kein Jud zu sein.

KAPLAN   *der es gehört hat:* Ich wunderte mich schon, lieber Brennessel, da
er nie zur Beichte kam. *Er legt ihm ein Geldstück in die Hand.*

BRENNESSEL   Da sagt man die weissen Juden sind schlimmer, als die unsrigen!

FANNY   Unser Grossvater in Paderborn redete dem Ziegenbock *sie stockt
im Sprechen* ein, er sei der Pan. Das hat er sich in den Kopf gesetzt.

KAPLAN   *ehrerbietig:* Wenn ein so gottgefälliger Mensch wie der grosse
Rabbuni also behauptet, wird es wohl stimmen, Jungfer Fanny.
*Sie gehen beide ins Haus. Das Fenster ist geöffnet, man hört sie
sprechen.*

FANNY   Er kann sehr dreist werden, glauben Sie es mir nur Herr Kaplan.

KAPLAN   *ironisch lächelnd:* Das ist so die Eigenart des Pans, – namentlich,
wenn er gereizt wird. *Er sagt das im Märchenton, wie man einem
Kinde etwas erzählt.*

FANNY   Sie sind ja himmlisch gut, Herr Kaplan. *Sie will seine Hand küssen.*

KAPLAN   Jungfer Fanny, wir leben doch nicht im Mittelalter ... Aber wir
sind vom eigentlichen Thema abgekommen. *verwirrt* Was ist mit
meinem lieben kleinen Freund los?
Sie treten beide ans offene Fenster.

FANNY   *sie spricht wie auswendig gelernt:* Schon gestern Abend kam er
nicht wie sonst mutwillig ins Haus die Treppe raufgesprungen; ja,
ganz benommen war er, selbst die Mutter konnte ihn nicht trösten. *Sie tut entsetzt.*

KAPLAN   *dem ein Licht aufgeht:* Ach?

FANNY   Nun lässt die Mutter höflichst Herrn Kaplan fragen, ob sich mein kleiner wilder Bruder vielleicht nicht geziemend betragen habe, Herr Kaplan, und im voraus um Excüs bitten.

KAPLAN   *er überschaut klug, immer tiefer die Situation und antwortet im gleichen konventionellen Ton:* Jungfer Fanny, bestellen Sie Ihrer Frau Mutter gefälligst, mein kleiner Freund habe sich tadellos betragen und nur in einem Versehen meinerseits, könne evtl. die Ursache zu seiner Missstimmung liegen.

FANNY   Das glaube ich Ihnen nie und nimmer, *plötzlich warm* Herr Kaplan Michalski . . .

KAPLAN   *rückt einen Stuhl ans Fenster:* Darf ich bitten? Denn die Sonne scheint wie im Mai.

FANNY   Ich möchte Ihre schöne Weihnachtszeit nicht länger in Anspruch nehmen.

KAPLAN   Aber den geschmückten Baum muss sich die verehrte Jungfer Fanny doch vorerst betrachten.

FANNY   *wendet ihr Gesicht der Stube zu:* Und wie er duftet!
Der Kaplan geht vom Fenster zurück, pflückt vom Baum ein Körbchen aus Schokolade und überreicht es Fanny.

KAPLAN   Und die Freude meiner kleinen lieben Gäste, gestern Abend. Warum haben Sie nicht Ihr mir so liebes Brüderchen begleitet Jungfer Fanny?
Fanny sentimental. Draussen beginnt ein Orgelmann am Weg vor dem Platze das Hexenliedchen zu spielen: Maria, Joseph, et läutet so heiss. Der Kaplan lauscht erschrocken.

FANNY   *halb für sich:* Selbst heute –

KAPLAN   Unfug! Ich werde den Mann zurechtweisen. *Er eilt aus der Stube über den Platz mit einer Geschwindigkeit wie ein grosser Schuljunge. Fanny erhebt sich und blickt dem dahinsausenden Kaplan weit aus dem Fenster gelehnt nach. Der Orgelmann nimmt seine Orgel auf den Rücken und verschwindet in ein naheliegendes Haus. Der Kaplan kehrt lächelnd in die Stube zurück.*

KAPLAN   Excüs, Jungfer Fanny, hier heisst es ebenso schnell wie energisch handeln!

FANNY   Der Gendarmssergeant antwortete kürzlich dem Herrn Vater, der sich wegen des sträflichen Liedes beklagte: »Da müssten wir viele Kehlen umstimmen.«

KAPLAN   *Fanny beruhigend:* Die verirrten Leute werden ihren Weg hoffentlich bald wiederfinden.

FANNY   Um unsere erkrankte Schwester ängstigen wir uns Jeder heimlich im Hause, keiner wagts dem anderen zu gestehen. Und wir können Dorachen nur durch Zureden bewegen, im Garten spazieren zu gehen. Ich führe sie meist. Gestern rief so'n Kerl durch die Hecke: Du Hexen kommst nun auch ran!!

KAPLAN Diese furchtbaren Rückfälle religiöser Verirrungen des Mittelalters.

FANNY *sie tut jetzt nur sentimental:* Selbst heute, wo die Lichte brennen an den Zweigen. *Fanny wendet zum Weihnachtsbaum ihr Gesicht.*

KAPLAN Macht es Ihnen wirklich Freude ihn brennen zu sehen? Wir wollen das Fenster schliessen und die Gardinen zuziehen, um ihn im lauteren Weihnachtsglanz zu schauen.

FANNY *es überkommt sie eine unmoralische Angst, hält ihn zurück das Fenster zu schliessen:* Die Leute werden meinen, – Sie – seien – verreist, – Herr Kaplan.

KAPLAN *von Fannys zurückhaltender Mädchenhaftigkeit betroffen. Er bemüht sich, beherrscht zu antworten:* Eine Lüge allerdings, sollte man auch nicht v o r t ä u s c h e n! Meine Mutter zwar – *er zeigt auf ihr Bild* würde sagen: Der Bernard wird ins Traumland gereist sein. *Er zündet die Lichte an.*
Fanny bebt vor Erwartung.

KAPLAN *kehrt zur Fanny ans 1. Fenster zurück:* Jungfer Fanny, *er wendet sich wieder zum Christbaum um, ebenfalls Fanny* Selig die, welche ihr Leben hängen an kindliche Freuden.
Fanny begreift nicht recht.

KAPLAN Nun stehen wir vor dem heiligen Licht der Welt, Jungfer Fanny – Sie – Fanny, wie eine Braut Christi.
Fanny verlegen.

KAPLAN Jungfer Fanny *er betastet ihre Hand* Das Licht vereinigt – *er stockt* alle Herzen . . .
Fanny bebt vor Seligkeit.

KAPLAN *wieder gefasst:* wie gestern die pochenden der Kinder sich reihten neben das meine.

FANNY Sie predigten einmal: Christus sei das Licht der Welt.

KAPLAN *gespannt:* Kamen Sie mal in meine Predigt, Jungfer Fanny?

FANNY *verlegen:* Zum Schluss.

KAPLAN Fürchteten Sie, dass, wenn jemand Sie gesehen hätte ausser unser Heiland?

FANNY Unser Grossvater lebte noch –

KAPLAN *sie zu überführen gedenkend:* Mich dünkt, der grosse Rabbiner war doch ein toleranter Mensch, Jesus, unser Herr, hätte ihn geliebt.

FANNY *nach einiger Überlegung, rührend:* Herr Kaplan, ich habe keinen Wortschatz.

KAPLAN *geht wieder ans zweite Fenster, bläst die Lichte aus am Baum. Kehrt dann zur Fanny wieder zurück. Er zeigt auf die Eberesche im Vorgärtchen:* Der ist mein ständiger Weihnachtsbaum, der mich beseeligt. Noch hängen Dolden von Beeren an seinen Zweigen, Jungfer Fanny. Wär ich ein Dichter und kein Kaplan, – ich würde Sie vor der lieblichen Eberesche besingen, Jungfer Fanny.

FANNY *überrascht:* Davon stehen viele, viele zwischen den Nadelbäumen bei uns. *Sie benutzt die Gelegenheit, den Kaplan einzuladen.* Wollen Sie sie sich nicht einmal ansehen?

KAPLAN Ich habe nur diese einzige Braut. Sehen Sie Jungfer Fanny, diese Eberesche ist meine Vertraute, ja, meine Geliebte. Unter ihren Zweigen sitze ich noch im späten Herbst und träume *spielend mit Fannys Gefühlen* von der Welt – *Fanny betrachtend* der ich entsagte.

FANNY Herr Kaplan –

KAPLAN Betrachten Sie nur im Oktober ihr leuchtendes Korallengeschmeide, Jungfer Fanny.
Fanny weint vor Erregung.

KAPLAN *spielt mit ihren Gefühlen, im Grunde sich zu retten:* Um die b e - n e i d e n Sie doch nicht etwa, die liebe Eberesche?
Fanny verblüfft.

KAPLAN *fast zärtlich, aber beherrscht:* Und dabei blüht sie ganz allein, besitzt gar kein Schwesterlein und Brüderlein, die sie betreuen kann. Wenn ich den grossen Gutsgarten passiere in der Abendstunde im Sommer und Sie und die Geschwister alle auf dem weiten Rasen sitzen, oder blinde Kuh spielen, denke ich mir, welche schöne Aufgabe für die älteren Geschwister, die jüngeren zu betreuen.

FANNY *wieder gefasst und etwas ärgerlich:* Jetzt sprachen Sie wirklich wie mein Vater.

KAPLAN *lacht ganz laut:* Alter schützt vor Torheit.

FANNY Dass gerade Ihre Wahl *Fanny ist abgekühlt* auf den wilden Bengel fiel – das begreift der Vater nie und nimmer.

KAPLAN Und die Frau Mutter?

FANNY Ihr Abgott ist der Junge doch. Ich mag ihn ja auch ganz gern. *konventionell kokett* Hätt mich doch auch mal jemand lieb.

KAPLAN Ach, ich vermutete, die Jungfer Fanny hätts dem Doktor Faust angetan? – *Er sieht hinüber seitwärts in den Prells'schen Weingarten.*

FANNY Hm – hm, der affige Mensch! – Kennen Sie ihn?

KAPLAN Ich kann doch nicht alle die Doktoren Faust kennen. *Pause.* – Im Oktober schon *er deutet wieder träumerisch auf die Eberesche* stand meine l i e b e Eberesche ganz im Feuerkleid. Sie war meine keusche Göttin, meine fromme, glühende Schwester – und ich warte nun auf des nächsten Jahres scheidenden Monat, der sie wieder für mich schmückt.

FANNY *sie erhebt sich, sie beugt ihren Kopf vor dem Kaplan, sagt leise zu ihm, indem sie ihm die Hand reicht:* Herr Kaplan, –

KAPLAN Fanny!

9. Bild

Am Nachmittage, noch im halben Tageslicht. Im grossen Essraum versammeln sich Schülers Familienmitglieder. Ausser Menachem, Simeon und Julius. Ein kleiner, festlich gedeckter Tisch steht fast in der Mitte des Essraums mit zwei Kandelabern. In dem grossen Spiegel an der Wand spiegelt sich der Raum mit dem grossen Buffet und dem sämtlichen andern Mobiliar. Die Mutter steht vor dem kleinen Tischchen und legt ein in grünem Samt gebundenes Tagebuch auf das kleine Lesepult des Tischchens, rückt den geblümten Sessel vor dem Tisch zurecht und zündet die Kerzen am Kandelaber an. Fanny steht nachsinnend an einer der Gardinen.

Personen: Herr Schüler; Frau Schüler; Fanny; Katharina; Elischen; Dora und die anderen Geschwister.

MUTTER Was ist das mit Dir, Fanny?

FANNY *elegisch:* Wie meint die Mutter das?

MUTTER Bist gar verliebt, Kind?

FANNY Aber Mutter – *Unterdrückt ihre Tränen.*

MUTTER Hast Du mir nicht sonst stets alles anvertraut? Ist Deine Mutter Dir nicht eine gute Freundin gewesen, mein Kind.

FANNY *gedenkt das Thema abzulenken im alltäglichen Ton:* Ich verstehe die Mutter oft gar nicht – *schnippisch* den lieben langen Tag – der Herr Vater hie, der Herr Vater dort, und die Kinder! Ich in Mutters Stelle wäre längst schon ausgerückt. *Kleine Pause. Sie umhalst plötzlich die Mutter und bricht in Tränen aus.*

MUTTER *bewegt:* Aber Fanny, mein Kind – ich ahne es ja, ich ahne ja Deinen Schmerz.

FANNY *jäh:* Mutter, ich will Nonne werden. *Kleine Pause.* Ich habe es mir gründlich überlegt.

MUTTER *gerührt:* Und So hoffst du ihn zu gewinnen, geliebtes Kind. *Die Mutter streichelt Fannys Haare innig.*

FANNY Wen meinst Du Mutter? Um Himmelswillen, sag seinen Namen nicht, Mutter, um Himmelswillen!
Mutter schweigt lächelnd.

FANNY *nach einer Pause:* Mutter, rate mir, was soll ich tun?

MUTTER Ich kann dir den Entschluss, Nonne zu werden, lebhaft nachfühlen, Kind – ihn seelisch nicht zu verlieren?... Du weisst doch, der katholischen Geistlichkeit ist es untersagt zu heiraten. Auch bist du ja keine Katholikin –
Fanny sie zieht die Schultern, als ob man das doch ändern könne.

MUTTER Und wie streng es in den Klöstern zugeht, wirst Du doch wissen vom Hörensagen?

FANNY *elegisch, zu sich selbst sprechend:* Ja, ja, ich würde ihn nie mehr wiedersehen. Oder – höchstens im Traum ...

MUTTER Siehst Du!

FANNY Ach, Mutter, Dir kann man wirklich alles anvertrauen – Du bist meine allerbeste Freundin, ja? *Zärtlich, gibt der Mutter einen Kuss.*

MUTTER Fühlst du das?
Pause.

FANNY Mutter, es ist der Kaplan.
Pause. Mutter lächelt.

FANNY Ich war bei ihm am Weihnachtsmorgen, Mutter.

MUTTER *bange:* Hat Er Dir geraten, ins Kloster zu gehen? – Sag mir die volle Wahrheit?

FANNY Aber nein – das ist es ja, er hält mich für so ein recht oberflächliches Ding aus dem Gutsgarten! Der Bengel ist ihm tausendmal lieber!

MUTTER Das fehlt noch, dass Du auf Dein 8jährig Brüderlein, unser Arthürchen Aronimus eifersüchtig bist. Aber Fanny!

FANNY Den schönen Mädchen, *sie blickt flüchtig in den Spiegel* traut man nie Tiefe zu.

MUTTER Sitzengebliebener Jungfern Weisheit, Kind. *Sie hält bescheiden inne.* Auch ich habe darunter –

FANNY Gelitten? Wolltest du sagen, Mutter.

MUTTER Nun ja –

FANNY *vertraulich:* Jungfer Paderstein, die alte Schraube, vertraute mir mal an, Du habest eigentlich den semmelblonden *verbessert sich erschrocken* hellblonden Onkel Berthold geliebt, Herrn Vaters – schwärmerischen Bruder.

MUTTER *ist sehr konsterniert darüber, aber um Fannys Vertrauen nicht ein-zubüssen, mädchenhaft:* . . . Nun ja, ich war damals verliebt in ihn, aber den Vater lernte ich lieben, mein Kind.

FANNY *die Mutter liebevoll betrachtend, fast wie ein Freier:* Henriettchen, genau wie mon amie Antoinette aus dem Pensionat in Münster, siehst Du jetzt aus.

MUTTER *hält die Hand lächelnd vor Fannys Mund:* Wenn uns jemand hören würde.

FANNY *wie zu einer Freundin:* Mutter, ich will ihm imponieren! Wie mach ich das?

MUTTER Da gäbe es doch noch andere Wege! Aber seinen Glauben wech-selt man nicht wie ein Gewand mit dem andern, gilt es auch dem Herzallerliebsten zu imponieren.

FANNY Ach ja: Herzallerliebsten . . .

MUTTER *Fanny prüfend:* Und noch dazu unseren ewigen Glauben an den alleinigen Gott, die Haut Deines stolzen Herzens abzustreifen, vermagst Du das?

FANNY Wir haben doch alle einen Gott! Sein Gott ist mein Gott!

MUTTER Aber willst Du Ihn in einem Dir fremden Hause anbeten, zwi-schen feindlichen Menschen?
Von der Landstrasse her kommen wieder Leute nach Gaesecke heimgezogen und singen das Hexenliedchen: Maria, Joseph etc. . . . Die Mutter deutet nach draussen.

MUTTER Genügt Dir die Bestätigung meiner Worte nicht, Fanny?

FANNY *horcht mit der Mutter:* Dieselben grellen Stimmen drangen im Spätherbst vom Garten in meine Stube hinauf . . . Die Clara brachte den Leuten immer noch heissen Kaffee.

MUTTER *legt die Hand auf das schmerzende Herz:* Wie mich das verwun-dert. Dass gerade diese Leute –

FANNY Hör nicht hin, wir waren doch so schön beim Erzählen.

MUTTER Gleich kommen die Kinder und der Vater beginnt zu lesen aus sei-nem Tagebuch. Strenge dich an, aufzupassen, Fannychen, Du weisst doch, wie ihn Unaufmerksamkeit kränkt. Und die kleinen Aufzeichnungen sind doch einmal sein Faible.

FANNY *nickt und dann wieder elegisch:* Ich vergass Dir noch anzuver-trauen, wie ich es anstellte, ihn in seinem Hause zu besuchen.

MUTTER Ja?

FANNY Ich kam von Dir gesandt mich in Deinem Namen zu erkundigen, ob sich etwa unser Arthur Aronimus ungeziemend gestern am Heiligen Abend benommen, da der Junge bis jetzt noch nicht den Mund aufgetan habe.

MUTTER Das hättest Du um des unschuldigen Jungen willen unterlassen sollen, Fanny.

FANNY Aber es klappte vorzüglich, Mutter. Ich musste mir seinen Baum ansehen. Er zündete die Kerzchen an, ach, der Duft sitzt noch jetzt in meiner Nase, überhaupt seitdem duftet alles nach Tannenbaum, auch unsere Stuben, mein Kleid, mein Schrank und alle Kleider darin. – *schwärmerisch* Dann musste ich mich auf einen Stuhl vor sein winziges Gärtchen an sein Fenster setzen. Mutter, er liebt doch eine Eberesche, er ist doch in eine Eberesche verliebt, am meisten im Spätherbst, wenn sie ihre roten Korallen trage. – *Kleine Pause.* Er ist entzückend, Mutter!!

MUTTER Und dann?

FANNY *elegisch:* Ja, dann ging ich heim.
Mutter atmet auf.

FANNY Mutter, bitte, bitte, bring mir von Paderborn ein Paar Korallenohrringe mit, so ganz dunkelrote! Du wolltest doch mit Arthur Aronymus hinreisen. Immer der Bengel!! Dafür musst du mir die Korallenohrringe mitbringen.

HERR SCHÜLER *tritt mit seinen Kindern in den Essraum:* Fehlt keines? *Zur Mutter.*

MUTTER *zählt:* Selbst Titichen! Sie hebt das Kleinste auf ihren Schoss. Die Zwillinge Meta sitzen auf Katharinens Schoss. Vor Katharina steht Meierchen. Elischen hält ihren Arm um Dora geschlungen; vorher aber legt Elischen sich heimlich ein Buch: Der Briefwechsel Goethes mit Lessing, auf der Stuhlsitz. Max placiert sich auf ein Schemelchen neben dem Vater. Alex sitzt im Krankenstuhl am Kamin. Arthur Aronymus und Lenchen zusammen aneinandergeschmiegt auf einem Stuhl. Die übrigen Kinder auf Stühlen an der Wand entlang an einem grossen Tisch. Der Vater, im Begriff seinen Platz einzunehmen, kommt die alte Küchenmamsell eilend in die Essstube.

VATER *mit erhobener Stimme:* Schade, dass Simeon und Julius und Menachem mit seiner Familie sich nicht unter Euch befinden.

MUTTER Wie werden sie sich bangen während der Examen in Paderborn . . .
Ferdinand stösst den Berthold an, sie verbeissen sich das Lachen.

MAMSELL Das Mehl vom Müller ist noch nicht eingetroffen. *wichtig* Soll Clara wacker hinlaufen, Madame Schüler?

VATER *erstaunt betrachtend:* Wer ist denn das wieder?

FRAU SCHÜLER *verständigt die Mamsell, weiter nicht mit Fragen zu stören:* Kennt denn der Vater unsere Mamsell nicht, die schon 10 Jahre mit uns unter einem Dache wohnt?

MAMSELL Nee, der Herr Gutsbesitzer kennt mer scheints nich, – wie sinne

eegenen Kenger heute morgen nich! Ha, ha, ha! Aus däm Garten
Eden hätt er se verdeck beenahe vertrieben, wie der Allvater eenst
die Eva und dän Adam no däm Sündenfall.
Alle lachen.

VATER   *wohlwollend lächelnd:* Sehr verehrte Mamsell, bei der Schar Kinder kann das doch einem mal passieren? Sie verdufte! . . .
*Draussen singen die Leute wieder das Hexenliedchen. Man hört
noch Klänge aus der Entfernung.*

DORA   *spricht mit schwerer Zunge:* Bald holen sie mich, ich hab so
Angst . . . ! *Sie schwankt wieder ganz gewaltig. Elischen kann sie nur
mit Mühe halten. Elischen küsst die Schwester sehr gutmütig tröstend.*

FERDINAND   *zu den Eltern:* Sie sei eine Hexe – sieben Kinder habe sie im Dorf
verhext!

VATER   *winkt Katharina, ihr leise ins Ohr:* Die Mutter ahnt doch von dem
anonymen Schreiben nichts?
Katharina hebt abwehrend die Hände.

MUTTER   *zu Ferdinand:* Wer hat Dir den Unsinn aufgebunden? *Ferdinand
zögernd, zeigt auf Arthur Aronymus.*

MUTTER   *sich zwingend:* Stell Dich in die Ecke und rühre Dich nicht, bis ich
Dich rufe.
Lenchen begleitet Arthur Aronymus in die Ecke.

MAX   Hahaha!!

VATER   Diesmal ist mir Frau Mutter einsichtlich zuvorgekommen. A pro-
pos, noch eine zweite Angelegenheit. *Vater ruft Fanny, die an der
Gardine der Nische lehnt, gleichgültig die Vorlesung erwartend.*
Fanny!!
Fanny schlägt plötzlich das Gewissen.

VATER   Der Schulze machte mich gestern Abend beim Dominospiel auf-
merksam, dass meine Tochter, die Jungfer Fanny, allabendlich spät
einsam Spaziergänge unternähme? –

FANNY   *halb für sich:* Nur der blöde Ziegenbock, der Brennnessel, kanns
dem Schulzen hinterbracht haben.

VATER   Welch unpassender Ausdruck für eine junge Tochter: Ziegenbock!!? Schäme sie sich!!

MUTTER   *lügt zu Gunsten Fannys:* Vorgestern begleitete ich unsere Fanny
auf ihrem harmlosen kleinen Ausflug.

FANNY   *kühn:* Die Abendluft tut mir gut. *streift den Spiegel* Sie konserviert
den Teint.
Elischens und Katharinas Blicke begegnen sich.

MUTTER   *klug und liebevoll:* Warum lassen der Herr Vater uns so lange har-

ren auf das spannende Ende, wie er sich gestern auszudrücken
pflegte, seines Tagebuches? Moritz!

VATER *schliesst das Tagebuch lächelnd auf:* Nehmt Euch ein Beispiel an
Eurer Frau Mutter; mit welcher Liebe sie wieder diesen kleinen
Tisch betreute ... *ritterlich* Also wie meine Gattin befiehlt. *Er
räuspert sich, verbeugt sich wie bei Hof.* Vernehmt hiermit auf-
merksam den Schlussaccord meiner Jugendzeit: Ich ergreife die
Feder, dir Gotthold Ephraim Lessing, die letzten Seiten meines
bescheidenen Tagebuchs zuzueignen. Nimm sie demütigst hin. In
Klammern – am Abend spielte man seinen Nathan im herzog-
lichen Goethetheater in Weimar.
*Arthur Aronymus blickt sich zu Dora um, um sich mit ihr in der
Zeichensprache zu verständigen. Dora lacht krampfhaft.*

MUTTER *zum Vater:* Bitte, bitte, spanne unsere Ungeduld nicht auf die Fol-
ter, Moritz!
Fanny zuckt, die Mutter anblickend, die Achseln.

VATER *in sich versunken:* Paderborn. Donnerstag den 15. September
1810. Ich, Moritz Schüler, der Erstgeborene meiner Eltern und
mein jüngerer Bruder Berthold Schüler erhoben uns um 8 Uhr am
Morgen aus unseren Betten. Nicht wie üblich geweckt durch der
Wanduhr *er deutet auf die Wanduhr* harmonischen Schlag. Ihr
stummer Zeiger beichtete uns grenzenlose Geschehnisse. Vermu-
tend die achtbaren guten Eltern ruhten noch in Morpheus Armen, erschraken wir auf das Heftigste, weder den Herrn noch die
Frau Mutter weder in ihrem Schlafgemach noch in der Wohnstube
anzufinden. Wir schämeten uns beide Brüder, waren wir auch
müde vom Studium, den Schlaf des Gerechten geschlafen zu haben. Die vermutlichen, erschreckenden Hilferufe der verehrten
Eltern uns so entgangen!

MUTTER *mitleidig:* Oh! ...

VATER Zum ersten Mal kam es zwischen uns jungen Männern, uns Brüdern zu Streitigkeiten.
*Fanny bemerkt die Opposition in den Mienen der Mutter. Ihre
Blicke treffen sich problematisch. Lenchen hebt den Finger, wie in
der Schule. Sie hebt ihn von hinten.*

LENCHEN Mutter, darf sich Arthur Aronymus wieder setzen?
*Mutter nickt heimlich. Die Kinder setzen sich zur rechten und lin-
ken Seite neben Alex' Krankenstuhl.*

VATER *vertieft:* Von der Strasse dröhnte die Wut der aufgestachelten
Christen und wir beiden Jünglinge stürmten versöhnt und vereint
in unserem Nachtgewande und in den Zipfelmützen, also beinahe

entblösst, auf die Strassen Paderborns. Da!! Was bot sich unsren
Blicken? *Er blickt jeden der Zuhörenden an. Kleine Pause.* Wen
gewahrten wir? *Kleine Pause.* – Mein Bruder Berthold: Moritz,
hörst Du die Eltern rufen hoch vom Dom? Ich blickte empor,
Zähren traten in meine Augen und antwortete: Kein Zweifel, mein
Bruder, es sind die Eltern. Wir aber drängten uns durch die gaffen-
den Massen Paderborns, sprengten wie Rosse die Wendeltreppen
des katholischen Hauses empor, immer höher, immer höher, bis
wir vor der kleinen ehernen Pforte standen, die uns tapfere Söhne
von den gequälten Eltern noch grausam trennte.

MUTTER *gespannt:* Und?

VATER *selbst tief gerührt:* Niemals werde ich den Anblick verschmerzen,
liebe Leser, der sich unseren verwirrten Augen darbot. Einge-
zwängt im Glockenturm erlitten unsere verehrten Eltern H ö l -
l e n q u a l e n zwischen den anderen achtbaren Judenfamilien
Paderborns. Und nicht allein die aufgewiegelten Christen über-
mannten wir, ich und Berthold, schliesslich auch die G e n d a r m e -
r i e, die sich uns entgegen in den Weg stellte. Ohne mich meiner
Männlichkeit rühmen zu wollen, ich kämpfte noch meinen Mann,
bis der letzte geschmähte Jude befreit, schon um korrekt zu be-
richten, meinem Bruder Berthold die Kräfte versagten.
Fanny nickt der Mutter mit einem Auge schelmisch zu.

ARTHUR ARONYMUS *fast weinerlich:* Immer so traurig.

VATER *mit Eifer, lobend:* Ja, ja, mein Sohn! *liest weiter* – Aber als der
Abend mit seinen Sternen kam, glänzten die Strassen wieder ge-
säubert von der Schmach der aufständigen Menge und Vater und
Mutter sassen kosend umschlungen auf ihrem Kanapee. Wir Brüder ihnen zu Füssen. Und Friede zog in die Riesenstadt Paderborn, in jede Stube, in das kleinste Kämmerlein ein. *schwulstig*
Und höher wölbte sich Jedermanns Busen und das Herz begann
wieder l i e b l i c h zu schlagen. Ende! *Er tut einen Atemzug.*

ELISCHEN *für sich:* Von Goethe beeinflusst.

VATER Glaubst Du, Elischen?

MUTTER *ihr ins Wort fallend:* Ein Lessing ist in Herrn Vater verloren gegangen.

VATER Dank, Henriette.

MUTTER *winkt den Kindern, ins Freie hinaus zu gehen:* Das war einmal wieder ein Nachmittag!
Vater geschmeichelt.

MUTTER Willst Du mir eine Bitte erfüllen?

VATER *mit königlicher Gebärde:* Und wenn es mein halbes Königreich
wäre, Esther Henriette!

MUTTER Ich möchte morgen nach Paderborn. Meines holdseligen Vaters Grab besuchen.

Vater mit königlicher Geste neigt bejahend sein Haupt.

MUTTER Und – Moritz, ich möchte Arthur Aronymus mitnehmen? Erlaub's mir zu Liebe.

VATER *noch verzückt in höheren Sphären:* Seinen Lieblingsenkel. *Nickt zustimmend.*

MONSIEUR INSPEKTOR FILIGRAN *kommt ins Zimmer und etwas näselnd:* Herr Gutsbesitzer, zwei von den gescheckten Kühen kalben. Excüs, Madame. *Er verbeugt sich vor Frau Schüler; Herr Schüler eilt mit ihm in den Garten. Frau Schüler trocknet mit einem Tüchelchen ihre Stirne. Sie ist erledigt wie nach einer Operation. Lehnt sich zurück in ihren Sessel und schliesst die Augen.*

10. Bild

Auf dem alten Judenfriedhof in Paderborn.

Personen: Frau Schüler; Arthur Aronymus; 2 Gärtner, ein jüdischer und ein christlicher.

Arthur Aronymus kommt an der Hand der Mutter an die kleine Pforte des Friedhofs, es schneit. Es ist Anfang Januar.

MUTTER Nun sei recht brav, mein Kind, *sie zeigt zum Himmel* damit sich Dein liebes Grossväterlein freut über Dich.

ARTHUR ARONYMUS Ist er denn da oben im Himmel?

MUTTER Das will ich meinen; ein Engel hat ihm Geleit gegeben.

ARTHUR ARONYMUS Ach, Grossväterlein lachte so, als ich und Lenchen auf seinem Perser Purzelbäume schlugen. Der Ephraim kämmte morgens seine Fransen. *Er sieht, wie seine Mutter weint. Ein Kuckuck schlägt.* Hör mal, Mutter, *er zählt* 1, 2, 3, 4, 5, 6, 7! *im Ton der westfälischen Bauern* Genau so alt, wie eck wurd der Groatvatter, schönet Alter! Wat Modder!?

MUTTER *sie muss lachen:* Strick! Manchmal glaubte man wirklich, Dein liebes Grossväterlein war so alt wie der Strick da.

ermahnend Aber dann dünkte es mich, er sei gottalt.

ARTHUR ARONYMUS Weil er soviel vom lieben Gott erzählte?

MUTTER Auch darum, mein Kind, aber auch, weil er leuchtete und ewigen Frieden verbreitete – und – wer ihn anblickte, ward getröstet.

ARTHUR ARONYMUS   *im selben traurigen Ton:* Allerwegen.
        MUTTER   *sie biegt in eine Reihe der Grabsteine ein; sie lächelt:* Und Du
                 musst ein guter Mensch bleiben, mein Kind, schon Grossväterlein
                 zur Ehre.
                 Arthur Aronymus macht auf einmal einige Sprünge.
        MUTTER   *erschreckt:* Aber Junge, Du wolltest doch brav sein?
ARTHUR ARONYMUS   Weil Du ömmer so hülst, Modder.
        MUTTER   *sie bleibt stehen vor einem Grab, auf dessen Stein senkrecht zwei
                 betende Hände graviert sind, und die Inschrift ihres Vaters:* Dort
                 liegt unser geliebtes, unvergessliches Grossväterlein, *betont der
                 berühmte Rabbuni von Rheinland und Westfalen, mein Kind. Sie
                 sinnt vertieft, hebt dann Arthur Aronymus etwas höher.* Nun hol
                 Deine Steinchen aus Deinem Perlentäschchen und lege sie
                 kunstgerecht, wie Du Deine Bauklötze legst, eines neben dem an-
                 dern und über dem anderen auf die grosse Steintafel.
ARTHUR ARONYMUS   Und diesen Stein mit Erz in die Mitte. *Er macht das ganz kunstge-
                 recht.* Mutter, warum sollte ich die Steine auf die Gedenktafel le-
                 gen? Kaspar bringt immer seinem Vatter eenen ollen Kranz aus
                 Strohblumen am Sonntag.
        MUTTER   Das will ich Dir erklären, wenn Du einmal älter bist, mein Kind.
                 Dann wollen wir Grossväterlein *sie legt ebenfalls Steine und zwar
                 über Arthur Aronymus' Steine, viel ungeschickter wie er, auf den
                 Denkstein. Arthur Aronymus sinnt kopfschüttelnd, wie untalen-
                 tiert die Mutter das macht* . . . bis in den Himmel hoch eine Woh-
                 nung bauen. Jedenfalls, mein kleiner Arthur Aronimus, dieses war
                 dein e r s t e r   e r n s t e r   B a u, mein Junge.
ARTHUR ARONYMUS   Du sprichst jetzt verdeck, Mutter, wie Grosspapalein Rabbi.
        MUTTER   Nun falte Deine Hände und bete.
                 *Er legt die Hände, wie sie auf den Grabstein eingemeisselt sind,
                 und will sein Abendgebet sprechen. Aber er fängt auf einmal an zu
                 weinen, sodass die Mutter beginnt zu beten. Man hört sie nicht. Ih-
                 ren Arm legt sie um Arthur Aronimus. Sie stehen beide sehr bewegt
                 und still vor dem Grabe. Von einem Seitenweg tönen Stimmen her-
                 über. Die Mutter trocknet Arthur Aronymus' nasses Gesichtchen.*
        MUTTER   Nun, mein Liebling, wollen wir wieder zum Ephraim gehen, in
                 Grosspapaleins kleines Haus. In seiner Stube zündet bald der gute
                 Ephraim die Sabathkerzen an.
                 *Sie schreiten den stillen Weg entlang, vernehmend die Stimmen der
                 beiden Männer, die dabei sind, die Stämme der Bäume vor dem
                 Winterfrost zu verbinden.*
JÜDISCHER GÄRTNER   Sagen Sie's noch einmal, wenn Sie Mut haben. – Nun, wirds bald!

CHRISTLICHER GÄRTNER Ich meinte man doch bloss so – aber wenn Se's durchaus nochmal hören wollen, so wiederhole ich's haarklein. Ich habe gesagt:
So kommt man herunter, dass man schliesslich die Hälse der Ju-
denbäume hinter den Judengräbern einwickelt.

JÜDISCHER GÄRTNER So, ich wollte es nur noch mal hören.

CHRISTLICHER GÄRTNER Klagen Se mer drest an, bei Ihrer Semitischen Kanzlei, schad
nur, *lauernd* dass nicht auch die jüdischen B r ü d e r s von die Hexen verbrannt werden.

JÜDISCHER GÄRTNER Meine Mutter, hochselig, liegt hier begraben – aber bald kann ich
mich nicht mehr beherrschen.

CHRISTLICHER GÄRTNER Komm' Se doch mal an mich heran, Sie feiger Jud'.
Jüdischer Gärtner ist im Begriff, sich auf ihn zu stürzen.

MUTTER *zu Arthur Aronymus:* Rühr Dich nicht vom Fleck.
zu den Männern gewandt Aber Männer, hier im heiligen Garten –

CHRISTLICHER GÄRTNER Er fängt immer an, mir zu kuinieren.

JÜDISCHER GÄRTNER *keucht:* Er hat gesagt . . .

MUTTER Ja, ja, ich habe es gehört, was er gesagt hat. *zu dem christlichen
Gärtner gewandt* Arbeite er doch fürder auf einem seiner Kirch-
höfe, wenn er sogar nach dem Tode des Menschen nicht die Liebe
hochhält.

CHRISTLICHER GÄRTNER Auf unserem Kirchhof? Das lohnt sich nicht, Madame. Die Juden zahlen weit besser.

JÜDISCHER GÄRTNER Dafür sin wir gut.

MUTTER Aber wissen Sie denn nicht, Mann, dass über uns ein und derselbe
Herrgott wohnt?

ARTHUR ARONYMUS *will seine Mutter, für sie beängstigt, von den Männern fortziehen:*
Mutter, die Lichter werden angezündet, gewiss schon. –

JÜDISCHER GÄRTNER Ist doch noch hell, Junge.

ARTHUR ARONYMUS Präzise – –

CHRISTLICHER GÄRTNER *wieder zuvorkommend:* Erst etwa vier Uhr, junges Herrchen.

ARTHUR ARONYMUS Mutter, gleich haut er Dich.

MUTTER *zum jüdischen Gärtner:* Wie lange arbeitet Ihr Kollege schon auf
unserem Friedhof?

JÜDISCHER GÄRTNER Seit dem auferstandenen Aberglauben. Aus Zuvorkommenheit
stellt man jetzt auch Christen auf diesen heiligen Posten an.

CHRISTLICHER GÄRTNER Eck kann doch verdeck nicht dafür, dass se wiederum Jagd auf
Eure Hexen machen. Meine Grossmutter, die Mutter von meinem
Vater, war doch selber Kantor gewesen.

MUTTER Soo? Sie sind vom Vater her ein Jude? Und schämen sich nicht
Mann? So auf eigenes Blut loszugehen?

JÜDISCHER GÄRTNER Du heilige Drehorgel!

CHRISTLICHER GÄRTNER Na siehste, da wären wir wieder ins Reine. Wenn man christlich
ist, auch nur zur Hälfte, denkt man sich garnichts dabei.

MUTTER Nun versöhnt Euch wieder, denn wir sind doch alle Gottes Kinder.

CHRISTLICHER GÄRTNER *reicht dem jüdischen Gärtner die Hand:* Schlag ein.
Der jüdische Gärtner zögert.

CHRISTLICHER GÄRTNER Sehn Se, Madame, er weiss nix von de Nächstenliebe.

MUTTER *ermuntert den jüdischen Gärtner, einzuschlagen. Sie nimmt aus
dem kleinen Perltäschchen, das Arthur Aronymus an der Seite
trägt, einen Dukaten und sagt:* Erfrischt Euch gemeinsam im An-
gedenken des heiligen Rabbunis Uriel, dessen Leib hier in der ge-
weihten Erde ruht.

JÜDISCHER GÄRTNER Excüs, excüs, Madame Schüler? Nun erkenn' ich Madame, das
Fräulein Rabbuni wieder, des hochwürdigen Rabbi Uriels: Henriettchen. *Er küsst die Volants des Überwurfes der Frau Schüler. In
der Zeit bricht der christliche Gärtner ein kleines Zweiglein vom
Lebensbäumchen ab und heftet es dem kleinen Arthur Aronymus
an die Mütze.*

JÜDISCHER GÄRTNER *murmelt vor sich hin:* Sein Herz war ein Krug aus Erz. Darin goss
der Allmächtige seinen Willen.
*Es beginnt zu dämmern, die Männer stellen ihre Spaten an die
Stämme der Bäume und wandern hinter Frau Schüler und Arthur
Aronymus aus dem frommen Garten. Man hört hinter ihnen nur
mit einem dunklen Schall das Tor ins Schloss fallen. Ein Stern geht
auf und leuchtet gerade über des Rabbunis Hügel.*

11. Bild

In der grossen Wohnstube bei Schülers. Es konferieren:

*Personen: Herr und Frau Schüler; die drei ältesten Söhne: Me-
nachem, Simeon, Julius, und ihre Tochter Katharina; Herr und
Frau Paderstein; später kommen noch: die drei anderen Töchter
Fanny, Elischen, Dora, der Sohn Hugo Paderstein, Arthur Aronymus, sein Schwesterchen Lenchen, der Kaplan und der Arzt.*

ARZT *im Begriff, sich zu verabschieden, zu Frau Schüler:* Kopf hoch,
chère Madame Schüler, Ihr Dorachen wird sehr bald hergestellt
sein! Baldrian, Baldrian *und zu Katharina* fleissig Baldrian!

FRAU SCHÜLER Und bleibt auch nichts zurück?

ARZT Das vergnügte, anmütige Jüngferchen von damals.

SIMEON Der Aberglaube der Leute im Dorf dünkt mich bedrohender in seiner Folge.

ARZT *tritt noch einmal in die Mitte der Wohnstube zurück:* Dja, für diese Epidemie ist uns Medizinern kein Kraut gewachsen. Aber Junker Simon und Junker Julius kommen doch gerade von der hohen Schule aus der westfälischen Residenz. Wie denkt man dort über den mittelalterlichen Spuk?

JULIUS Von dort infizierte man ja gerade alle anderen Städte und Dörfer Westfalens.

ARZT Ein böser Same allerdings . . .

MUTTER . . . schiesst über unser friedliches Dorf.

VATER Meines Erachtens streute ihn, sich speziell an Uns zu rächen, ein hiesiger Mitbürger.

MUTTER Solche infamen Streiche führen doch nur Leute aus triftiger Veranlassung aus.

FRAU PADERSTEIN *schmeichlerisch:* Du hast ihnen doch sicher keine gegeben, Henriettchen.

SIMEON Ich habe Euch gewarnt *zu den Eltern* Hinz und Kunz in den Garten kommen zu lassen.

MENACHEM *zu Simeon:* Natürlich, der Bruder hätte lieber gesehen, das Fallobst wäre verfault auf den Wiesen.

SIMEON *hart:* Reserviertheit hält vom Leibe.

MUTTER Wie wenig gleichst Du meinem holdseligen Vater, Simeon.

HERR PADERSTEIN *kräht:* Dem gottesfürchtigen Manne.

ARTHUR ARONYMUS U. LENCHEN *sitzen gebeugt hinter der Seite des Kamins, die zur Türe führt, er zeigt auf Herrn Paderstein:* Die Krähe!

SIMEON Er war ein Geistlicher und kein Gutsbesitzer, basta.

VATER Wir sind hier nicht mit unseren Freunden *auf Padersteins zeigend* beisammen, zu streiten, aber Ein Kind, das meine zu retten, aus den Händen der Antisemiten.

FRAU PADERSTEIN Herr Schüler hat recht.

HERR PADERSTEIN *krähend:* Das will ich meinen. *Paderstein trinkt wie ein Vogel, mit dem Kopf zum Himmel dankend, den sich in die Untertasse gegossenen Kaffee, erhebt sich dann, um sich neben seiner Frau aufs Kanapee zu setzen* Rück was, Weibchen.

ARTHUR ARONYMUS *zu Lenchen:* Krah, krah, krah.

HERR SCHÜLER Was war das?

FRAU SCHÜLER *Arthur Aronymus ahnend gleichgültig:* Holzscheite knistern.

SIMEON Was ungefähr gedenkt der Herr Vater dem Herrn Kaplan vorzutragen?

MENACHEM   *zu Padersteins:* Meine Elfriede wagt sich schon gar nicht mehr mit
             dem Oskar vor die Türe in Erwitte.

JULIUS   Um sieben Uhr, also in einer Viertelstunde muss Michalski kom-
             men.
             *Es schlägt auf der grossen Wanduhr des Essraums nebenan 1 2 (also
             2 x).*

SIMEON   *zum Vater:* Wenn der Herr Vater ihm vielleicht eine Geldsumme
             anböte – für wohltätige Zwecke?

FRAU SCHÜLER *atmet erleichtert auf:* Das ist grosszügig gedacht, Simeon, gerade
             von Dir, Simeon. Mir lag es auf der Zunge.
             Er küsst der Mutter, die neben ihm sitzt wohlerzogen die Hand.

SIMEON   Natürlich, man veranstaltet eine Sammlung.
             Mutter irgend enttäuscht.

SIMEON   ... unter den westfälischen Juden, denn die gesamte westfälische
             Judenschaft ist ja in Mitleidenschaft gezogen.
             Kleine Pause.

JULIUS   Attention, die Wände haben Ohren ...

MUTTER   *erhebt sich, schreitet zum Kamin, zu den Kindern hinter dem Ka-
             min:* Macht, dass Ihr sofort durch diese Tür kommt!
             Beide ab – die Mutter deckt sie.

SIMEON   Unsere sind bei der gesegneten Familie immun geworden.
             Alle plötzlich erheitert.

HERR PADERSTEIN *kräht:* Trocknen Witz hat er bei all seiner Genauigkeit.

HERR SCHÜLER *zu seinem Sohn Simeon:* Dein Vorschlag nicht übel, geht mir durch
             den Kopf.

SIMEON   *notiert fleissig in seinem Notizbuch:* In Münster beteiligen sich
             mindestens 20 Judenfamilien, ebenso die jüdischen wohlhabenden
             Kaufleute in Paderborn, Dortmund, Bochum, Lippstadt – – übri-
             gens beherbergt die Sanitätsrat Grünebaum augenblicklich ihre
             zwei Brüder aus Californien.
             *Frau Paderstein winkt ihrem Jungen, der ohne anzuklopfen die
             Türe öffnete, im Rahmen wartet.*

HUGO   Dort hat man sogar weisses Gold gefunden – stand im Blättchen.
             Drängt sich unerzogen breit zwischen seine Eltern aufs Kanapee.
             Und die Indianer sind sie nun am Verdrängen.

FRAU PADERSTEIN *ungemein stolz auf ihren Hugo:* Erzähl weiter ...

HUGO   Unterm portugiesischen Feldherrn, wie hiess doch noch mal der
             Monsieur –? Die Indianer glaubten, er sei der weisse Heiland *fa-
             natisch* Ein Teufel ist er, ein fieser Teufel!

FRAU PADERSTEIN Er studiert die Inkasier und ihren Häuptling, *heimlich zu Hugo*
             Wie heisst er doch noch? Schief?

HUGO	*ihr brüllend ins Ohr:* Chief Big White Horse Eagle!! Wie oft soll ich's Dir sagen?
HERR SCHÜLER	Ja, sind wir hier einer Privatangelegenheit wegen zusammengekommen? *Er zieht die Brauen finster.*
FRAU PADERSTEIN	*mit grosser Affenliebe:* Er möcht immer mit die Inkasier gegen unsrige kämpfen.
HUGO	*mit einer komischen Gebärde eines Feldherrn:* Anführen möcht ich sie gegen die Weissgesichter, verdeck.
FRAU PADERSTEIN	*stolz auf ihn:* Ha, ha, ha, ha, ha.
SIMEON	Zur Sache!
JULIUS	In ein paar Minuten kommt er.
HERR SCHÜLER	Wer für die Sammlung ist, erhebe die Hand.
HUGO	*glaubt, man sammelt für Aufrüstungen gegen die Indianer:* Ich heb' nicht die Hand …
SIMEON	Halt den Schnabel.
	Frau Paderstein gekränkt.
FRAU SCHÜLER	Simeon! *Ermahnend.*
	Alle heben die Hände. Man hört den Kaplan draussen sprechen mit Fanny und Elischen. Katharina die neben Simeon in der Stube sitzt, errötet. Man versteht die Worte, die der Kaplan zu Dora spricht.
KAPLAN	Jüngferchen Dora scheints ja wieder gut zu gehen.
ELISCHEN	*öffnet dem Kaplan die Wohnstubentür und meldet:* Der Herr Kaplan Michalski.
	Die in der Stube Sitzenden sehen, wie der Kaplan, der Arthur Aronimus in die Höhe gehoben hat, ihn auf den Boden des Flurs stellt. Er tritt ein. Die Anwesenden erheben sich beklommen. Der Vater Schüler beherrscht, von der sonnigen, ernsten Schönheit des Kaplans sympathisch berührt.
HERR SCHÜLER	*sagt mit weltmännischer Geste:* Gestatten Sie Herr Kaplan Michalski, meine Gattin, Frau Henriette, meine älteste Tochter Katharina, Menachem, Simeon und Julius, meine drei ältesten Söhne, und unsere Freunde Herr und Frau Paderstein. Meine Gattin und mich schmerzt es tief, Sie Herr Kaplan, nicht eines freudigeren Anlasses wegen in unserem Hause begrüssen zu dürfen.
	Frau Schüler reicht dem Kaplan die Hand und will die seine danach küssen, aber er küsst die ihre. – Fanny, Elischen und Dora treten schüchtern ein und setzen sich auf die Stühle, die an den Wänden stehen.
KAPLAN	Wir Geistlichen, Madame Schüler, vertauschten mit dem heiligen Rock keineswegs die Ritterlichkeit.
	Simeon selbst Simeon kann sich nicht ausschliessen, die Schönheit und die edle Zucht des Kaplans zu bewundern.

FRAU SCHÜLER   Davon hab' ich mich eben wohl überzeugt, Herr Kaplan.
               Zwischen Herrn und Frau Schüler nimmt auf dem ihm dargebote-
               nen Sessel der Kaplan Platz.
       JULIUS   Ich hatte schon die Ehre, Ihnen in Paderborn zu begegnen, und
               zwar in Ihrem eigenen grossen Hause, im Dom, Herr Kaplan.
      KAPLAN   *interessiert:* Besuchten Sie unsere Gottesdienste? Herr Schüler?
       JULIUS   Ohne mich einer Phrase zu bedienen, wir reden ja ehrlich unter
               Männern, mich interessieren die Reliquien der katholischen Got-
               teshäuser.
      SIMEON   Und wenn auf meinen Bruder des leibhaftigen Teufels Mumie in
               einem Schrein wartete.
      KAPLAN   Wäre der Teufel nicht das ewig j u n g b l e i b e n d e , böse Element!
FRAU SCHÜLER   Das sagen Sie, Herr Kaplan?
      KAPLAN   *artig:* Als der Menschheit abschreckendes Beispiel, Madame.
HERR PADERSTEIN   *kräht:* Ganz meine Meinung, richtig!
               Frau Paderstein nickt beständig.
      KAPLAN   Die Sprünge, die sich wieder einmal – tableau – Belzebub zu lei-
               sten erlaubt, bieten gewissermassen unseren katholischen Chri-
               sten Gelegenheit zur reuigen Busse.
HERR SCHÜLER   Ich bitte den Herrn Kaplan, sich ohne Gêne weiter mitzuteilen.
               gespannt
      KAPLAN   Die Kirche in ihrer Eigenschaft als Hirte, legt Gewicht darauf, sich
               g e r a d e der verirrten schwarzen Schafe in Liebe anzunehmen.
               Sass nicht der Herr mit den Zöllnern und Sündern an einem Tisch
               beisammen und speiste? Indem die Kirche dem Herrn nachwan-
               delnd, Geduld mit ihren, im finsteren Labyrinthe verirrten Seelen
               übt, erübrigt man ihnen Zeit zur Einsicht und zur Umkehr. Nur
               dieses Prinzip führt zur vollständigen Errettung verirrter Gefühle
               in der Brust des Menschen.
      SIMEON   Gestatten Sie, Ehrwürden –
      KAPLAN   *ihn verbessernd:* Kaplan!
      SIMEON   Diesen Einwand, Herr Kaplan? Und werden die Prinzipien der
               verehrten katholischen Kirche nicht ein Fiasko erleiden, im Fall
               die Drohungen *ein ganz klein wenig sarkastisch* der verirrten See-
               len sich in Tat umsetzen?
               Frau Schüler mahnt Simeon im Blick.
      KAPLAN   *bemerkt es, höflich:* Ich liebe jede klare Frage, mundet sie auch
               noch so herb.
HERR PADERSTEIN   *hört gespannt zu und äusserst zuvorkommend:* Krah! krah!
      KAPLAN   In den tausenden Fächern des Vatikans wartet für jede Frage eine
               Antwort, aber der Vatikan besitzt ebenfalls einen Messer, darin er

die Verirrungen seiner gläubigen Katholiken auf einen Grad zu er-
messen vermag.

JULIUS Und er vereitelte nicht die blutigen Pogrome vor einem Jahrhun-
dert in Spanien und hierzulande, Herr Kaplan? Lasen Sie Lessing
an Goethe?

ELISCHEN *schüchtern, aber geistreichelnd:* Kann ich Ihnen empfehlen, Herr
Kaplan.

KAPLAN *verbeugt sich, artig lächelnd:* Lessing wie Goethe sind mir zwei
hochgeschätzte Dichter. Der Heilige Vater in Rom in seiner Un-
fehlbarkeit nicht abzuschätzen.
Frau Schüler seufzt ganz tief.

KAPLAN *mit unendlich liebreichem, tröstendem Blick zu Frau Schüler:* Wie
unsere Liebe Frau; ich weiss es zu würdigen.

SIMEON *schaut auf den Kaplan, leise für sich:* Hier gehts nicht weiter . . .

ARTHUR ARONYMUS *springt jäh in die Stube:* Ich war eben so ungezogen wieder, ich
muss in die Ecke.
Alle lachen. Die Mutter weist ihn sofort wieder aus der Stube.

HERR SCHÜLER *er giesst dem Kaplan vom Wein ein:* Ja, wie erklären Sie sich, Herr
Kaplan, die plötzliche Gehässigkeit Ihrer Gemeinde speziell ge-
gen mein Haus gerichtet?

KAPLAN *klug:* Sass nicht einmal auch ein Kayfas auf dem Priesterstuhl in
Juda, der den edelsten Juden, den Heiland, kreuzigen liess –
Grosse Ruhe.

SIMEON Daraus könnte man schliessen: ein einzelner Mensch ist imstande,
das göttliche Prinzip umzustossen.

KAPLAN *klug und fromm:* Nur zu verschleiern – durch der Sünde Finsternis.
Simeon fühlt sich überlegen, schweigt.

HERR SCHÜLER Wir schwenkten vom Wege, dünkt mich.

FRAU SCHÜLER Darf ich mir erlauben, das interessante Gespräch mit einer Privat-
frage zu unterbrechen? Sind Sie, Herr Kaplan, wirklich davon
überzeugt, dass der dunkle Aberglaube über Gaesecke sich bald in
Wohlgefallen auflösen wird?
*Herr Schüler nimmt den Brief, den er damals im Garten entfaltete,
das anonyme Schreiben aus seinem Portefeuille und reicht es dem
Kaplan.*

KAPLAN *zu Frau Schüler:* Ganz recht, wie eine Wolke.

FRAU SCHÜLER *zum Vater, verwundernd, auf den Brief zeigend:* Davon weiss ich
doch nichts.

KAPLAN *ist dabei, den Brief zu lesen, lächelt:* Mir hinterbrachte man sogar
liebevoll ironisch Ihre kleine Hexe habe in unserem Dorfe Kinder
verhext.

Die andern blicken sich gegenseitig an, wie leicht im Grunde und spöttelnd der Kaplan den Brief aufnimmt.

KAPLAN   Da kam die Marktfrau, dann kam ein Tagelöhner, ein Nichtstuer, und wer weiss alles, die mir die Kunde von der kleinen Hexe im Dorf überbrachten.

Fanny lässt den schwärmerischen Blick nicht vom Gesicht des Kaplans.

ELISCHEN   Mit Fürlieb, Herr Kaplan, war's die Marktfrau vom Mittwochmarkt gewesen? *verschämt* die sich von unserem Rasen im Herbst das Fallobst sammelte?

FRAU PADERSTEIN   *schnalzend:* Undank ist der Welt Lohn.

KAPLAN   Wahrscheinlich. *nach einer Pause, er hebt nur seinen Oberkörper feierlich empor, – eine kleine Pause* Ich erlaube mir, – Ihnen einen Vorschlag zu machen, Herr und Frau Gutsbesitzer Schüler, um zunächst einmal h i e r in u n s e r e m Dorfe die üble Angelegenheit und *betont* jede G e f a h r, die ihrer kleinen Tochter Dora dräut, aus dem Wege zu schaffen *sich räuspernd* Nämlich – eines Ihrer Kinder im katholischen Glauben erziehen zu lassen.

FRAU SCHÜLER   *sie denkt an Fanny:* Um Gotteswillen.

KAPLAN   *blickt auf, er ahnt den Gedanken der Frau Schüler:* Aber nein, Madame Schüler, ich dachte an meinen kleinen Freund Arthur Aronimus, Ihren Sohn, der mir l i e b ist, wie ein Brüderchen, *fast mit Ekstase* ja, ich hab ihn lieb mit meinem ganzen Herzen *eine Träne steht ihm im Auge* Er ist mir der liebste kleine Mensch auf dieser weiten Welt. Er ist das köstlichste Bübchen, das mir auf Erden je begegnet ist.

Frau Schüler weint leise vor Rührung.

KAPLAN   Mit diesem demütigen Entgegenkommen unserer allein seligmachenden Kirche, brechen Sie ein für alle mal jeder Gefahr, die Ihrer jungen Tochter Dora dräut, die Spitze ab.

Grosse Pause, Rührung, Verlegenheit, S c h a u e r.

HERR SCHÜLER   *erhebt sich mit einer Hoheit zum ersten Male w i r k l i c h e c h t menschlich:* Herr Kaplan, gestatten Sie mir Ihnen in unser aller Namen für Ihren ebenso Sinnigen wie gutgemeinten Vorschlag unseren Dank auszusprechen. Leider zwingen mich folgende Umstände denselben mit respektvollem Kompliment von der Hand weisen zu müssen. Ich wie mein Vater, noch meines hochseligen Vaters hochseliger Vater und dessen Väter Väterväter; noch die Väter Frau Henriettens, meiner Gattin, in Gott ruhenden Vaters, pflegten auf d i r e k t e m Wege zu Gott zu gelangen und Ich sollte S e i n e m S o h n – meinen noch unmündigen Sohn auf U m w e g e n zuführen lassen? Der Herr behüte uns vor allem Bösen!

ה׳ ישמ-רנו בכל רע

adonai jischmerenu mikol rar . . .

Beide Padersteins heulen. Ihr Sohn Hugo betrachtet zum ersten
Mal mit Respekt ein Weissgesicht. Herr Schüler streichelt die wei-
nende Mutter. Die Söhne und Töchter staunen den Vater an, nur
Fanny sitzt gebeugt wie eine Trauernde auf ihrem Stuhl. Kaplan
erhebt sich. Ein Geschlagener, – dann gefasst. Er verbeugt sich, tief
innerlich erregt. Kein Mensch sieht, dass er die Stube verlässt.

ARTHUR ARONYMUS	*springt plötzlich vom Flur aus in die Stube:* Ich hab Bernard meinen Pipser geschenkt am grünen Band.
KATHARINA	*zu den Eltern:* Seine Flöte.
ALLE	*zu Arthur Aronymus begierig:* Was sagte er?
ARTHUR ARONYMUS	Nix!
FRAU SCHÜLER	Nix, Arthürchen?
ARTHUR ARONYMUS	Er küsste mich nur *er zeigt auf die rechte Backe* Hier. *er zeigt auf die linke Backe* und hier. Aber Fannys Sträusschen hat er nicht genommen.
	Nur die Mutter und Frau Paderstein hören diese letzten Worte.
ELISCHEN	*leise zu Katharine:* Das tut ihr gut.
FRAU PADERSTEIN	*heuchlerisch, aber auch gutmütig zu Frau Schüler:* Sie ist so romantisch, unser schönes Fannichen.
JULIUS	*in Gedanken:* Schon ein Papst an Würde, er.
SIMEON	*nüchtern, aber pathetisch:* Der Vater sende Kundschafter ins feindliche Lager, auszuspüren, was der Feind im Zelte unternimmt.
HERR SCHÜLER	Geht mir und Frau Mutter contre coeur.
FANNY	Ich weigere mich zu spionieren.
FRAU PADERSTEIN	*geschwätzig:* Soll sich Eure Mutter, meine Freundin Henriette, etwa zu Tode bangen?
HERR PADERSTEIN	*kräht:* Gesprochen hast Du, Moritz, na! Reich mir die Hand, mein Freund!
SÖHNE	Und wir müssen Herrn Paderstein beistimmen, Herr Vater.
FRAU PADERSTEIN	*in höchsten Tönen:* Wie ein Gott!
FRAU SCHÜLER	*liebreich:* Du erinnertest mich dieses Mal wirklich an meinen gottseligen Vater.
ARTHUR ARONYMUS	*eilt zu Fanny, flüstert ihr ins Ohr:* Ich geh auch nicht mit, aber ich sag's Bernard wieder!
	Fanny und Arthur Aronymus verlassen die Stube.
HERR SCHÜLER	*testamentarisch:* Rüstet Euch, meine Söhne und Töchter!
FRAU PADERSTEIN	Unser Hugochen macht mit, als Längster! Er kikt in jedes Fenster rein, ists noch so hoch.
HUGO	Soll ich wacker mein Kriegsbeil holen?

HERR SCHÜLER   So ziehet denn hin, mit Gott, mir Kunde bringen: Heinrich Menachem! Simeon Morderchei! Julius Ahasferos. *Berthold und Ferdinand treten ins Zimmer. Der Vater zu ihnen* Und Ihr, meine beiden Söhne, Berthold und Ferdinand Simson! Und Ihr, meine Töchter Katharina Debora! Elise Naemi! *Sucht Fanny vergebens mit dem Blick, sie ist aus der Stube verschwunden.* Mein Segen begleitet Euch! *Unecht, dem Rabbi nachahmend.*

ARTHUR ARONYMUS   *zur Mutter leise. Etwas eifersüchtig für seinen Grossvater* Das sagte doch Grossväterlein immer zu Dir und Herrn Vater.

Die Kinder gehen alle ab, Hugo schleichend, wie ein Indianer hinterher. Herr und Frau Paderstein begeben sich nach Hause, der Vater geleitet sie bis an die Pforte.

ARTHUR ARONYMUS   Mutter, ich will Dich was fragen. Gibt es zwei Schutzengel der Kinder?

FRAU SCHÜLER   Wieso, Arthurchen Aronimus?

ARTHUR ARONYMUS   Bei Grossväterlein stand einer mit s c h w a r z e n Flügeln und lachte ganz leise mit Grossväterlein, als Lenchen und ich Purzelbäume über den Teppich schlugen und ihm dann Gute Nacht sagten.

Frau Schüler ganz erstaunt.

ARTHUR ARONYMUS   Und der Bernard eben hatte ganz w e i s s e Flügel. Erzähl mir von dem Schutzengel mit den lustigen Flügeln!!

FRAU SCHÜLER   Wie mir's leicht ums Herz wird. *bebend* Geliebter Junge – Komm, ich erzähle Dir vom Schutzengel der Kinder!

12. Bild

Vor dem Kaplanhäuschen: seitlich er Vollmond. Eines der Fenster matt beleuchtet und eines der Dachfensterchen. Auf dem Tisch des Kaplans steht eine Petroleumlampe. Er sitzt und schreibt auf einem Amtsbogen hochparterre. Auf dem Tisch steht ein Glaskrug Milch, auf einem Teller etwas Weissbrot.

Personen: Menachem; Simeon; Julius; Berthold; Ferdinand; Katharina; Elischen und Hugo.

Sie sind im Begriff über den kleinen Zaun zu klettern. Sie flüstern.

HUGO   *mit einer schleichenden Bewegung* Ich klettere ruff und schleich mich ans Fenster ran.

> *Alle treten in einer Gruppe zusammen unter dem Fenster der Ka-*
> *planstube.*

FERDINAND U. BERTHOLD *gleichzeitig:* Steig auf unsere Schultern, Hugo, erspar Dir den halben Weg.

> *Die übrigen Geschwister kalkulieren in stummen Worten, wie man*
> *am leichtesten heraufsteigt.*

HUGO *zu den beiden:* Macht mich nur nicht widerspenstig, Ihr zwei Weissgesichter.

SIMEON *im Flüsterton, zu den jüngeren Brüdern:* Holt die Leiter dort! Seht Ihr nicht?

> *Sie stellen die Leiter ganz behutsam an die Wand des kleinen*
> *Häuschens. Hugo steigt herauf, hält sich oben angekommen am*
> *Stuck fest.*

HUGO Die is dem Schornsteinfeger sinne.

JULIUS Vorsicht gebiert die Stunde.

HUGO *zischt herunter im Eifer:* Deine Gelehrsamkeit soll mich – ollet Weissgesicht!

SIMEON *mit dem Gedanken, den Hugo anzuspannen:* Nun lasst ihn mal.

ELISCHEN Fall nur nicht, Hugo.

> *Hugo klettert immer höher, er hält sich an der Fensterbrüstung*
> *fest.*

KATHARINA Halt Dich fest, denk an Deine gute Mutter.

HUGO *im Eifer:* Hört Ihr nun endlich uff zu predigen – *ganz kleine Pause* Simeon, eck kann ihn sehen. Er sitzt am Tisch vor 'ner Lampe mit 'nem grünen Schirm.

ELISCHEN Was noch?

JULIUS Sch –

ELISCHEN Ich setz mich was auf de Bank, bin so müde von Dorachens Rekonvaleszenz.

SIMEON Zu gefährlich, ich stütz Dich lieber, Schwester.

JULIUS *nach oben blickend:* Weiter?

HUGO Allet mit Ruhe, wie im Stamm.

MENACHEM *zu Katharina:* Was sagt er vom Stammbaum?

KATHARINA Von seinem Indianerstamm fabuliert er.

HUGO Nun nimmt er den Federkiel wieder – nu überlegt er – ich glaub, er summt dabei. Hören tu ich zwar nix!

SIMEON Kannst Du das Geschriebene lesen?

HUGO Ich lass mir nicht kommandieren! Sonst komm ich herunter. *Tut, als ob er absteigen will.*

SIMEON *klug:* Dem tapferen Löwen, dem Häuptling kommandieren?

HUGO *er schielt furchtbar nach unten in seinem Eifer:* Auf dem Tisch steht eine Kanne Milch. Und daneben auf einem Teller Bretzel zum Aufpäppeln, wie in 'ner Kinderstube. Und nu schreibt er wieder.

MENACHEM Was schreibt er, Knabe?

HUGO Wartet ens.

ALLE Was? Was?

HUGO Ich ergreife die Feder – das »F« malt er bei der Feder.

JULIUS Soll ich Dir mein Lorgnon raufreichen, Hugo?

HUGO Für wat? Für de Augen oder für de Löffels? – Drüber steht geschrieben – wartet man: – An Seinen Faden.

SIMEON An Seiner Gnaden?

HUGO Stimmt!

KATHARINA Versuche noch mehr zu entziffern, Hugo.

ELISCHEN Unsere Mutter, soll ich Dir sagen, schenkt Dir ein paar Dukaten für Deine Sparbüchse.

HUGO Nu mal langsam voran. – Sch – Nu faltet er den Zettel. *Pause.* Er siegelt. Er hat sich den Finger verbrannt.

JULIUS Sch!

HUGO Leiser kann ich doch nicht, Menschenskinder! Er leckt am Daumen und nu am Mittelfinger.

SIMEON Komm herunter, Hugo, das genügt.

MENACHEM Wir wissen wenigstens, dass unsere Konferenz gefruchtet hat.

HUGO *guckt nochmal neugierig durch das Fenster:* Seine Klappe ist verrammelt und der Nachtpott . . .

SIMEON u. JULIUS Sch . . . Sch.

ELISCHEN u. KATHARINA Aber Hugo –
Der Postillon tutet das erstemal vor Abgang der Postkutsche.

HUGO Er holt den Mantelkragen. – Kinder, nu aber rasch herunter. *Er klettert über den Stuck des Hauses herab und dann von Ferdinand und Berthold gehalten, springt er in den Garten.*

KATHARINA *stolz:* Des Vaters Rede hat gefruchtet.

HUGO *wieder unten, ungeduldig:* Wo sind die Dukaten?

BEIDE MÄDCHEN Die Mutter will sie dir selbst geben.

HUGO *impertinent:* Das lasst Euch alle gesagt sein. Krieg ich se nicht, denn klatsch ich ihm die Vorgänge wieder, dass seine Kaplannose weiss wird wie sinne Milchpulle.

SIMEON *überlegen:* Unter den Indianern glaubte ich bis jetzt, gäb es keine Erpresser.

JULIUS Seine Eltern können sich gratulieren.

KATHARINA Er ist doch noch halbwüchsig *auf Hugo weisend.*

HUGO *kleinlaut:* Den Mantelkragen hatte er sich schon von der Wand genommen, – wacker.

Alle schleichen auf Zehen vom Hause fort und klettern über den Zaun wieder zurück. Ferdinand und Berthold springen hinüber. Hugo, wie ein Indianer, Simeon und Julius sind ihrer Schwester Katharina behilflich und Elischen, von plötzlicher Angst getrieben, der Kaplan könne kommen, setzt wie eine wilde Stute über den dornigen Blattzaun, ihr halbes Hosenbein mit der langen Spitze daran, bleibt in den Dornen der Hecke hängen. Sie verstecken sich alle hinter der Kirche. Sie hören, wie der Kaplan seine Türe aufschliesst und sehen ihn eilig über den Platz zur Postkutsche gehen. Von der Postkutsche sieht man nur das rote Laternenlichtchen zwischen dem Laub der Bäume auf den Wegen. Es tutet das zweite Mal.

SIMEON Nun geht ihr alle heim und tröstet die Eltern. Ich warte auf ihn.

MENACHEM Als Bauer hab' ich mir manche Schlauheit zugeeignet und rate Dir von diesem Schritte ab.

KATHARINA Ich warte mit Dir, Simeon.

ELISCHEN *ironisch neckend:* Ei, ei, liebe Schwester wenn – das Dein Engelbrecht ahnte.

SIMEON Lass die Albernheiten.

MENACHEM Um der G r a d h e i t willen sollte man zu ihm hinaufsteigen.

SIMEON *überhört Menachems Äusserung:* Bruder, Du hast recht, es wäre undiplomatisch, ihn weiter zu bedrängen.

JULIUS Auch nach meiner Meinung.

ELISCHEN Er glaubt dann, wir haben Angst.

MENACHEM Aber selbstverständlich haben wir Angst, wir dürfen Angst haben! Noch dazu die Eltern – was werden wird.

KATHARINA Geht doch beide zu ihm, gern schliess' ich mich Euch an.

ELISCHEN *gebieterisch:* Oder ich!!

SIMEON Oder die ganze Herde.

Es tutet das dritte Mal. Man hört das Geschirr der Pferde. Sie brechen alle im Sturmschritt plötzlich auf, eilen über den Markt heimwärts. Sie sind entkommen.

NACHTWÄCHTER ALTMANN *kommt über den Marktplatz, bleibt in der Mitte des Marktplatzes stehen, die Ankunft des Kaplans, den er am Rand des Marktes erblickte, abwartend:* Einen gesegneten Abend wünsch' ich Ehrwürden. *zeigt auf die Richtung der Postkutsche* Nun ist sie fortgaloppiert. *Er berührt seine alten Beine, die knarren.* Die Postkutschräder sein dat nicht!! Aber minne ollen Beine knarren. *Kaplan lächelt zerstreut.*

NACHTWÄCHTER *blickt auf zum Mond:* Wie er so jede vier Wochen von oben herunterkömmt, grade über Hexengaesecke. Und immer hab eck dann meine liebe Not, de Kenger all im Schlaf zu blasen. *Er räuspert sich und spuckt lange aus.*

KAPLAN *zerstreut:* Ich werd' auch nicht schlafen können, alter Freund. Komm er, lieber Altmann, und trinke er einen Korn mit mir oben im Stübchen.

ALTMANN *trottelt hinter dem Kaplan her:* Wenn mich doch der liebe Herrgott erhöhen möchte.

KAPLAN Ist er denn nicht mit seinem Amt zufrieden?

ALTMANN Den roten grellen Dudelsack da oben *er bleibt stehen und sieht nochmal nach oben; zornig* tät eck verdammt den Bauch aufschlitzen. Wenn et schlägt vom Kirchenturm.

Sie treten ins Haus und man sieht nur noch das matterleuchtete Zimmer des Kaplans.

13. Bild

im Hintergrund die Katholische Kirche auf dem Marktplatz. Die sämtlichen Einwohner Gaeseckes und der Umgebung, unter ihnen der Nachtwächter, der Hausierer Lämmle Zilinsky, der Wanderbursche Nathanael Brennnessel, der lugt hinter einem noch stehengebliebenen grossen Obstkorb vor. Die Kinder der Schule geordnet, hintereinander, wie eine Prozession, von ihren zwei Lehrern begleitet. Der elegante Dr. Faust (Herr Kissingen) in lila Beinkleidern, Herr und Frau Schüler, ihre 23 Kinder mit Menachems Frau und Sohn: Oskar, die Mägde und Knechte aller Häuser, auch Schülers Kochmamsell, die Clara, und die anderen Mägde. Der Gärtner, die Melkerinnen, der Imker, Monsieur Filigran, alles in tiefer und schwerer Spannung.

ARTHUR ARONYMUS *kommt als letzter gerannt, mit Lenchen an der Hand:* Heiliger Strohsack, Lenken, eck hatt so Angst, wir wären zu spät gekommen, wir zwei Hampelmänner.

LENCHEN Verpust' Dich, – sonst merkts der Herr Vater.

ARTHUR ARONYMUS Siehst Du se?

LENCHEN Da stehn sie doch – alle zusammen. Die Mutter guckt, Aronimus!

Arthur Aronymus nickt seiner Mutter zu und trampelt was. Frau Schüler legt den Finger ermahnend an die Lippen. Arthur Arony-

> *mus zieht Lenchen näher an sich heran und nickt stark der Mutter*
> *zu, brav zu sein.*

ARTHUR ARONYMUS *zu Lenchen:* Wann kommt denn der Bernard?

EIN PHANATISCHER KATHOLIK *bemerkt zu ein paar Leuten:* Was der klenge fise Judenjunge sich herausnimmt! *will ihn ohrfeigen.*
> *Arthur Aronymus weicht ihm nicht aus.*

PHANATISCHER KATHOLIK Ick will Dir helfen, unsern Herrn Kaplan – Bernard zu nennen.

LENCHEN *ihn verteidigend:* Bernard ist doch sein Freund.

PHANATISCHE FRAU Kommt Ihr Beide nicht aus Moses sein Gutsgarten?

ARTHUR ARONYMUS Nää, ollet goldenes Kalb.
> *Die Herumstehenden lachen.*

FANATISCHER MANN Dat glöb eck, der Moses aus 'em alten Testament hat nicht so viel
Geld unredlich gescharrt.
> *Frau Schüler merkt den Zwischenfall, winkt den Kindern, sich zu*
> *ihr zu gesellen.*

ARTHUR ARONYMUS *zu Lenchen:* Wir wollen lieber nicht bei den Allen stehen, Lenchen, aber wenn der Bernard kömmt, rennen wir wacker an de
Treppe.
> *Die Menschen auf dem Marktplatz werden ungeduldig und unru-*
> *hig, ein Gemurmel vernimmt man und es kommt zu kleinen Rei-*
> *bereien. Das Geläute hört auf. Der Himmel überzieht sich im We-*
> *sten pechschwarz.*

ELISCHEN *zu Katharina und Fanny:* Der Dr. Faust!
> *Er ist im Begriff, sich immer mehr zu nähern der Familie. Er ist*
> *sehr elegant angezogen und sein ganzes Benehmen distinguiert. Er*
> *macht Halt in kleiner Entfernung hinter den vier jungen Mädchen:*
> *Katharina, Elischen, Fanny, Dora.*
> *Kaplan tritt aus der Kirchentür, eine grosse Rolle in der Hand hal-*
> *tend. Er steht nun auf der obersten Stufe der steinernen Treppe. Die*
> *vier ältesten Töchter Schülers halten sich umschlungen. Julius, ihr*
> *Bruder, steht hinter ihnen.*

JULIUS Wahrlich, der kommende Papst.
> *Fanny bebt vor Erwartung.*

KATHARINA *zu den Schwestern, ungewollt feierlich:* Unser Kaplan . . .

DORA Sehen mich die Leute auch nicht?
> *Herr Schüler hebt sein Haupt ermahnend zu den vier Töchtern,*
> *aufzupassen. Frau Schüler legt ihren Arm durch Herrn Schülers*
> *Arm, die Söhne lüften die Hüte, der Vater den grauen Zylinder, die*
> *anderen Kinder stehen nebeneinander artig in Reih und Glied. Die*
> *ganze Familie Schüler ist in ihre besten Kleider gekleidet. Der Ka-*

plan deutet auf die immer stärker und finsterer werdende, dro-
hende Wolke am westlichen Horizont.

KAPLAN *als ob er zu sich selbst spräche, die Menge aber im Auge* Der Himmel hat sich verbündet mit Seiner Gnaden, dem Erzbischof ... *er
beginnt zu der Menge zu sprechen* Ich grüsse Euch, meine liebe
Gemeinde in Christo, im Namen Seiner Gnaden, des Erzbischofs
Lavater zu Paderborn.

*Enormer Donnerschlag rollt, wie ein böses Wunder durch Gae-
secke. Es ist Februar. Die Leute erschrecken.*

SIMEON *zu Julius:* Monumental seine Gebärden!

KAPLAN *öffnet ruhig und stark die Bulle, entrollt den Inhalt und beginnt zu
lesen:* Ich grüsse Euch mit sorgendem Herzen, meine vom Wege
geratenen Schafe, und ermahne Euch, Vernunft anzunehmen,
nicht trotzig zu beharren in Eurer Sünde dunklem Aberglauben!
Noch ist es Zeit zur Reue und Busse, meine armen Kinderlein, um
deren Seelenheil *der Kaplan erhebt den Finger ernst und drohend*
Ich, so schreibt der Bischof, unablässig schwere Sorge und Verantwortung im Herzen trage. *Kaplan blickt streng über die unzähligen Köpfe der Leute auf dem Marktplatz.* Wehe Euch, Eure böse
Lust zu stillen, wenn auch nur in der Hölle Eures Wunsches, am
Feuertode unserer guten Schwestern aus dem alten Hause Jsraels.
Vergesset nicht in Eurem schwarzen Hasse, dass unser Heiland Jesus Christus s e l b s t ein Jude war, dem Blute Davids entsprossen.
Mit tausend Zungen werde ich dem Himmel jedes Frevlers Sünde
verkünden, dass seine Seele brate bis zum jüngsten Tag! Darum,
meine armen verirrten Kinder, kehret in Euch, waschet Euch in
der Reue unschuldiger Quelle. – Lasset ab, ihr schwarzgeworde-
nen Schafe!! Lasset ab! Und jetzt – zum dritten Male: Lasset ab
von eurem Frevel um Jesu Christo Willen, unserm Herrn! *Kleine
Pause. Kaplan faltet die Hände; im bebenden Ton* »So habt Ihr
jetzt zwar Trauer, aber ich werde Euch wieder sehen, Euer Herz
wird sich freuen, und Eure Freude nimmt niemand von euch.«
»Et vos igitur nunc quidem tristitiam habetis iterum autem videbo
vos, et gaudebit cor vestrum: et gaudium vestrum nemo tollet a
vobis!!!«

*Es wird plötzlich so hell, dass der ganze katholische Kirchplatz wie
im bengalischen Lichte steht, die Leute sinken in die Knie verzückt,
weinen, jammern. Frau Schüler weint, der Vater überwältigt. Er
trocknet sich die Tropfen von der Stirn. Seine Kinder weinen alle.*

ARTHUR ARONYMUS *zu Lenchen:* Nu hör schon auf, Bernard hat doch recht, die Dora
wollten sie doch braten.

LENCHEN Du hülst ja auch.

Tränen rinnen Arthur Aronymus über die Wange. Kaplan rollt die Urkunde ruhig zusammen und steckt sie in die Bulle; geht ernst, ohne sich umzublicken, streng bis zur Kirchentür und dann durch die Türe in die Kirche zurück. Es schallt zurück im dreifachen Echo, wie er sie zuschliesst. Die Glocken läuten wieder. Etliche versuchen ihm vergebens in die Kirche nachzueilen. Nach und nach leert sich der Marktplatz. Ein Wirbelwind pfeift durch Gaesecke, es stürmt nun, Schnee und Hagel fällt, aber gesittet und andächtig ordnet sich die Menge, zum Heimweg. Vater und Mutter sieht man mit den Kindern noch eine Weile hinter dem Marktplatz, nach Hause schreitend.

14. Bild

In Schülers Garten. Fanny und Dora, viele von den kleineren Kindern. Unter ihnen Arthur Aronymus, Lenchen, Eleonore, Albert, Bettina, Margarete, Karl, Max, Meyerchen, Oskar, Menachem Schülers Söhnchen. Arthur Aronimus' Schulkameraden, unter ihnen Willy Himmel und Kaspar. Der Bischof, der Kaplan, Frau Schüler, eine der Kindermägde, der Schornsteinfeger und die Gäste aus der jüdischen Gemeinde, die Söhne des Freundes des Herrn Schüler: Alexander Ostermorgen, Siegfried Ostermorgen. Der Weinreisende Kissingen (Dr. Faust), der Nachtwächter Altmann, der Hausierer Lämmle Zilinsky, der Wanderbursch Nathanael Brennessel, drei Brüder namens Perlmutter – Ostjuden – mit ihrem ältesten Brudersohns Sohne Josefie.

In der Jasminlaube sitzen Fanny und Dora. Vor der Freitreppe des Hauses stehen die Kinder alle, beraten eng zusammen in einer Gruppe, kichernd.

FANNY Sag die Wahrheit, hat der Kaplan wirklich, bevor er nach Paderborn abfuhr, Dir gesagt, Du solltest besonders deine Schwester, die Jungfer Elischen, herzlich grüssen?

DORA *verlegen:* So wie ich es damals sagte – stimmts ... Frag ihn doch selbst, wenn Du mal wieder nach Paderborn reist.

FANNY *mit Nachdruck:* Also Du solltest Jungfer Elise herzlich grüssen – sieh einer an!

Dora nickt beklommen.

FANNY   Ich hätte dir ja meine Korallenohrringe geschenkt, – die gefallen
         dir doch so – nicht?
         Pause. Die Kinder bilden einen grossen Kreis.

LENCHEN *zählt ab:* Ine, wine, wing pang, ting tang, ose wose, wacker dir, eier
         weier weg! *Sie zählt, bis das letzte Kind übrigbleibt. Das letzte
         Kind ist Arthur Aronymus.*

ALLE   *rufen:* Der kann'se auch am dollsten spielen!

FANNY   Nun? *umarmt ihre Schwester Dora* Vielleicht versprachst Du
         Dich, Dora?

DORA   Was würden aber denn Katharina und Elischen sagen?

FANNY   Die erfahren es nie! *Sie erhebt ihre Hand zum Eid.*

DORA   *ermutigt:* Die Katharina hat mir damals ihren Fächer geschenkt,
         mit dem Amoren drauf gemalt, ich mach mir ja aus Elischens Bü-
         cher nichts –

FANNY   *etwas heftig, beherrscht sich aber diplomatisch:* Also beide stecken
         dahinter! *weich* Und haben zu Schwester Dorachen gesagt: Liebes
         Dorachen, wir haben Dich doch Tag und Nacht gepflegt und wa-
         ren immer so gut zu Dir.

DORA   Genau so.
         *Ein paar von den Kindern rennen hinter Arthur Aronymus in den
         Seitengang ins Haus, die andern sammeln Blätter und Reisige.*

DORA   Denn Du bist unsere Lieblingsschwester, Dorachen – *auf einmal
         erschrocken* Aber wenn du mich doch verklatschst bei Käthchen
         und Elischen? *auf einmal* Da kommt der Schornsteinfeger.
         Er steigt den Seitengang ins Gutshaus.

FANNY   Der hilft fegen! *schwört* Ich beteure! *Dora blickt entzückt auf ihre
         Ohrringe, Fanny überlegt.* Du, Dorachen, die Schatulle von dem
         charmanten Weinreisenden, die kannst Du Dir aus meiner Kom-
         mode nehmen, weisste, mit den kandierten Früchten –
         Dora schweigt.

FANNY   Wir werden uns schon einigen, – erzähl' aber die strikte Wahr-
         heit!

DORA   Unser Käthchen und unser Elischen sagten zu mir, ich könnte mir
         zu dem Fächer noch eine Agraffe für meine erwachsene Frisur
         kaufen beim Lämmle. Aber ich müsse Dir aufbinden, der Herr
         Kaplan Michalski habe besonders herzlich Jungfer Elise grüssen
         lassen!

FANNY   Und sie möge ihn nicht vergessen.

DORA   *ganz unglücklich über ihre Lüge, nickt:* Ach, liebe Fanny, ich kann
         ja nicht dafür.

Fanny durch diese Intrige beinahe apathisch geworden, in sich zusammen gesunken mit starren Augen.

DORA Was ist dir, Fanny? Fanny! Du stirbst ja! Sag, bitte, bitte, bitte – ich ruf unsre Mutter.

Arthur Aronymus kommt in den abgelegten Kleidern Doras, die sie in ihrer Krankheit trug, die Treppe heruntergewackelt, den Rock komisch aufgerafft. Auf seinem Kopf trägt er ihren damaligen Sommerhut mit dem Butterblumenkranz und den langen herunterhängenden Samtbändern. Einige Kinder hinter ihm, die seine Geschwister vorstellen sollen. Max: Sein Vater, Lenchen: Seine Mutter, das kleine Meyerchen, 5jährig, sein ältester Bruder Menachem.

ARTHUR ARONYMUS *als Dora; zu Lenchen, theatralisch:* Lebe wohl, meine Mutter! *heult laut zu Max* Lebe wohl Herr Vater! *Arthur Aronymus streckt ihm die Zunge raus. Jeder Schwester gibt er einen Kuss.* Heute noch werde ich verbrannt. *Er umarmt das 5jährige Meyerchen.* Menachem, mein erstgeborener Bruder, auf Wiedersehen!

Es ist schon etwas dunkel, zwei Gestalten treten durch das Tor des Gartens und bleiben an der Hecke stehen.

LENCHEN *als Mutter, macht, als ob sie jammervoll weint:* Dorachen, mein Zuckerdorachen!

Die anderen Kinder sind noch dabei, sich zu verkleiden, indem sie ihre Röcke wenden und ihre Jacken. Sie fertigen sich aus Ästen Säbel an. Willy hat seine Trommel mitgebracht und Kaspar seinen Helm. Oscar, Menachems kleiner Sohn, wartet finster auf seine Verkleidung. Arthur Aronymus, der die grosse Schere seiner Mutter mitgebracht hat, reicht sie der Margarete. Die will dem Neffen Oskar die Schere an einem Soutacheband um das braune Tuch binden, das sie ihm vorher wie eine Kutte um seinen Anzug legte.

OSKAR *reisst die Schere finster von der Seite:* Das ist Frevel!

ARTHUR ARONYMUS Du oller Duckmäuser.

LENCHEN *zu Oskar, zum ersten Mal in westfälischer Mundart:* Eck glob et deck bald.

DORA *in der Laube:* Endlich bist Du wieder wach!

Fanny beginnt erschütternd zu weinen.

DORA Soll ich doch die Mutter rufen?

FANNY *elegisch:* Du Liebe, gleich ist ja schon alles vorbei.

Dora umhalst Fanny immer wieder.

FANNY Das hat man davon, wenn man schön ist. *Sie hebt den Kopf wie eine Königin, zieht ein kleines Spiegelchen aus der Tasche unter dem Reifenrock und betrachtet sich.*

DORA Nää, dafür kann doch kein Mensch. *zögernd auf einmal* Ist die
Schatulle noch voll?

FANNY Wie kannst Du nur jetzt an die Schatulle denken, Dora? Wo ich
mir das Herz abhärme. *Dora schämt sich.* Du hast also wirklich
und wahrhaftig damals gelogen?

DORA *hebt die Hand zum Schwur auf:* Wirklich und wahrhafttig!

ALLE DIE KINDER *zu Oskar:* Was stehste da so grimmig, Du Scheinheiliger.
*Einer der Jungens schält einen Ast vom Hagebuttenstrauch, an
dem eine zerquetschte Hagebutte hängt. Sie klebt noch an dem ge-
schälten Ast wie Blut. Sie fertigen aus ihm ein Kreuz an und hängen es Oskar statt der Schere um die Lenden.*

KASPAR Jetzt siehste genau so giftig aus wie Onkel Pater.

DER BISCHOF *zum Kaplan:* Sch! Mein Sohn . . .

LENCHEN Ist Dein Onkel im Kloster, Kaspar?

KASPAR Vater sagt immer, dort sitzt er und dort soll er sitzen bleiben.

WILLY *an seine Ehre gegriffen, da seine Eltern fromm katholisch sind:*
Sing Vatter war man ein Ketzer.
Kaspar gibt Willy eine Watsche. Willy haut sie zurück.

DORA *unendlich lieb zu Fanny:* Aber in der Postkutsche guckt er sich die
Augen nach Deinem Fenster aus, Fannichen. Wahrhaftig, ich spre-
che die reine Wahrheit! Ich könnte Grossvater Rabbi, wenn er
noch lebte, in die Augen dabei sehen . . .
*Fanny lächelt beglückt. Die Kinder beginnen den Scheiterhaufen
zu bauen aus alten Blättern, dürrem Gras und Reisigen.*

FANNY Wie soll er aber wissen, wo meine Stube grade liegt?

DORA Für dumm musst Du mich aber auch nicht halten, Fanni.

FANNY Wieso?

DORA Katharina und Elischen lauerten auf Dich die halbe Nacht oft von
unserem Fenster aus. Einmal flogen deine Scheiben auf und dann
schnappten sie wieder zu, einmal flogen sie auf, das andere Mal
wieder zu . . . »Sie hat ihm eine Rose zugeworfen«. Rief einmal
spät am Abend Katharina – empört.

FANNY Du warst doch krank und schlummertest.

DORA Zuletzt tat ich nur so und tanzte auch immer ein bisschen Polka
mehr, wie ich musste. Ich ging ja so ungern in die Schule,
Fanni.
Fanny lächelt wieder über ihr Glück.

DORA Wie Du mich verstehst, Fanny. *Beide gehen ins Haus.*

MAX *heult, zu den Kindern:* Meine Figuren, die ich im Sand formte,
habt Ihr zertrampelt.

LENCHEN *im Ton der Mutter:* Morgen formt Mäxchen wieder neue.

ALLE Mäxken! Mäxken! Mäxken!

Max spielt wieder mit den Kindern weiter. Das Spiel beginnt. Arthur Aronymus als Hexe Dora wackelt den Zaun entlang, alle Kinder hinterher, die die Leute von Gaesecke spielen, und kreischen das Hexenliedchen: Maria, Joseph, es läutet so heiss . . .

WILLY *mit seiner Trommel, und* KASPAR, *im Helm, treten zu Oskar, dem Mönch:* Geduld, gleich bringen wir sie Euch, heiliger Pater und dann soll sie brennen wie im Fegefeuer!

Arthur Aronymus klettert auf einen Zwetschkenbaum, und alle die Kinder, die die Leute aus Gaesecke spielen, rufen: Hexlein, Hexlein, kömm herunger von däm Zwetschenboom! Sie schütteln der Baum und dann singen sie wieder den Anfang des Lieds: Maria Joseph . . . Bischof und der Kaplan schleichen sich tiefer in den Garten und verbergen sich hinter den langen Haaren einer grossen Weide.

KAPLAN Das Hexen-Mysterium von unschuldigen Kindern aufgeführt.

BISCHOF *schlägt ein Kreuz über seine Brust, der Kaplan ebenfalls:* Wahrlich, ein erschütterndes Echo des Hexen-Aberglaubens.

KAPLAN Seiner Gnaden energisches Eingreifen zur Stunde tat not.

ARTHUR ARONYMUS *lauscht plötzlich auf und dann alle, wie gehemmt:* Der Vatter kommt.

KAPLAN *zum Bischof:* Vor dem hat er Angst.

Bischof hält weiter lauschend die Hand liebreich vor des Kaplars Lippe. – Die Kinder haben sich geirrt in ihrer Annahme und spielen weiter. Ein tolles Durcheinander beginnt unter den Kindern. Lerchen-Mutter und Max-Vater jammern und die Kinder, die seine Geschwister spielen, fliehen zu den andern Kindern, die die Gaeseckeaner Leute spielen.

LENCHEN-MUTTER O unser Kind! O unser Dorachen!

Die Familienmitglieder ziehen sich jammernd auf die Stufen der Treppe zurück. Denn die Gaeseckeaner werden der Hexe habhaft, binden sie und schleppen sie vor den Mönch-Oskar.

MÖNCH-OSKAR *finster:* Nun haben wir den Teufelsbraten, bekenne Hexe, und bereue sie ihre Zaubereien, sie Satansweib!

BISCHOF Siehe da! *Erstaunt über den Sadismus des kleinen Jungen.*

ARTHUR ARONYMUS *in Doras hoher Stimme:* Ich bin keine Hexe, ich bin keine Hexe!

KAPLAN *zum Bischof:* Das ist der köstliche Junge.

ARTHUR ARONYMUS *ganz hoch, er quietscht fast:* Ich bin Schülers Dora!

OSKAR Das schert uns nicht; aber ich frage sie, den Teufelsbraten, will sie bereuen ihre Missetaten und sich reinigen in Jesu Blut? So soll sie nicht gebraten werden auf dem Scheiterhaufen, sie Ausgeburt!

ALLE   Scheiterhaufen! Scheiterhaufen! Scheiterhaufen!
Und dann das Hexenlied: »Maria, Joseph – – –«

KAPLAN   *zum Bischof:* Diese Sprache lehrte sie die verirrte Zeit.
Alle springen wie kleine Teufel umher. Arthur Aronymus beisst
dem Mönch in die Hand.

OSKAR   *hart und voll Rache:* Schleppt sie zur Hölle!
Sie schleppen Arthur Aronymus beim Gesang des Hexenliedchens
»Maria, Joseph – –« auf den Scheiterhaufen. Die Angehörigen stür-
men plötzlich von den Stufen der Treppe herab hinter dem Mönch
her. Lenchen-Mutter umklammert seine Lenden, die Geschwister
fallen ihm zu Füssen.

DIE FAMILIE   Gnade! Gnade! Gnade für unser Dorachen!
Bischof schlägt wieder ein Kreuz gerührt über seine Brust. Arthur
Aronymus steht gebeugt auf dem Scheiterhaufen, die Kinder tan-
zen um ihn. Auf einmal springt er über alle hinweg mit einem Satz,
Doras Rock verlierend, den Mönch umreissend, vom Scheiterhau-
fen herunter – die tobende Schar hinter ihm her. Man kann die
Worte nicht mehr verstehen.

BISCHOF   Soll man weinen oder lachen? *Und schon beginnt der Bischof mit*
einer solchen Wucht zu lachen, dass die Kinder in ihrer Raserei jäh
stehenbleiben und lauschen. Kaplan über das Lachen in dieser ei-
gentlich ernsten Angelegenheit verdutzt. Na, na, mein lieber Sohn
in Christo, verarge er seinem alten geistlichen Bruder und Oheim
nicht *er klammert sich an des Kaplans Arm, um nicht vor Lachen*
umzustürzen ha, haha, ha, ha, da er kein Spielverderber ist, zumal
aus dem Herzen des Kindes des Lachens Quelle entspringt – und –
wie bitter sie des öfteren mündet.
Kaplan will entgegnen, dass er Verständnis dafür habe, als schon
eine Magd auf sie beide zutritt.

MAGD   Eck sollt ens kieken, wer die beeden Figuren hinterm Weeden-
boom sin?

FRAU SCHÜLER   *folgt der Magd. Leichtfüssig ist noch ihre Gangart, jugendlich*
wiegt sie ihren Körper. Die Kinder versuchen sich zu verstecken,
wie sie die Magd erblicken. Der Bischof kann sich noch nicht beru-
higen: Sehe ich recht – unser hoch verehrter Herr Kaplan Michalski?

BISCHOF   Und sein alter Bischof –

KAPLAN   Seine Gnaden Lavater aus Paderborn, Madame Schüler. *Küsst*
Frau Schüler die Hand. Der Bischof streckt gewohnheitsgemäss
seine Hand zum Kusse dar.

FRAU SCHÜLER   *schlicht und liebenswürdig:* Diese Freude für mich und meinen

Gatten und für meine Kinder und – *sie sucht nach Arthur Arony-mus* wo ist er?

KAPLAN Er hat ihn schon! *Er hat Arthur Aronymus erfasst und trägt ihn auf dem Arm dem Bischof hin.* Lebendig hier!

FRAU SCHÜLER *auf Arthur Aronymus zeigend, zum Kaplan:* Er ist ja wieder so wild geworden, seitdem sein vergötterter Herr Kaplan Bernard nicht mehr in unserem Gaesecke weilt.

BISCHOF Und wir, sein Bischof, Madame, tragen die Schuld daran.

MAGD *treibend, wie eine Herde, mit einer kleinen Rute in der Hand:* Nu man wacker in de Wannen, Pessah is schon da! Und ihr fremde Balgen, schert euch nach Haus! *Bischof blickt den Kindern nach. Er muss wieder andauernd lachen.*

FRAU SCHÜLER Heute abend beginnt unser Osterfest, und meinem Gatten und mir würde es zur grössten Ehre und Freude gereichen, wenn Euer Gnaden und der uns allen unvergessliche Herr Kaplan den Zeder-abend mit uns gemeinsam feiern wollten! –

BISCHOF *galant, er wendet sich zum Kaplan:* Sein Bischof ist kein Spielver-derber, antworte Er, mein lieber Sohn – der artigen Madame Schü-ler.

KAPLAN Mit Freuden akzeptieren Seine Gnaden und meine Wenigkeit Ma-dame Schülers liebenswürdige Einladung.

BISCHOF Ja, gern sind wir beiden Einbrecher bereit, den frommen Oster-brauch mit dem Gatten und seiner liebenswürdigen Gattin und den – *zum Kaplan* Wieviel sind 's doch?

KAPLAN *lachend:* 23?!

BISCHOF Und den 23 Kindern zu feiern.

MUTTER Und dem Zuwachs. *zum Kaplan gewandt* Katharina hat sich ver-mählt, unsere zweite Tochter, und weilt mit ihrem Doktor seit ge-stern in ihrem Elternhause in Gaesecke. Auch Heinrich Mena-chems sind gekommen zum Feste *sie zeigt auf den kleinen Mönch Oskar* mit ihrem Söhnchen. Zwei Jahre ist er älter wie sein Onkel, unser Arthur Aronymus.
Bischof schneidet dem Jungen ein finsteres Gesicht, wie Oskar es zu schneiden versteht.

ARTHUR ARONYMUS *beseligt über die Rückkehr seines Freundes:* Bernardchen, jetzt gehst du doch nie mehr wieder fort!?!
Die Kinderschar zieht sich wie eine Herde vor der Magd zurück durch die hintere Pforte ins Haus. Das ganze Haus steht plötzlich im Kerzenglanz. Die Mutter geleitet die geistlichen Herren über die Freitreppe. Es ist dunkel geworden. Vor dem Gutshaus wird eine Laterne angezündet. Durch die Pforte tritt der sehr elegante

Weinreisende Kissingen (Dr. Faust), nach ihm die geladenen armen sieben Juden der Gemeinde. Nach ihnen in gleicher Tracht die Brüder Ostermorgen, zuletzt kommt der Vater, im grauen Zylinder, höchst distinguiert durch die Pforte, durch den Vorgarten, über die Treppe ins Haus. Grosser Frieden im Garten.

15. Bild

Im Schülerschen Gutshause feiern im grossen Essraum den Zederabend des Pessahfestes: Herr und Frau Schüler; ihre 23 Kinder: Heinrich Menachem, seine Frau Elfriede und beider Sohn, der 10jährige Oskar, alle die anderen Kinder; Dr. Engelbrecht Vogelsang, Katharinas Gatte; der Bischof Lavater von Westfalen; der Kaplan Bernard Michalski; Monsieur Filigran, Inspektor des Schüler'schen Gutshauses; der Weinreisende Kissingen; Alexander Ostermorgen, Siegfried Ostermorgen, die Söhne des Jugendfreundes von Herrn Schüler; die sieben armen Juden der Jüdischen Gemeinde in Gaesecke: Nachtwächter Altmann, Hausierer Zilinsky, Wanderbursche Nathanael Brennessel, drei Lumpenhändler Perlmutter, Josefie, ihr kleiner Neffe.
Schneeweiss steht die Tafel feierlich gedeckt. Die grossen und die kleinen Töchter tragen alle samtne Kleider und die kleinen Söhne Samtjacken.
Zwei brennende jüdische silberne Leuchter stehen auf dem Tisch vor dem Platz des Gutsbesitzers. Vor dem Platz des Gutsbesitzers steht eine grosse Schüssel mit drei ungesäuerten Broten, in eine Serviette gehüllt. Ausserdem stehen auf dem Tisch vor dem Vater kleine Schüsselchen mit Rettich, Bitterkraut, Petersilie und harten Eiern in Salzwasser.

HERR SCHÜLER *mit weltmännischer Geste:* Bevor ich mit der Zeremonie beginne, gestatten mir Euer Gnaden und Herr Kaplan Michalski –
FRAU SCHÜLER Der Schutzengel unseres Hauses – – –
KAPLAN Er lieh mir nur sein Kleid.
HERR SCHÜLER *fortfahrend, der Vater zeigt auf Alex im Krankenwagen:* Dieser liebste Jüngling, mein Sohn Alex, hat sich vor Jahren einen Katarrh zugezogen, von dem er in Bälde geheilt sein dürfte.
Bischof lächelt liebreich dem Kranken zu.

HERR SCHÜLER   Mir zur Linken – *Fanny streift schnell den grossen Spiegel an der Wand:* meine älteste Tochter Fanny, die ihren Sprachschatz erweiterte in einem französischen Pensionat voriges Jahr in Münster. *Fanny und des Kaplans Auge treffen sich. Der Kaplan bemerkt ihre Korallenohrringe, sichtlich beglückt.*

HERR SCHÜLER   Neben meiner lieben ältesten Tochter Fanny Herr Kissingen aus Kissingen im Bayerlande. Ein erprobter Weinkenner. *Der Bischof betrachtet ihn lange, überlegend.*

KAPLAN   *wie zu sich selbst sagend, aber Fanny liest es von seinen Lippen:* Der Doktor Faust – – –

HERR SCHÜLER   Hier unsere heitere Dora wieder! Sie wurde gestern sechzehn Jahre alt. *Herr Schüler dankt mit weltmännischer Gebärde dem Bischof und dann dem Kaplan.* Unser Lenchen, Arthur Aronymus sein treues Schwesterlein.

BISCHOF   Es erinnert mich unbedingt an dein gutes, sanftes Mütterchen, Bernard, dieses herzige Kind. *Kleine Pause.*

HERR SCHÜLER   Mein Max, unser angehender Bildner, Meta und Luise, unsere kleinen Zwillinge.

BISCHOF   Auf ein Haar – – –

FRAU SCHÜLER   Darum nennen wir die beiden Kinder, jedes von ihnen, einfach Meta.

HERR SCHÜLER   Karl, mein hoffnungsvoller Sohn, Herr Siegfried Ostermorgen. Unsere Bettina, Herr Alexander Ostermorgen, Siegfrieds Bruder, die Söhne meines Schulfreundes Ostermorgen aus Bochum. Meine drittälteste Tochter Elise, die Belesene, *mit einer chevaleresken Geste auf seine Gattin zeigend* meine, Seiner Gnaden schon bekannte, liebe Gattin, Frau Henriette.

FRAU SCHÜLER   *hebt das kleine Titichen an ihrer Seite in die Höhe:* Unser Kleinstes.

HERR SCHÜLER   Neben meinem Sohne Alex: Eleonore! Nach Goethes Eleonore fuhr ums Morgenrot.

BISCHOF   *zum Kaplan:* Zehn Eleonoren unter zwanzig kleinen Jungfrauen zählen die Priester unter den Firmantinnen.

HERR SCHÜLER   Mein dritter Sohn, unser Julius. In den Werken Goethes bewandert. Unser Meyerlein, Bauer will er mal werden! *mit grosser Geste* Augustus.

BISCHOF   Mit der strotzenden Stirn des Römers.

HERR SCHÜLER   Menachem, mein Erstgeborener und seine treue Gattin Elfriede und beider hoffnungsvoller Sohn Oskar. *Bischof kräuselt finster wie der die Stirne in Falten.*

HERR SCHÜLER Der liebe Berthold. Nach meinem einzigen Bruder benamet. Unsere Margarete. Monsieur de Filigran, mein Inspektor. Meine zweitälteste geliebte Tochter Katharina und ihr Gatte, der Apotheker Dr. Engelbrecht Vogelsang aus dem Wuppertal; *verlegen der Ärmste verlor vorigen Monat beide Eltern an einem Tag. Neben ihm mein zweiter Sohn Simeon, meine geistige Stütze. – Und nun wären wir endlich bei unserem hochverehrten Herrn Kaplan angelangt.

BISCHOF *zum Kaplan, zeigt auf das kleine, ebenfalls feierlich gedeckte Nebentischchen der Tafel:* Und wer sind die?

HERR SCHÜLER *flüstert:* Sieben arme Juden unserer Gemeinde! *Herr Schüler stellt die sieben der Gemeinde vor.* Wie es so Sitte ist am Zederabend bei uns Juden. *Er weist auf den Nachtwächter.* Der sorgliche Vater unseres Dorfes: Altmann! Er bläst mit seinem Horne allabendlich die Kinder Gaeseckes in den Schlummer. *Er weist auf Brennessel.* Unser Weltenbummler: Nathanael Brennessel! Ein nimmermüder Wanderer. *Nathanael kichert.* Pan nannte ihn der berühmte Vater meiner Gattin Henriette. *Herr Schüler weist auf Lämmle Zilinsky.* Lämmle Zilinsky aus Lemberg, unser Grosskaufmann. Seine Ware kann ich mit gutem Gewissen empfehlen. *Zilinsky reisst sich in der Schüchternheit fast die Knöpfe seines Kaftans ab. – Herr Schüler gnädig.* Meine drei lieben Freunde Perlmutter. Sie sammeln die Antiquitäten des Dorfes! Ihr kleiner Neffe, der Josef.

DER EINE DER DREI PERLMUTTER Josefje, erheb dich!

BISCHOF *zum Kaplan:* Antiquitäten?

KAPLAN *lächelnd:* Drei Lumpensammler.

BISCHOF *enthusiasmiert von der Demut des Hausherrn:* Wahrlich, wir sind bei einem Fürsten zum Mahle.

HERR SCHÜLER *legt sein Gebettuch um die Schultern und betet:* Boruch ata adoney elohenu melech haolum hamozi lechan min haarez. (König der Welt, der hervorbringt das Brot aus der Erden.)
Er liest aus der Hâggâdâ eine kleine Stelle vor, aus dem kleinen Osterbüchlein. Er wickelt die ungesäuerten Brote aus der Serviette, bricht sie in kleine Stücke; er tunkt das erste Stück in Salz legt etwas von den Bitterkräutern darauf, erhebt sich und reicht es selbst dem Bischof. Das zweite Stück muss Arthur Aronymus holen, seinem Kaplan zu reichen. Arthur Aronymus ist sehr niedergeschlagen.

BISCHOF Mich dünkt, das Büblein, Bernard sein kleiner Freund, will heute abend nicht so recht mitmachen?!

FRAU SCHÜLER Er wollte neben seinem lieben Herrn Kaplan sitzen, Euer Gnaden.

BISCHOF   *mit selbstverständlicher Anordnung des Tisches:* Da hat er recht! Schnell wechsle er seinen Platz mit dem älteren Bruder, damit wir keinen unzufriedenen Gast zwischen uns an der Tafel beherbergen.

Der Bischof reicht gewohnheitsgemäss dem Kaplan seine Hand zum Kusse dar. Simeon, etwas unwillig, aber kultiviert beherrscht, erhebt sich und setzt sich auf Arthur Aronymus' Platz zwischen Dora und Lenchen. Arthur Aronymus strahlt die Mutter an, er und der Kaplan sitzen fortan Hand in Hand. Jedem von den Kindern und Gästen müssen die beiden Brüder Berthold und Ferdinand von dem in Salz getauchten ungesäuerten Brot reichen mit den bitteren Kräutern. Simeon und Julius sind dabei, die Gläser zu füllen mit Moselwein.

FRAU SCHÜLER   *leise zu Elischen:* Wenn nur die Karpfen nicht kalt werden.

Es stehen grosse zugedeckte Schüsseln auf der Tafel und in den Saucieren Rosinensauce.

BISCHOF   Ich bitte unseren liebenswürdigen Gastgeber, nicht ein Wörtchen oder eine der gottalten Silben der Zeremonie des Heiligen Zederabends zu vergessen. Wir, Unser Gnaden, der Bischof Lavater, würden Uns Vorwürfe machen, Uns gar einbilden, der Störenfried des Festes zu sein, und *zu Frau Schüler gewandt* Wir möchten Uns s o recht zu Hause fühlen.

FRAU SCHÜLER   Euer Gnaden, Herr Bischof, im Traume wäre es meinem Gatten und mir, seiner Gattin, nicht eingefallen, dass der Herr Bischof und der uns so willkommene zurückgekehrte Herr Kaplan mit unserer Familie gemeinsam dieses heilige Fest feiern werden.

BISCHOF   *breit lachend:* Aber die liebreiche, jugendfrische Madame Mutter hat sich Uns, den Bischof Lavater von Paderborn, doch nicht gar als einen Duckmäuser vorgestellt!

Bischof bewegt die Hände, als ob er sagen wollte: beileibe nicht. – Herr Schüler spricht noch einige Segensworte, er erhebt sich darauf und füllt das Glas des Bischofs s e l b s t wieder mit dem Moselwein; er übergibt Simeon die Flasche. Der kleine Oskar blickt unverwandt, beinahe schon ehrgeizig, aber finster auf den Bischof.

ARTHUR ARONYMUS   *zum Kaplan, der sich das Lachen verbeisst:* Guck mal, Bernard, wie der Oskar d e i n e n Bischof anguckt, mir wirklich unangenehm.

Die Mamsell und die Clara, die im Essraum warten, beginnen auf einen Wink der Mutter die Karpfen herumzureichen; zuerst reichen sie dem Bischof die Schüssel. Bischof greift zu und sagt zum Kaplan:

BISCHOF   Das wird deinem Oheim aber munden. *Er freut sich wie ein Kind.*
           Kaplan etwas verlegen.

BISCHOF   *im Ton des Kindes, den Kindern zuzwinkernd:*
           Immer muss er sich ärgern über seinen bischöflichen Oheim; im
           Garten schon gab Er ihm Gelegenheit dazu.
           Die Kinder lachen frisch.

KAPLAN   Aber Euer Gnaden!

BISCHOF   Noch vor einer Stunde, als der kleine mutwillige Lavater *zu den*
           Kindern im Einverständnis wieder so recht herzlich über die
           Schelme da *er zeigt auf die Kinder am Tisch* sich im Gutsgarten
           amüsierte. *Der Bischof lacht plötzlich stürmisch, kaum kann er sich*
           beruhigen. Aber dass mir das Hexenverbrennen fürder aufhört!!

KAPLAN   *demutsvoll:* Eine beglückende Stunde war's Eurem geistlichen
           Sohn, Euer Gnaden so herzhaft lachen zu hören.
           Bischof reicht gewohnheitsgemäss wiederum dem Kaplan die Hand
           zum Kuss. Eine Ruhe tritt ein, sie essen alle mit Appetit den Fisch
           usw., bis der Bischof bemerkt, dass der Vater etwas Festliches sagen
           will, legt Messer und Gabel nieder, faltet die Hände und legt sie auf
           den Tisch, hebt aufmerksam den grossen Kopf mit den runden la-
           chenden Augen.

BISCHOF   Der Herr des Hauses beginne. *Er mahnt die kleinen Kinder mit*
           seinem grossen Finger. Wir lauschen andächtig seinem Wort.

HERR SCHÜLER Eure Gnaden beliebten die stumme Frage an meine Wenigkeit zu
           richten betreffs der bitteren Kräuter. Sie symbolisieren gewisser-
           massen die Bitternis der Knechtschaft, die unser Volk erduldete im
           fremden Lande; das ungesäuerte Brot jedoch an den eilenden be-
           freienden Auszug aus Ägypten.
           Die Leute am kleinen Tische beginnen zusammen zu murmeln,
           doch immer andächtig mit Mass und Ziel. Sie speisen wieder; auch
           alle an der grossen Tafel.

DER EINE DER DREI PERLMUTTER Zwei Goyen am Zederabend Seiniges?

ZULINSKY   *schüchtern:* Der neben dem Bischof ist a halber Jid.

BRENNESSEL Mach ich nun wieder mal nach Paderborn, weiss ich, wo ich lo-
           gier!

ALLE   Na wo?

BRENNESSEL Im Dom bei Seiner Fürstlichkeit. Bei Emm! *Weist mit dem Auge*
           auf den Bischof.

NACHTWÄCHTER *philosophisch:* Schwatz nicht. Eene nüe Weltgeschichte be-
           ginnt!

PERLMUTTER *zu den Brüdern:* Hol'n wir die alte mit unserm Hundekarren in de
           Häuser ab.

BISCHOF *taucht wieder ein Stück ungesäuertes Brot in den Mosel. Dann zum Kaplan:* Probable! *Er nimmt von dem ihm gereichten Pudding.* Tauche er, Bernardchen, sich auch einmal so ein Stückchen von dem heiligen ungesäuerten Brot in seinen Mosel. *Er winkt den Kindern zu, jedem einzelnen, dasselbe zu tun.*

HERR SCHÜLER *etwas verlogen, aber weltmännisch zu den armen Juden am kleinen Tisch:* Nun, hat man euch, meine lieben Gäste, auch in k e i n e r Weise vergessen?

ZULINSKY *wickelt aus einem alten Zeitungsfetzen ein weisses Pelzkrägelchen und gestikuliert, bis Arthur Aronymus es bemerkt. Arthur tritt an seinen Tisch:* Hat er mer doch seine Leckereien seine gebracht am christlichen Morgen Weihnacht, mit Tränli in die Oigen seine. *Legt ihm, schüchtern lächelnd, das Krägelchen um den Hals. Arthur Aronymus präsentiert sich zunächst dem Kaplan und dann der ganzen Gesellschaft.*

KAPLAN *mit gesenktem Kopf zu Arthur Aronymus:* Wolltest dus nicht von mir annehmen?

ARTHUR ARONYMUS Ich weiss nicht, Bernhardchen!

FRAU SCHÜLER Herr Lämmle Zilinsky, das ist aber rührend von Ihnen! Betrachte der Herr Vater das kostbare Geschenk!
Die Mamsell reicht noch einmal dem Bischof die Speise, dann allen am Tisch.

BISCHOF Prächtig, prächtig. Der Bischof ist kein Kostverächter, verehrte Mamsell!

OSKAR *plötzlich hart und finster:* Ich werde ein Mönch.

BISCHOF *zu gleicher Zeit, zum Kaplan gewandt:* Was sagt er?

MENACHEM Sch!

BISCHOF Wie oft diskutierten wir und der grosse Rabbuni von Rheinland und Westfalen bis spät in den Nächten über tief religiöse Probleme.

FRAU SCHÜLER Und nun ruht mein armer Vater einsam in der Erden – – –

BISCHOF Gottes Wege sind unerforschlich, sein Tun uns ein ewiges Rätsel.

ARTHUR ARONYMUS *stark, wie aus einem Medium äussert sich aus ihm die Stimme des Rabbis:* Der Rabbuni ist nicht einsam – – – e r i s t v e r s a m m e l t m i t d e n V ä t e r n.
Alle auf das tiefste erschüttert, selbst der Vater. – Pause. – Arthur Aronymus, zu sich gekommen, rennt verblüfft aus dem Essraum.

BISCHOF Diese Wahrheit suchte sich zu entströmen, ein reines Kinderherz.
Frau Schüler stehen Tränen im Auge. Der Kaplan eilt hinter Arthur Aronymus.

KAPLAN   Ich werde ihn wiederholen.

BISCHOF   Unser lieber Kaplan Bernard liebt den Jungen. Ich kanns verstehen.

Frau Schüler dankt dem Bischof. Fanny verlässt ebenfalls den Essraum, die Schwestern Katharina und Elise wechseln verständnisvolle Blicke.

BISCHOF   *zu Simeon, der ihm wieder vom Weine eingiesst:* Mit Fürlieb, Herr Mundschenk. So ein Tropfen »fliessende goldene Sonne« – – sagt unser zeitloser westfälischer Poet: Peter Hille. – Heilig soll er gesprochen werden. *Kleine Pause. Der Bischof bemerkt den leeren Platz, wo Fanny gesessen, und sich wie ein Vater um die Situation kümmernd* Ei, ei, was trieb die schöne Jungfer von der Tafel? – *Kleine Pause.* – Hier hätte unser Bernard für ein Bändchen anmutiger Poeme wohl reichlich Stoff gefunden. –

ELISCHEN   *verlegen:* Ich dachte mir, dass der Herr Kaplan Gedichte schreibt.

BISCHOF   *etwas ernst:* Heiligengedichte ab und zu – in der hohen Würde seines Seelenamtes. Er soll uns gleich eins deklamieren.

Kaplan und Arthur Aronymus treten wieder in den Essraum, der Kaplan hält einen grossen Baukasten unter dem Arm. Arthur Aronymus baut, gedeckt vom Kaplan, einen weiten Dom auf den Boden des Raumes. Der Bischof bemerkte nicht, dass die beiden zurückkamen; mit Herrn Kissingen beschäftigen sich seine Gedanken.

BISCHOF   Nun dämmerts Uns!! Wie gehts dem alten Senor Giacomo seinem Pappa und seinem allerliebsten Schwesterlein, der kleinen Señorita Jeannetta?

KISSINGEN   *verbeugt sich mit spanischer Grandezza:* Mein alter Señor und ich, sein Sohn, erinnern uns mit besonderer Genugtuung des hohen Besuches.

BISCHOF   *des Bischofs Augen begegnen Herrn Schülers Augen bedeutungsvoll:* Ein salomonisch reicher Weinbauer, des jungen Señors Vater – – –

KISSINGEN   Bestattete den alten Adelsmann resigniert in Bayerns Erde.

BISCHOF   *liebenswürdig drohend:* A b e r es blieb ihm der Dünkel des spanischen Juden, dem Pappa Giacomo! Ists so, mein junger Freund? *Fanny tritt ins Zimmer, stellt sich hinter den Stuhl der Mutter. Draussen vor dem Hause erheben sich Stimmen.*

FRAU SCHÜLER   *zu Fanny:* Du bist so echauffiert?

KAPLAN   *tritt an den Tisch und sagt zum Bischof:* Den Dom hat mir der kleine Schelm gebaut, Herr Oheim Bischof.

BISCHOF   *betrachtet mit Bewunderung die Grosszügigkeit des kindlichen*

Baus: Potz Tausend! Komm er *er winkt Arthur Aronymus* zum
Bischof Lavater einmal. Wir möchten dem grossen Baumeister die
Hand drücken. *Die Eltern sehr geschmeichelt. Bischof in erhobe-
nem Ton.* Ich segne das alte Volk Israel! Jedes seiner Kinder ver-
sinnbildigt so eine kleine Thora in samtnem Tragkleide, aber eine
von den kleinen Thoraim trägt Silberschellen um den Hals. Mich
dünkt, *er streichelt die Haare Arthur Aronymus'* die ist 's!
Bischof umarmt Arthur Aronymus. Alle sind tief gerührt.

BISCHOF Ja, ja, Frau liebreiche Mutter Henriette, der greise *er sieht sich
überall um, ein Veto erwartend* Bischof weiss Bescheid, auch im
Reliquienschrein des Judentums. *Er reicht gewohnheitsmässig
Frau Schüler die Hand zum Kuss. Arthur Aronymus springt wieder
zum Kaplan heran, der feierlich entzückt das kleine Gotteshaus be-
wundert. Jäh setzt Arthur Aronymus im Übermut über den Dom-
bau, dass die Klötze nur so herum fliegen. Der Kaplan bleich und
konsterniert. Der Bischof merkt den Vorgang.*

BISCHOF Nun ist er dir wahrlich entkommen, armes Bernhardchen! Aber
tröste dich, mein guter Sohn in Christo, der alte Gott Israels lässt
die Seelen seiner Kinder nicht im Stich!

FRAU SCHÜLER *neigt dankbar bejahend den Kopf:* Und mit einem bisschen Liebe
gehts schon, dass Jude und Christ ihr Brot gemeinsam in Ein-
tracht brechen, noch wenn es ungesäuert gereicht wird.
*Draussen lärmen die Leute jetzt grenzenlos und rufen zu gleicher
Zeit mit drei Mägden, die in den Essraum eilen: Sie wollen ihren
Bischof sehen!*

LEUTE *draussen:* Wir wollen unsern Bischof sehen!!!

MÄGDE Partout!
*Bischof erhebt sich mächtig. Katharina ist dabei, die Tür zu öffnen,
die zur Terrasse führt. Alle haben sich erhoben, um dem Bischof zu
folgen, nur Fanny hält die Mutter zurück. Kissingen wartet in der
Nähe Fannys wie ein Kavalier.*

FANNY Mutter, denk mal, armes Mädchen hat er mich genannt! Ich, die
schöne Fanny, ein armes Mädchen?

KISSINGEN Die Blume von Westfalen? *Er ahnt. Eifersüchtig.*

FANNY *durch seine Bestätigung noch empörter:* Ein armes Mädchen, ich?
lacht höhnisch auf Der affi – der Kaplan, nennt mich armes Mädchen!?!

FRAU SCHÜLER *zuckt mit der Schulter:* Wieviel Herzblut mag ihn das gekostet haben! Aber Fanny! *Sie eilt auf die Terrasse.*

KISSINGEN *tritt auf die nachsinnende verstummte Fanny zu und dann begeistert:* Soll ich ihn fordern auf spanische Säbel, holde Jungfer
Fanny? *Er führt sie am Arm auf die Terrasse.*

Die Leute *das ganze Dorf muss man hören von draussen, jubeln dem Bischof zu, und dann singen sie das Lied:* Nun danket alle Gott! *Dorfmusik, Trompete, Waldhorn usw., Trommeln, Flöten, Harmonika.*

Ende

Dea Loher
Klaras Verhältnisse

Klaras Verhältnisse

Personen: Klara, *Anfang Dreißig* · Irene, *ihre Schwester, Mitte bis Ende Dreißig* · Gottfried, *deren Mann, Anfang Vierzig* · Georg, *Anfang Vierzig* · Tomas, *Mitte Zwanzig* · Elisabeth, Mitte bis Ende Fünfzig · Ein namenloser Chinese, *unbestimmten Alters* · Und: Ein Fremder

Das Stück spielt in der Stadt.

I

STIMME AUS DEM OFF
      Lesen Sie.
      Lesen Sie laut.

      Sehr geehrter Kunde.
      Mit dem Leichtbügeleisen der Firma *Gut Gewählt* werden Sie sich und Ihre Wäsche glücklich bügeln. Wie das Bügeleisen zu handhaben ist, lassen Sie sich am einfachsten in einem unserer *Gut Gewählt*-Fachgeschäfte zeigen oder von einem zufriedenen Kunden in Ihrem *Gut Gewählt*-Freundeskreis.
      Und nun noch ein paar Tips. Bettwäsche sollten Sie nicht selber bügeln. Geben Sie sie in die Mangelei. Auch Jeans und T-Shirts sowie leichte Sommerbekleidung sollten Sie nicht bügeln, es sei denn, Sie wollen als perfektionistischer Exzentriker gelten. Kaufen Sie überhaupt so viel bügelfreie Wäsche wie möglich. So vermeiden Sie chronischen Muskelkater und Sehnenscheidenentzündungen, die durch stundenlanges eintöniges Hinundherbewegen der Hand und des Armes hervorgerufen werden können, ebenso wie Krampfadern durch bewegungsloses Dauerstehen am Bügelbrett. Dadurch werden sich nicht nur Ihr Aussehen, sondern auch Ihr Eheklima bedeutend verbessern. Sie sollten überhaupt nicht mehr bügeln. Bügeln ist zeitraubend, nervtötend und ziemlich vergeblich, wie im übrigen jede Form der Hausarbeit. Verzichten Sie deshalb ganz auf Ihr Bügeleisen. Bringen Sie es zum Altwarenhändler, ein paar Mark fünfzig springen dabei noch raus, oder, sollte es neu erstanden worden sein, unter dem Vorwand einer Reklamation in Ihr *Gut Gewählt*-Fachgeschäft, und lassen Sie sich den Kaufpreis zurückerstatten.

2

Bei Klaras Schwester. Später Abend.

KLARA Ja also wie gesagt.
Sie haben mich entlassen.
Das ist jetzt keine Veranlassung
zu so einem unangenehmen
familiären Vernichtungsschweigen.
Pause.
Das kann ja mal passieren.
Ein oder zweimal im Leben
kann das schon passieren.
Mindestens womöglich
muß man damit rechnen
heutzutage.
Und da hab ich mir gedacht, Gottfried,
deswegen wollte ich dich bitten –
Kannst du mir bei deiner Bank
einen Kredit verschaffen.
IRENE Eine Unverfrorenheit.
Also so eine Unverfrorenheit,
läßt sich fast zwei Jahre nicht blicken,
man vermutet weiß Gott was,
und marschiert dann hier rein,
weil sie Geld von uns will.
KLARA Von dir würde ich geschenkt
keine fünf Mark nehmen,
und wenn du mich darum bittest,
aber die Bank kann ein Geschäft machen.
GOTTFRIED Mit dir.
KLARA Tomas und ich werden heiraten.
Er kann für mich bürgen.
IRENE Aber doch nicht ohne Grund.
Ohne Grund gibt es nicht.
Ohne Grund haben die dich nicht entlassen.
Was
ist wieder vorgefallen,
Klara.
KLARA Doch. Ganz ohne Grund. Ich schwöre.

TOMAS Da hat sich zum Beispiel ein Kunde
aufgrund des Studiums von Klaras Gebrauchsanweisung
mit dem Oberkörper
in der Trommel seiner Waschmaschine verfangen,
so daß während des einsetzenden Schleudervorgangs
sein Kopf durch fortgesetzten rhythmischen Kontakt
mit der Innenseite dieses Trommelstahlkörpers
erheblich beschädigt wurde,
und ihm Blutergüsse, Platzwunden und ein
gerissenes Trommelfell blieben.
Er hat die Firma verklagt
und seitdem einen Tinnitus im Ohr.

KLARA Ist Tomas nervös, lügt er chronisch.
Durch meine Gebrauchsanweisungen ist nie
jemand zu Schaden gekommen.

TOMAS Und für die Zukunft
hat das dein Arbeitgeber
glücklicherweise verhindert.

KLARA Was ist denn los mit dir.

GOTTFRIED Ich würde sagen,
es gibt Schlimmeres,
weitaus Schlimmeres
als eine saubere gutbezahlte Tätigkeit,
die ja nicht ohne Anspruch ist,
letztlich.

KLARA Bedienungsvorschriften für Wäschetrockner,
nicht gerade eine Befriedigung,
geschweige denn ein Höhepunkt.

IRENE Kannst du dir das leisten,
wählerisch sein.

KLARA Nein.

GOTTFRIED Ich würde so weit gehen zu sagen,
daß in den deutschen Haushalten
landauf landab latente Gefahrenquellen lauern,
scharfgemachte Bomben sozusagen,
durch fehlende oder fehlerhafte Gebrauchsanweisungen.
Daher ja auch die häufigen Haushaltsunfälle.
Durchbrennende Toaster,
lässig vor sich hin schmorende Bügeleisenkabel;
unbeaufsichtigte Schnellkochtöpfe explodieren
und verwüsten ganze Kücheneinrichtungen,

und die Bewohner mit dazu.
Gasherde immer wieder Gasherde,
ein einziger winziger Gasherd
ohne Bedienungsanleitung
sprengt komplette Familien in die Luft,
Häuser Wohnblöcke Straßenzüge Stadtviertel
stehen lichterloh in Flammen,
ein Inferno ohne Pflegeanleitung.
Ich muß schon sagen,
du hast einen Beruf
mit Verantwortung
aufgegeben,
das gefällt mir
gar nicht.

IRENE Und wer schreibt jetzt
die Gebrauchsanweisungen,
ein Saboteur womöglich.

KLARA Auf jeden Fall
nicht ich.

IRENE Das ist Vernachlässigung der Aufsichtspflicht
gegenüber den Haushaltsgegenständen.

TOMAS So
hab ich das noch gar nie
betrachtet.

IRENE Und wem so eine Perspektive nicht genügt,
der hätte seine Ausbildung eben nicht
abbrechen dürfen.

KLARA *zu Tomas:* Meine Schwester ist nämlich
MTA mit Auszeichnung.
Das hat sie schriftlich.
Aber dann mußte sie heiraten
und das Kind zum Beruf machen.
Zu Irene. Erfüllt dich das nicht,
daß du deinem Gör eigenhändig
die Spritzen setzen kannst,
wenn nötig.

GOTTFRIED Kaum kommst du,
gibt es Streit.
Er geht zum Fenster.
Jetzt sind sie schon wieder da.
Er sieht auf die Uhr.

              Das ist viel mehr ein Grund zur Aufregung.
              Fixen die vor unserem Haus.
              Ist Carola oben.

IRENE Ja.

GOTTFRIED Wenn sie jetzt
              aus dem Fenster sieht.
              Die soll jetzt bloß nicht
              aus dem Fenster sehen.

IRENE Sie schläft.

GOTTFRIED Woher weißt du.
              Geh doch mal nachsehen.

IRENE Jetzt nicht.

KLARA Ich gehe.
              Zwei Jahre hab ich sie nicht gesehen.

IRENE Jetzt nicht.
              Du wirst sie wecken. Und dann erschrickt sie.
              Sie erkennt dich doch nicht mehr.

KLARA Hab ich mich so verändert.

IRENE Du gehst nicht hinauf.

GOTTFRIED *zu Klara:* Sie ist genauso stur wie du.
              Pause.
              Na ja.
              Das ist alles nicht so einfach.

KLARA Wieso nicht. Wieso ist es nicht einfach.

GOTTFRIED Zum Beispiel,
              du hast keine Sicherheiten.

KLARA Doch.
              Tomas ist meine Sicherheit.

GOTTFRIED Das wird für die Bank kaum
              ins Gewicht fallen.
              Was machen Sie denn so
              beruflich.

TOMAS Och, mal dies mal das.

KLARA Tomas –

TOMAS Ich hab Metzger gelernt.
              Schweigen.

TOMAS Metzger, Fleischhauer,
              Viecher zerlegen,
              tschopptschopptschopp.

IRENE Ja.
              Das haben wir verstanden.

KLARA Tomas macht nur Spaß.
       Er ist –
TOMAS Metzger.
       Ich habe Metzger gelernt,
       nein nein,
       ich mache keinen Spaß,
       im Gegensatz zu Klara
       nehme ich meine Berufe sehr ernst.
       Eben noch im Schlachthof unter der Stromkeule gezuckt,
       schon unter meinen Händen in kleine feine Filets zerhackt,
       oder durch den Fleischwolf propellert,
       Hausfrauenfutter,
       ungarische Salami
       zum Beispiel.
GOTTFRIED *geht wieder zum Fenster:*
       Man mag gar nicht hinsehen,
       die kennen keine Scham.
       So weit ist es schon,
       rollt seinen Ärmel hinauf und bindet ihn ab,
       und jeder kann zusehen.
       O Gott mir wird übel.
IRENE Dann geh doch hinaus.
       Geh doch mal hinaus
       und red mit ihnen.
GOTTFRIED Was soll ich denn sagen.
IRENE Muß das denn
       in aller Öffentlichkeit sein.
GOTTFRIED *setzt sich wieder:*
       Also Klara,
       ich verstehe das nicht,
       wenn einer seine Arbeit verliert,
       denkt er doch nicht als erstes daran,
       einen Kredit aufzunehmen,
       den er ja gar nicht abzahlen kann,
       der erste Gedanke muß doch sein,
       eine Arbeit zu finden,
       und dann kommt alles andere.
       Das ist die vernünftige Reihenfolge,
       die Ordnung,
       für die die Dinge vorgesehen sind.
IRENE Aber Klara hat schon immer

    verkehrt herum gedacht,
    tags schlafen nachts aufstehen,
    als ob sie auf der falschen Erdhalbkugel lebte.
KLARA Weil ich keine Ersparnisse habe,
    Miete Essen Strom schenkt mir das einer.
    Schweigen.
    Dafür gibt es doch Ämter,
    denkt ihr das.
    Pause.
    Ich will aber kein Fall
    für das dichte soziale Netz werden,
    für das dieses Land berüchtigt ist.
    Ich will kein fremdes Geld annehmen
    und davon leben müssen,
    Geld, das andere Leute zahlen müssen dürfen,
    weil sie Arbeit haben.
    Ich bin eine unabhängige und freie Person,
    ich besitze die Menschenrechte,
    ich darf nicht gefoltert werden,
    indem man mir Almosen gibt.
    Ich muß für mich selber sorgen können,
    wie jedes Kleinkind lernt mit dem Löffel zu essen
    und sich die Schuhe zu binden.
IRENE Du,
    du zahlst doch sicher
    nicht mal die Rundfunkgebühren.
    Pause.
    Im Grunde möchte meine Schwester ja
    gar keine feste Stelle.
    Regeln waren ihr immer zuwider.
    Sie hat immer die erste Stunde geschwänzt,
    weil sie früh um sieben nicht aufstehen konnte;
    sie sagte, das widerspräche ihrer inneren Uhr.
KLARA Du hingegen warst immer pünktlich,
    eine Pflichtfanatikerin, wie selbst die Lehrer sagten,
    und das ärgert dich
    heute noch.
IRENE Und überhaupt,
    wieso sorgt nicht dein Mann für dich,
    dein zukünftiger.
KLARA Es gibt eben Menschen,

                 die wollen sich nicht aushalten lassen,
                 selbst in einer Ehe nicht.

IRENE Das brauche ich mir nicht sagen zu lassen,
                 wir sind hier nicht im Puff.

KLARA Und was ist jetzt mit dem Kredit.

GOTTFRIED Was ist denn das für ein Metzgerladen.
                 Läufts gut, das Geschäft.

TOMAS Den Metzger hab ich ja längst aufgegeben;
                 der Geruch des rohen Fleisches,
                 die ausgenommenen Hälften,
                 die im Kühlraum hängen,
                 das Geräusch des Beils,
                 das die Knochen zerhackt,
                 das war mir alles zuviel.
                 Ich habe mich friedlicheren Tätigkeiten zugewandt,
                 zuerst war ich Barmann,
                 dann Verkäufer für Herrenoberbekleidung,
                 zwischendurch Fahrer bei einem Paketdienst,
                 und nun
                 besitze ich einen Trödelladen.

KLARA Na endlich.

IRENE Ach Antiquitäten.

TOMAS Nein Trödel.
                 Im Haus nennen sie mich den Müllmann.
                 Ich handle mit stinkenden, alten, kaputten,
                 aus dem Leim gegangenen Sachen.
                 Sachen, deren einstige Bestimmung,
                 deren Daseinszweck oft nicht mehr erkennbar ist.
                 Ich mache in Entrümpelungen, Wohnungsauflösungen,
                 Nachlaßverkäufen.
                 Ich lebe vom Abfall anderer Menschen.
                 Manchmal noch lebender, häufig toter Menschen.
                 Ich entsorge das Hinterbliebene.

IRENE Na. Ich weiß nicht.
                 Dann lieber Metzger.

GOTTFRIED Gibt es denn da irgendeine
                 Perspektive.

TOMAS Sogar eine unglaubliche,
                 eine unglaubliche Perspektive.
                 Ich schaue in die Eingeweide
                 der Menschenbiographien hinein.

Jedesmal,
wenn ich eine Wohnung entrümple,
wühle ich mich durch die Ablagerungen,
die Hinterlassenschaften,
die Verkrustungen anderer Leben.
Angewandte Menschenkunde ist das.
Aus dem, was einer loswerden will,
was er weghaut, abwirft, liegenläßt,
versteckt und vergißt,
was er ansammelt, schichtet, hortet und um sich bunkert,
zeichne ich Ihnen ein Gesicht,
das ist genauer
als die Beschreibung durch einen Therapeuten.
Pause.
Ihr Kleid zum Beispiel,
ja das, das Sie heute abend tragen,
wann werden Sie das in einen Sack
der Altkleidersammlung stopfen.
Morgen, in einem Monat, in einem Jahr –
Waren Sie schon einmal in einem Altkleiderladen,
ich meine keine Secondhandedelboutique,
eine Halde für alte Kleider.

IRENE   Nein.

TOMAS   Warum nicht.

IRENE   Ich weiß nicht.
Das riecht.

TOMAS   Wenn ich Ihr Kleid
in die Hände bekomme,
in einem Jahr,
dann wird es an den Seiten
herausgelassen worden sein,
denn Sie haben zugenommen;
ich rieche Mottenpulver,
denn Sie fürchten das Ungeziefer,
das in Ihren Schränken versteckt sein könnte,
ich sehe die Schweißränder
um die Achselausschnitte und weiß,
Sie regen sich leicht auf,
und dann gibt es ein paar bleiche Flecke
auf Ihrem Rock,
und ich denke, das ist ausgewaschenes Sperma,

                    aber von wem,
                    von Ihrem Mann –
GOTTFRIED Natürlich von ihrem Mann,
                    von wem denn sonst.
                    Auch wenn Sie ein Schwippschwager in spe sind,
                    das fängt an, zu weit zu gehen –
TOMAS *zu Gottfried:* Und dann finde ich Ihre Jacke
                    in dem Kleiderbeutel
                    und was fällt mir auf –
                    nichts,
                    rein gar nichts.
                    Kein Geruch,
                    keine hängenden Fäden,
                    keine gerissenen Nähte,
                    keine Brandlöcher,
                    rein gar nichts.
                    Der Stoff ist einfach
                    nur dünn
                    und durchsichtig geworden,
                    ein abgeschabtes Stück.
IRENE Dagegen ist Metzger ja direkt
                    ein anständiges Handwerk.
GOTTFRIED *steht auf und geht zum Fenster:*
                    Die sind immer noch da,
                    zwei sitzen so rum,
                    einer liegt fast am Boden,
                    sie rauchen jetzt,
                    ein deprimierender Anblick.
                    Er kommt zurück.
                    Tomas,
                    ich will Ihnen sagen,
                    ich finde das was sie tun
                    sehr ehrenwert.
                    Die Vorstellung,
                    daß da einer gestorben ist,
                    in einer Wohnung,
                    und Sie gehen da hinein,
                    einfach so,
                    und na ja,
                    ich muß schon sagen,
                    einer muß es ja tun,

               aber trotzdem,
               kramen da so in den Sachen rum.
               Vielleicht ist der ja auf dem Sofa
               gestorben,
               verschieden,
               entschlafen,
               und da liegt noch eine Socke
               von ihm herum
               womöglich,
               und am Fenster blinkt seit Jahren
               der elektrische Christbaum.

KLARA   Den zum Beispiel
               könntet ihr dann
               bei Tomas kaufen.

GOTTFRIED   Also ich muß schon sagen,
               ich finde das jetzt doch
               sehr ehrenwert,
               was Sie da tun,
               das hat ja beinahe was von Zivildienst,
               da gehört ja auch einige
               Überwindung,
               um nicht zu sagen
               Selbstdisziplin ja Selbstdisziplin
               gehört da dazu,
               ich würde mich womöglich nicht scheuen
               von menschlicher Größe
               zu sprechen,
               was sagst du Klara,
               doch doch,
               und wenn man bedenkt,
               wir haben auch schon schöne Sachen
               auf dem Trödel gefunden,
               nicht,
               das eine oder andere Stück,
               wenn das dann erst mal in der eigenen Wohnung steht,
               und gereinigt wird und vielleicht auch frisch bemalt,
               dann riecht das auch praktisch nicht mehr,
               das ist fast wie neu,
               oder riecht einer von euch
               irgend etwas Unangenehmes,
               was sagst du Klara.

Er geht zum Fenster.
Um so bedauerlicher,
daß der Bank
eure beruflichen Anstrengungen
ganz und gar gleichgültig sind,
die Bank hat kein Gewissen,
und die Bank hat auch keine Freunde,
und deswegen vergibt sie kein Geld aus Mitleid,
oder akzeptiert Bürgen aus reiner Gefälligkeit,
nicht in eurer Preisklasse.
Pause.
Die dritte ist jetzt weg.
Aber zwei von denen
hängen noch da rum.
Die meisten Sorgen macht man sich ja
nicht um sich selber,
die meisten Sorgen gelten dem Kind.
Die da draußen haben doch auch Eltern,
kümmern die sich denn gar nicht.
Pause.
Sieh doch mal nach, ob Carola schläft.

Irene geht hinaus. Klara hinterher.

KLARA   Ich will sie auch sehen.
        Dann gehen wir.

Schweigen.

GOTTFRIED   Von einer Heirat
            würde ich dir abraten,
            unter uns gesagt.
            Wie lange kennt ihr euch.
            Ich kenne die beiden schon von Kind an.
            Klara war immer höchst gefährdet,
            unstet, mit nichts zufrieden, jähzornig, hochfahrend.
            Ganz ihr Bruder.
            Lassen Sie die Finger von ihr.
TOMAS   Na ja das mit der Verlobung ist –
        nicht so ernst gemeint.
        Klara dachte, das macht sich besser,

wegen der Bürgschaft.
Also wir haben eigentlich nicht vor zu heiraten,
also ich nicht,
nicht gleich,
die Zeit muß noch ein wenig reifen.

Schweigen.

GOTTFRIED Ich danke Ihnen.
Ich bin darüber persönlich sehr froh.
In der Bank erlebe ich so viel paargetriebenes Elend.
Schweigen.
Meine Frau schreit im Schlaf.
Schweigen.
Was soll man da machen.

Irene und Klara kommen zurück.

KLARA Carola ist zwei Meter gewachsen.
Und schnarcht wie ihre Mutter.
GOTTFRIED *wieder am Fenster:*
Hat sie bestimmt nicht
aus dem Fenster gesehen.
Jeden Tag, wenn ich da auf den Bus warte,
sehe ich die Spritzen liegen,
ich habe sie auch schon mal genommen
und weggeworfen.
Diese unreife Grenzüberschreitungssucht
vernichtet uns alle,
langsam aber sicher.
Wenn ich nur einmal unsere Tochter erwische,
daß sie nicht auf den Bus wartet,
sondern rumlungert
in so einem Häuschen –
KLARA Eure Tochter
macht das bestimmt nicht.
IRENE Wieso sagst du das
so ironisch.
Wieso sagst du das
so ironisch.
GOTTFRIED Ich habe Angst manchmal,

ich kann das nicht kontrollieren
da draußen.
Ich möchte meiner Familie
einen Halt geben,
aber jeden Tag
stehe ich an dieser Bushaltestelle
und habe Angst,
daß meine Anstrengungen
völlig umsonst sind.

KLARA Angst warum, wovor,
eine paneuropäische Hungersnot,
eine Springflut, ein Erdbeben, ein Lawinenunglück,
was könnte euer Leben schon durcheinanderbringen,
da bräuchte es mehrere Naturkatastrophen
hintereinander.

GOTTFRIED Ein Börsencrash,
ein weltweiter Börsencrash,
das wäre eine Katastrophe.

IRENE Unser Bruder hat sich immerhin
zu Tode gespritzt.

KLARA Ja,
aber er hat es nicht aus Verzweiflung getan,
sondern aus Lust am Dasein,
weil er den Rausch genossen hat,
ja er war ekstasesüchtig,
was du nicht verstehen kannst,
er hatte nämlich keine Angst
vor dem Leben,
anders als du,
die vor jedem Orgasmus
eine Beruhigungspille schluckt.

IRENE Das war das letzte,
was du in diesem Haus gesagt hast,
du Schlampe.

GOTTFRIED Sie hat recht.
Du hast recht, Klara.
Wir haben Angst
vor dem was uns verführen könnte,
vielleicht sollten wir einfach
das Herz des Feindes essen.

KLARA Komm Tomas.

Sie gehen.

3

In einer Kirche. An einem Nachmittag unter der Woche. Elisabeth und Tomas. Außer ihnen ein Chinese, allein in einer Bank versunken.

ELISABETH Und das haben sie euch geglaubt.
TOMAS Ja. Warum nicht.
ELISABETH Dann habt ihr also
    einen glücklichen Eindruck gemacht.
TOMAS Das war der Zweck, Elisabeth.
    Der Zweck war, einen glücklichen,
    einen kreditwürdigen Eindruck zu schaffen.
    So, als würde das Leben selber
    für einen bürgen,
    sozusagen.
ELISABETH Und.
    Hat sie den Kredit.
TOMAS Nein.

Schweigen.

ELISABETH Warum sagst dus ihr nicht.
TOMAS Jetzt.
ELISABETH Wo die show vorbei ist.
TOMAS In ihrer jetzigen Situation.
ELISABETH Es gibt immer eine jetzige Situation.
    Außerdem,
    eine Kirche,
    so weit muß die Heimlichtuerei ja nicht gehen.
TOMAS Du
    hast doch immer Angst
    gesehen zu werden.
    Warum eigentlich.
    Ist doch schmeichelhaft
    für dich.
ELISABETH Aha.
    Für dich nicht.
    Pause.
    Für dich nicht.
TOMAS Ich bin hier der Betrüger.

Tomas ist böse.
Aber vor dem Angesicht Gottes
können wir nichts verbergen,
deshalb müssen wir auch nichts verbergen.
Lacht auf.
Schweigen.
Es ist ruhig hier. Angenehm. Still.

ELISABETH Diese Stille ist mir unheimlich.
Sie hat etwas Schweres.
Man fühlt sich ohnehin schon so –

TOMAS schuldig –
Pause.
Ich will dir was zeigen.
Hier, sieh –

Er führt Elisabeth zu einem Stützpfeiler zwischen den Bänken, deutet auf eine Inschrift.

TOMAS Da,
Hl. Antonius bitt für uns,
und da:
Hl. Judas bitt für uns.
Pause.
Hl. Judas bitt für uns,
und das über dem Weihwasserbecken.
Pause.
Jeden Sonntag bin ich hierher gegangen als Kind,
und manchmal auch wochentags früh mit den Eltern.
Am liebsten habe ich mich vor diesen Pfeiler gekniet
und die ganze Messe über auf die Inschrift gestarrt,
die mir rätselhaft war, unverrückbar in den Stein gehauen
wie die Gesetzestafeln.
Hl. Judas bitt für uns:
war damit der Apostel gemeint,
und wenn ja, seit wann durfte man zu einem Verräter beten,
ja sollte man zu ihm beten, ihn um seine Fürsprache bitten,
und warum war dieser Judas auf einmal ein Heiliger,
lauter ungelöste und unlösbare Rätsel,
über die sich das Kind jeden Sonntag den Kopf zerbrach.
Wenn der größte Verräter der Bibelheldensaga
zum Heiligen geworden war,

hieß das, man sollte ihm nacheifern –
Mußte man erst Verbrecher sein,
damit sich Gott mit einem beschäftigte,
damit man würdig war, vor Gericht zu erscheinen,
wo man um Vergebung und Erlösung bitten konnte.
Nur wer auch die schwarze Seite kannte,
wußte die andere Welt zu schätzen, vielleicht.
Dieser Gedanke war nicht nur verlockend,
er ließ mir die Elternreligion in einem neuen Licht erscheinen,
und verlieh ihr überhaupt erst einen Sinn.
Das ganze komplizierte Leben
mit seinen Fallen und Eisen
schien auf einmal darin aufgehoben
und verstanden zu sein.
Pause.
Ich hätte nicht fragen sollen.
Eines Tages fragte ich danach:
Hl. Judas bitt für uns.
Und mein allwissender Vater erklärte mir,
es handle sich gar nicht um jenen Jünger,
nicht Judas Ischariot sei gemeint,
sondern ein gewisser Judas Taddäus,
ein braver Mann aus Aramäa,
unbedeutend und ohne Schuld.
Und da stand dieser Kirchenpfeiler,
seiner ketzerischen Inschrift beraubt,
in seiner ganzen Schalheit und Trostlosigkeit und Erbärmlichkeit
im trübsten Licht des einfachen guten Lebens.
Und weiß war wieder weiß und schwarz schwarz,
und die verlorenen Schafe flüchteten reuig zurück in die Herde.
Pause.
Echte richtige Helden konnten also nur die Guten sein,
die für das Gute kämpften und für das Gute starben.
Das ist ganz genau wie im Western.
Die Heiligen reiten einsam dem Sonnenuntergang entgegen,
die Frauen bleiben winkend und weinend zurück
und spielen Jungfrau Maria,
enthaltsam, hingebend, fürsorglich.
Der katholische Glaube ist im Grunde
eine Westernreligion,
männlich und gut,

und nur bekehrte Indianer
sind gute Indianer.

Sie setzen sich in eine Bank. Der Chinese wendet von Zeit zu Zeit den Kopf
und beobachtet die beiden.

ELISABETH Schade schade schade.
Klara zu betrügen
wäre deiner Kindertheorie nach
also fast eine Art Glaubensbekenntnis gewesen,
jetzt allerdings
taugt es doch nur zum schlechten Gewissen.
TOMAS Ich möchte aufhören, Elisabeth.
Ich möchte aufhören,
und etwas Anderes, etwas Neues anfangen.
ELISABETH Mit uns –
Du schämst dich meiner,
einer Alten,
doch,
deshalb verlangt es dich danach zu beichten.
TOMAS Aber nein.
Ich rede vom Geschäft.
Ich höre auf damit, den Dreck fremder Leute zu durchwühlen,
ihren Müll in meinem Leben anzuhäufen,
an meinen Händen der Geruch von Moder,
faß mich an –
und Firnis bröselt aus den Falten meiner Kleider.
Ich bin vom Tod umgeben,
Abgelebtes, Abgestreiftes, Verwesendes.
Mein ganzes Leben habe ich vertrödelt vertändelt vertan,
bis jetzt.
Ich weiß nicht,
was ich bin,
ich möchte aufhören.

Pause.

ELISABETH Irgendwie
riecht es hier
so streng.
TOMAS Ja.
Das bin ich wahrscheinlich.

ELISABETH Nein nein,
           das riecht nach –
           ich weiß nicht,
           riechst du nichts.
    TOMAS Du lieber Himmel nein,
           ich bin völlig abgestumpft
           gegen Gerüche.
           Gib mir mal das Sagrotan
           aus der Tasche.
ELISABETH Du denkst zu viel nach.
           Über das Falsche.
           Das führt zu Handlungslähmung.

           Tomas wischt sich mit einem Sagrotantuch Gesicht und Hände ab.

ELISABETH Weißt du, als sie mich in Frührente geschickt haben,
           um Platz zu schaffen
           für einen jungen Lehrer,
           da dachte ich auch, was fängst du jetzt an,
           mit fünfundfünfzig,
           da liegen, wenn nichts dazwischen kommt,
           noch dreißig Jahre vor dir.
           Dreißig Jahre Rente, dreißig Jahre bezahlte Freizeit.
           Ein Drittel deines Lebens jenseits
           der Wahrnehmung anderer Menschen,
           sofern sie nicht auch Rentner sind.
           Frührentnertum, das ist das Zwischenreich der Amnesie.
           In einem Alter, wo andere Bundeskanzler werden,
           fängt für unsereinen der Dämmerzustand an,
           wenn man nicht sehr aufpaßt.
           Das Leben genießen,
           jetzt kannst du endlich dein Leben genießen,
           der Zynismus der Arbeitenden.
           Damit meinen sie Nichtstun,
           dreißig Jahre ohne Arbeit,
           die Langeweilefolter,
           wie lange hält man das aus, sich sinnvoll beschäftigen,
           Reisen in die Sonne, eine Sprache lernen, einen Sportkurs belegen und
           jeden Tag ein Gedicht auswendig,
           Brot selber backen und mit Seidenmalerei anfangen,
           der Echtzeit-Albtraum zum Lebensende.

Das Rentendasein fordert mehr Disziplin
als jeder andere Lebensabschnitt,
will man nicht innerhalb kürzester Zeit
zum Greis regredieren.
Heutzutage braucht keiner mehr die Alten,
das Wissen der Welt
sitzt in den Computerhirnen,
wird von Festplattengeneration zu Festplattengeneration vererbt,
und wenn wir in die Nähe einer Schlüsseltaste kommen,
heißt es panisch Finger weg,
dir fehlt die Erfahrung.
Heutzutage
werden die Alten Weisen immer jünger,
und das Meer der Unwissenden Nutzlosen
schwillt zu einer Bedrohung.
Ich
habe einmal Biologie unterrichtet,
in einem Zeitalter,
als man die Entstehung des Lebens
an einem Tümpel im Schulgarten erklärte,
fauliges Wasser, Algen, Kaulquappen,
und Hyazinthenzwiebeln in der Frühjahrssonne auf dem Fensterbrett,
heute zeigen dir Vorschüler
eine Computersimulation,
Feier des Lebens.
Irgendwie
riecht es hier
komisch.

TOMAS Ich will wissen wofür
ich das alles mache.

ELISABETH Dann gibts nur zwei Möglichkeiten,
Kloster oder Kinder

TOMAS *erschreckt:* Kinder.

ELISABETH *lacht:* Na mit mir nicht.
Mit mir nicht.

TOMAS Ich werde Klara alles sagen.
Es ist vorbei.
Sowieso. Alles.

Schweigen.

ELISABETH Vielleicht mochte ich das ganz gerne,
die Heimlichkeit,
auch ein Genuß.
TOMAS Mhm.

Sie küssen sich.

TOMAS Wir können uns ja trotzdem noch heimlich treffen
und so tun,
als wären wir ein verbotenes Liebespaar.
ELISABETH Mhm.

Schweigen.

TOMAS Liebst du mich.
ELISABETH Ich glaube.
TOMAS Ich glaube ich glaube.
Willst du mir meine Schuldgefühle nehmen.
Pause.
Liebst du mich.
Sag ja.
ELISABETH Ja.

Pause.

TOMAS Still ist es hier.
Pause.
Wir sind ganz allein.
ELISABETH Fast. *Deutet auf den Chinesen.*
TOMAS Das ist nur ein Chinese.
Er wird uns nicht sehen.
ELISABETH Es wird schade sein
um das Heimliche.
TOMAS Mhm.

*Sie küssen sich und verschwinden dann hinter der Bank. Der Chinese sieht
ziemlich beunruhigt aus, bleibt aber sitzen und wirft nur Blicke.*

TOMAS *sich aufsetzend:*
Was für eine Befreiung.
Pause.

Ich werde ihr alles sagen.
Es ist vorbei,
sowieso alles.
Jetzt
rieche ich es auch.

ELISABETH *setzt sich auf und sieht hinter ihre Bank:*
Mein Gott,
da liegt ein Schwein.
Ich glaube es ist tot.

Der Chinese kommt.

CHINESE Entschuldigen vielmals.
Verstorbenes Schwein
ist für Mahlzeit,
chop suey.
Zur Andacht nur kurz abgelegt,
bevor Nachhausegehen,
entschuldigen vielmals.

Er lädt sich das Schwein auf die Schulter und geht mit ihm davon.

4

Irene allein zu Haus.

IRENE In letzter Zeit schlafe ich schlecht. – So unruhig. – Und letzte Nacht, da habe ich wieder von der Chinesin geträumt. Sie hatte einen Stand auf dem Kirchenplatz, einen Marktstand wie auf einem Trödel. Mützen, Schals, Handschuhe, Tücher. Sie stand daneben, selber dick eingemummt, die wollene Mütze bis knapp zu den Augenbrauen heruntergezogen, den Schal zweimal umgeschlungen, Fäuste in den Taschen, reglos. Es gefiel mir, wie sie mich ansah, sie starrte, sie sah mich unverwandt an ohne zu blinzeln, die Augen ganz verdunkelt. *Pause.* Ich weiß es nicht, ich weiß nicht, ob sie wirklich eine Chinesin war, vielleicht auch Japanerin, ihre Züge waren asiatisch, das flache, breite Gesicht, die Wangenknochen ein Relief, von vorn wirkte ihr Gesicht wie eine Münze. – Sie könnte auch eine Mongolin gewesen sein. *Pause.* Nein, ihr Blick gefiel mir nicht, er hatte etwas Furchteinflößendes.

Sie war mir unangenehm. Weil sie mich so festhielt mit ihren Augen. *Pause.* Sie war klein, kleiner als ich, stämmig wie ein Bauer und mit einem Ringerkreuz.

Ich träumte, daß ich ihr in den Laden folgte, der hinter dem Marktstand war, im Souterrain eines Hauses, die Fenster halb vom Gehsteig verdeckt. Sie drehte sich einfach um und ging, und ich folgte ihr ohne Worte dahinunter, wo sie auf mich wartete und mich umstandslos auf den Mund küßte. *Pause.* Sie brauchte nichts zu sagen, sie hatte eine Kraft, die das, was sie tat, selbstverständlich machte.

Schweigen.

Dieses Küssen war so – so – es war so, daß ich fast dachte, ich bekäme eine Leidenschaft.

Schweigen.

In Wirklichkeit habe ich aber nie mit ihr geredet.

In Wirklichkeit bin ich ihr überhaupt nicht nahegekommen.

Schweigen.

In Wirklichkeit kann ich mir auch gar nicht vorstellen, daß ich mit einer Frau ...

das wäre ja, als würde ich mir selber begegnen.

Lacht.

5

Klara im Uni-Klinikum. Allein.

KLARA Das ist ja auch eine Möglichkeit. Es ist ja auch eine ganz ganz einzigartige, ganz unglaubliche Chance. Arbeitslos zu sein. Wann hat unsereins schon mal so eine Gelegenheit. Ich habe jetzt endlich Zeit, darüber nachzudenken, was ich mit meinem Leben anfangen will. Was für einen Sinn gebe ich ihm. Was für eine Bedeutung gebe ich ihm. Und mir. Was für Ziele gebe ich mir. Habe ich überhaupt welche. Und wenn ja, wo sind sie. Was wollte ich einmal erreichen und was habe ich erreicht. Fragen, die man sich sonst nur am Ende seines Lebens stellt, endlich von der immer abgeleugneten Metaphysik in die Enge der letzten Tage getrieben; am finalen Tropf hängend, das EKG hat manchmal kleine Aussetzer, und Panik pocht in der Herzkammer. Was wollte ich einmal erreichen und was habe ich erreicht. Wo bin ich. Wer bin ich. Wofür bin ich. Und schließlich: Was tun ...

Es stellt sich ja nicht nur der einzelne diese Frage: was tun – ist doch die ent-

scheidende Menschheitsfrage. Und da halte ich mir also die großen Ziele der
Menschheit vor Augen, die da heißen … nie mehr Krieg … nie mehr
Krankheit … nie mehr Hunger … nie mehr Durst … und … und … das
wars dann auch schon. Dazu kommen dann Subprobleme, das Ozonloch,
Aids, Rassismus, die Aktienkurse, rot-grün, und die Albaner. Und ich frage
mich, wo ich stehe, innerhalb dieser Gesamtproblematik, dieses globalen
Systems, wo alles mit allem irgendwie zusammenhängt, also auch mit mir,
ich hänge da mit drin. Wo stehe ich und was ist mein Beitrag zur Lösung der
Probleme, die uns im kommenden Jahrtausend so unterhalten werden.
Schweigen.
Auftritt Georg (der Arzt).
Deshalb habe ich beschlossen,
mich,
mich ganz,
meinen Geist und meinen Körper,
in den Dienst der Wissenschaft zu stellen.
Um damit wenigstens ein ganz winziges kleines bißchen
zum Überleben und zum Fortschritt der Menschheit beizutragen.
Das ist mein Angebot.
Ich stelle mich hiermit
in meiner Ganzheit als Gesamtperson
der medizinischen Forschung zur Verfügung.

GEORG Es steckt ja auch
eine gewisse Poesie
in diesem Gedanken,
nicht.
Kranksein für andere,
leiden für andere,
um schließlich Heilung zu bringen
für andere.
Das ist hübsch altruistisch gedacht,
und stinkt doch zum Himmel
nach Egozentrismus.

KLARA Kein heimliches Märtyrertum
und auch kein versteckter Masochismus.
Wenn ich sage
für die Wissenschaft,
meine ich das ganz zweckorientiert,
eine rationale Kosten-Nutzen-Rechnung,
mit dem einzigen Hintergedanken,
daß mein Leben
nicht umsonst gewesen sein soll.

GEORG　Sag ich doch,
　　　　eine Sinnsucherin.
　　　　Lacht.
KLARA　Ideeller Pragmatismus.
GEORG　Und was haben Sie bisher gemacht,
　　　　ich meine so als gemeiner Broterwerb.
KLARA　Ich habe ich bin ich war
　　　　Technische Redakteurin.
　　　　Montage- und Bedienungsanleitungen,
　　　　Gebrauchsanweisungen,
　　　　für Haushalts- und Elektrogeräte,
　　　　mehrsprachig.
　　　　Pause. Unsicher.
　　　　Ich habe meine Entlassung provoziert.
　　　　Die mir gestellten Aufgaben haben mich nicht
　　　　befriedigt. Ich habe ein Recht auf
　　　　eine anspruchsvolle Tätigkeit,
　　　　die mich ausfüllt und weiterbringt.
GEORG　Sie meinen Ihre Bewerbung doch
　　　　nicht ernst,
　　　　oder.
KLARA　*hat sich wieder gefangen:*
　　　　Doch.
　　　　Doch.

　　　　Pause.

GEORG　Was können Sie denn bieten
　　　　außer Ihrer Freiwilligkeit.
　　　　Haben Sie Erfahrung.
KLARA　Worin
　　　　zum Beispiel.
GEORG　Eine chronische oder bisher unheilbare
　　　　oder wenigstens eine kaum zu heilende
　　　　Krankheit müßten Sie schon vorweisen,
　　　　eine kleine Blutkrebsherausforderung zum Beispiel,
　　　　oder ein Kombipack,
　　　　Niereninsuffizienz plus fortgeschrittene Diabetes,
　　　　ein Tumor täte es auch,
　　　　an dessen Zustand und Verlauf

die Wirkung neuer Medikamente
überprüft werden könnte.
Sind Sie krank.

KLARA Nein. Im Gegenteil.
Gewissermaßen bin ich ja hier,
um krank zu werden.
Ich komme als Gesunde
und gehe als Kranke,
und Sie versuchen,
mich wieder gesund zu machen.
Das müßte Ihnen doch einiges wert sein.

GEORG Als Gesunde sind Sie bei uns
völlig wertlos,
nutzloses Menschenmaterial.

KLARA Kann man da wirklich nichts tun.
Ich bin für alles zu haben,
genetische Versuchsreihen, Organtransplantationen, Impfstofftests.
Stellen Sie sich vor,
ein anamnetisch völlig unverdorbener Leib,
in den Sie jede Krankheit hineinschreiben können.
Haben Sie da keine Schöpferphantasien.
Ich bin außerdem sehr anfällig,
ich würde sicher schnell
zu den schwerstkranken,
wenn nicht sogar den völlig aussichtslosen
Fällen zählen.

GEORG Dann können Sie ja wiederkommen.

KLARA Bitte.
Das ist ein einmaliges Angebot.
So etwas bekommen Sie nie wieder.

GEORG Das dürfen Sie gar nicht,
ich meine,
Sie sollten das nicht tun,
und ich darf es nicht annehmen.
Ich darf nicht.
Sie können sich nicht gratis
zur Verfügung stellen.
Das ist gegen das Gesetz.
Und vermutlich auch gegen die Ethik der Forschung.
Einen lebenden Körper umsonst anbieten
hieße ihn herabwürdigen.

         Und hier
         sind Sie sowieso falsch.
KLARA Da haben Sie mich mißverstanden,
         was glauben Sie denn.
         Zu verschenken habe ich nichts.
         Eine Entschädigung fände ich angemessen,
         mindestens,
         die mir erlaubt,
         mein normales Leben weiterzuführen.
GEORG Ja dann,
         ach so,
         in diesem Fall
         sind Sie eine typische Bewerberin
         für den Pharmastrich.
KLARA Pharmastrich.
         Das gibts.
GEORG Jaja jaja,
         zwanzigtausend Probanden ungefähr,
         jaja jährlich,
         allein in Deutschland,
         Hausfrauen, Studenten, Arbeitslose,
         gelangweilte, einsame, verschuldete Existenzen,
         auch Stammkunden darunter,
         die den Kick brauchen, wer weiß.
KLARA Und wer,
         und wohin muß ich da –
GEORG Direkt zu den Pharmafirmen.
         Da die Tierversuchsanstalten, daneben die Humanlabors.
         Wenn Sie nicht erkältet sind oder schwanger,
         keine Drogen nehmen,
         können Sie sich jederzeit bewerben.
         Drei Wochen bringen im Schnitt
         mehr als viertausend Mark.
KLARA Werd ich ja reich.
GEORG Lassen Sie sich Ihren Idealismus
         teuer bezahlen.
KLARA Und was bin ich dann.
         Pharmanutte.
GEORG Ihre Entscheidung.
         Sie müssen natürlich Pausen einhalten
         zwischen den einzelnen Versuchsreihen.

Wie im Fernverkehr,
ohne Unterbrechung am Steuer ist –
KLARA   – gegen das Gesetz.
GEORG   Genau.
KLARA   Ja.
Genau.
Genau das was ich suche sozusagen.
Pause.
Wunderbar.
Haben Sie vielleicht ein paar Adressen.

Pause.

GEORG   Ich,
ich rate Ihnen natürlich ab.
Ich würde das an Ihrer Stelle nicht tun.
KLARA   Ich brauche das Geld.
GEORG   Nebenwirkungen:
Haarausfall, chronische Übelkeit, Leberstechen,
Magenblutung, Schwindelanfälle, Herzrasen –
KLARA   Kann Ihnen doch egal sein.
GEORG   Könnte es.
Pause.
Rollen Sie mal Ihren Ärmel hoch.

Klara tut es.

KLARA   Vielleicht habe ich eine Krankheit,
ohne es zu wissen.
GEORG   *schließt sie an die Blutpumpe an:*
Sie können alle drei Monate
zur Blutspende kommen.
Das bringt siebenundfünfzig Mark achtzig.
KLARA   Fünfzig Mark –
hören Sie mal, das ist erstklassige Ware,
teurer würde ich mich schon gern verkaufen.
GEORG   Da müssen Sie auf den Schwarzmarkt gehen.
Das hier sind Standardpreise.
Pause.
Es wird sich doch wohl
irgendeine lukrative Tätigkeit finden lassen
für Sie.

KLARA Sind Sie das Arbeitsamt.

Pause.

GEORG Ich will Sie wiedersehen.

Schweigen.

KLARA Sagen Sie mal,
wer schreibt eigentlich die Gebrauchsanweisungen
für die ganzen medizinischen Geräte.
GEORG Dafür gibt es Fachpersonal.
Pause.
Sie scheinen tatsächlich
ein ungebrochenes Verhältnis
zur Krankheit an sich zu haben.
Sie hätten Medizin studieren sollen.
KLARA Auch eine verpaßte Chance.
GEORG Ich bringe Sie hinüber
zur naturhistorischen Sammlung,
die suchen manchmal Aushilfskräfte.
KLARA Wozu.
Zum Abstauben.
GEORG Für das Archiv.
Wollen Sie.
Pause.
Seien Sie doch froh,
daß Sie einen gesunden Körper haben.
KLARA Ja.
Und schön ist er
auch noch.

Sie gehen.

6

Klara zieht bei Tomas ein.

KLARA   Das ist jetzt die gute Seite.
        Wenn ich meine Wohnung noch bezahlen könnte,
        nie würden wir zusammenziehen.
        Jetzt aber.
        Zum Glück gezwungen.
TOMAS   Ein anderer würde sagen,
        Schicksal.
KLARA   So ein großes Wort, das verdienen wir nicht.
        Für uns hat das Schicksal allerhöchstens ein Winken übrig,
        und schon ist es vorbeigerauscht,
        wir haben es gar nicht gemerkt,
        und kümmert sich um die wichtigen Kunden.
TOMAS   Wenn ich also noch eine Freiheit habe,
        würde ich mich gerne darauf einigen,
        daß jeder ein Schlafzimmer für sich allein hat.

        Pause.

KLARA   Klar. Kein Problem.
        Pause.
        Dann schlafen wir im Sommer
        in deinem breiten Bett,
        weil sich die Hitze
        zwischen uns drängt,
        und im Winter
        liegen wir eng und fischkalt
        in meinem schmalen.
        Und wo sich unsere Füße berühren,
        frieren wir zusammen.
        Am Morgen sehen wir den Eiskristallen
        beim Schmelzen zu.
        Wenn wir aufgestanden sind,
        hat sich eine Lache aus getautem Frost gebildet
        und tropft auf den Boden.
TOMAS   Ja. Vielleicht.

Schweigen.

KLARA Beinahe hätte ich eine Stelle gefunden.
　　　Nur zur Aushilfe.
　　　Naturkundemuseum. Inventarlisten überprüfen.
　　　Dieses Jahr haben sie aber
　　　niemanden mehr gebraucht.
　　　Pause.
　　　Jetzt bin ich doch wieder
　　　ganz optimistisch.

Schweigen.

TOMAS Klara.
KLARA Ja.
TOMAS Wir, wir richten uns hier doch
　　　keinen andauernden Zustand ein.
　　　Oder.

Schweigen.

KLARA Das habe ich dir vergessen,
　　　daß du bei meiner Schwester
　　　mit einem Messer hinter meinem Rücken standst,
　　　den ganzen Abend.
　　　Nicht einmal mehr mein Mann sein wolltest du,
　　　warum.
　　　Hast du dich meiner geniert.
　　　Aber ich habe es schon vergessen.
　　　Jetzt bin ich ja hier.

Schweigen.

TOMAS Daß du hier,
　　　daß wir hier miteinander –
KLARA Wenn ich wieder etwas verdiene,
　　　dann suchen wir uns eine größere Wohnung.
　　　Das hier, das dürfen wir nur als eine Art Basislager betrachten,
　　　das uns vorbereitet für den Aufstieg zum Gipfel.
　　　Die entbehrungsreichen Tage liegen im Nebel,
　　　oben scheint dann die Sonne.

Ganz oben scheint sie sogar dermaßen,
es ist kaum noch zum Aushalten.
Wir werden uns bis auf die Haut ausziehen müssen.

Schweigen.

TOMAS Das geht aber nicht,
daß ich für dich aufkomme,
auf die Dauer.
KLARA Ich hab dir auch schon ausgeholfen
mit Geld.
Und dann geht es einmal
andersherum.

Pause.

TOMAS Du siehst mich an
wie eine
Schwester.
KLARA Deine wirren Einfälle.
Pause.
Wieso lachst du nicht. Einmal.
Sonst sagst du,
es geht immer weiter.

Schweigen.

KLARA Vorgestern war ich beim Blutspenden;
für fünfzig Mark
kann man sein Blut verkaufen,
und man merkt gar nicht,
daß einem was fehlt.
Schweigen.
Du Tomas,
wir bleiben doch zusammen,
oder –

Tomas nickt.
Auftritt Irene.

IRENE Ich bin das letzte Mal umgezogen
vor elf Jahren.
Das war das zweite und bisher letzte Mal
in meinem Leben.
Ich habe das Geschirr
in Papier in Papier in Papier
in Kisten verpackt.
Und trotzdem ist es zerbrochen.
Hier ist ein Teeservice
für zwei Personen.

KLARA Ich trinke nie Tee.

TOMAS Was Neues ist zu heikel.
Das Praktische am Trödel:
wenn unter lauter Einzelstücken
eins kaputt geht,
reißt es keine Lücke in die Garnitur.

IRENE Ich will mich nicht entschuldigen.
Aber vergessen wir den Streit.

KLARA Für eine Schlampe bin ich
nicht nachtragend.

IRENE Da steht noch eine Frau unten.
Ich glaube, sie hat auch ein Geschenk.
Sie packt gerade aus.

TOMAS Gibts nicht.

IRENE Ich weiß nicht, wo ich sie hintun soll.
Sie kommt mir bekannt vor. –
Hast du schon einen Job.

KLARA Nein.

IRENE Ich hätte eine Übergangslösung.
Leichte Tätigkeit, gut bezahlt.

KLARA Und was und wo.

IRENE Kinderbetreuung.

KLARA Nein.

IRENE Was denn. Ein Geschäftsmann, Porzellan.
Ich hab das Service bei ihm gekauft.
Angenehm, einfach, schnell verdientes Geld, nebenbei.

KLARA Bin ich nicht qualifiziert dafür.

IRENE Lächerlich. Kinderkram.
Liegt im Blut.

KLARA Nein. Nein. Nein.

IRENE Ich dränge mich nicht auf.

Auftritt Elisabeth.

ELISABETH *zu Irene:* Wer Sie sind, weiß ich nicht.
Zu Klara. Wer Sie sind, vermute ich.
Zu Tomas. Sie sind der Schuldige.
Sie hält ein Päckchen hoch.
Hier habe ich ein Geschenk,
ein Geschenk, das in Ihrem Laden erworben worden ist.
Und von dem ich mich nun leider gezwungen sehe,
es zu reklamieren.
Anders gesagt, es hält nicht, was es verspricht.
Es ist Schrott.
Sehen Sie selbst:
Sie nimmt ein Herz aus dem Päckchen, ungefähr von der Größe einer Honigmelone, und hebt es vorsichtig hoch; es ist rot und sehr prall.
Das ist das Geschenk meines Freundes.
Jetzt muß ich leider sagen,
meines Ex-Freundes.
Angeblich
aus höchst wertvollem und sehr empfindlichem,
hauchdünnem, leicht zerbrechlichem Glas,
mit einem feinen, geheimnisvollen, ebenso empfindlichen Inneren.
Nie habe ich gewagt,
es auch nur zu berühren,
aus Angst, einen Flecken zu hinterlassen,
eine Druckstelle oder einen haarfeinen Riß;
die kleinste Erschütterung könnte ihm schaden.
Behutsamer als mit einem rohen Ei
bin ich mit diesem Herz umgegangen.
Nun hat mein Freund mich verlassen.
Früher hat es sogar geglüht in der Mitte:
genau hier blinkte es im Rhythmus des Herzschlags.
Das ist natürlich vorbei.
Und wie es sich bei einer Abschiedsszene gehört,
die unserer einmal gelebten Leidenschaft entsprechen sollte,
wollte ich ihm sein Herz vor die Füße werfen,
damit es zerschelle in feinste Glanzglassplitter;
wenn ich Glück hätte,
würde ihn einer ins Auge treffen
und er würde tot umfallen,
das zerbrechende Herz wäre sein Tod.

Ich nahm also meine Brünhildencarmenmedea-Haltung ein,
die ich schon vor dem Spiegel geprobt hatte,
und nun sehen Sie sich das an:
Sie wirft das Herz mit voller Wucht auf den Boden, wo es mit einem matschi-
gen Geräusch wie ein Klumpen Ton liegen bleibt.
Es zerspringt nicht,
es zerspringt überhaupt nicht.
Sie wirft das Herz gegen die Wand, wo es auch mit sattem Geräusch auftrifft,
kleben bleibt, langsam in Zeitlupe zu Boden fällt, die Masse ein wenig ver-
formt, aber eindeutig ganz und ein Herz.
Dieses Herz ist unzerbrechlich,
von wegen wertvolles Material,
Schund ist das,
ganz grober Schund.
Sie schleudert das Herz im folgenden gegen Schrank, Tisch, Decke usw. Im-
mer bleibt es kleben und klatscht dann langsam zu Boden.
Dieses Herz ist zäh wie Leder,
ein zähes, ledernes, unverwüstliches Affenlederherz;
dieses Herz zeigt keine Risse noch Sprünge,
nicht einmal Dellen oder blaue Flecke;
es ist unzerstörbar, knetbar und ohne Gefühl,
empfindet keinen Schmerz, schreit nicht, lautlos.
Ich bin betrogen worden;
ich reklamiere dieses Herz,
ich verlange Schadenersatz.

TOMAS   Ich kenne dieses Herz nicht.
Dieses Herz ist original ein Fremdkörperherz für mich,
ich bin nicht dafür verantwortlich,
ich habe es nie jemandem verkauft.

ELISABETH   Geschenkt.

TOMAS   Auch nicht geschenkt.

ELISABETH   Nachgeschmissen.

TOMAS   Auch nicht nachgeschmissen.

ELISABETH   Das würde auch keiner haben wollen.

TOMAS   Dieses Herz ist zweifellos aus
Polyethylenlatex,
eine Abart thermoplastischen Kautschuks,
schwer entflammbar,
und wasserabweisend,
ein Sicherheitsherz;
ich habe nie ein solches Herz besessen,

                niemals würde ich einen derartigen Scherzartikel
                mit mir herumtragen.

ELISABETH Wollen Sie damit sagen,
                daß mein Freund mir etwas vorgemacht hat;
                wollen Sie damit sagen,
                mein Freund ist ein Lügner.

Pause.

TOMAS Er war,
                er war vielleicht ein Lügner.
                Ich weiß es nicht,
                ich kenne Ihren Freund nicht.

ELISABETH Hier, das werden Sie noch brauchen können.

*Elisabeth wirft Klara das Herz hin und geht dann wortlos hinaus. Klara
nimmt das Herz an sich.*

IRENE Tolle Frau.
KLARA Und wer ist das.
                Wer ist das.

Irene geht Elisabeth nach.

7

*Abend. In einer Seitenstraße. Vor einem Restaurant mit dem Schild »Heute
Ruhetag«. Es regnet.*

KLARA Und jetzt.
GOTTFRIED Ich weiß auch nicht.
                Schweigen.
                Ich hab so oft an dich gedacht.
                Und jetzt das.
KLARA Ich kenn mich in der Gegend nicht aus.
                Kennst du dich aus.
GOTTFRIED Ich hab oft an dich gedacht.
                Ich hab so oft an dich gedacht.
                Und jetzt das.

KLARA   Ich kann kein Taxi bezahlen.
Ich hab nämlich kein Geld.

GOTTFRIED   Es ist mir so unangenehm.
Meine Einladung.

KLARA   Gottfried. Wohin jetzt.

GOTTFRIED   Ich kenn doch die Gegend auch nicht.

Der Chinese kommt mit einem Korb, der mit einem Tuch bedeckt ist.

CHINESE   *ruft:* Gebratengerichte –
Gebackengerichte –

KLARA   Eine Frühlingsrolle
und dann ab nach Hause.
Lauter vergeudete Zeit.
Ich bin nämlich auf Stellungssuche.

CHINESE   Gebratengerichte –
Gebackengerichte –

GOTTFRIED   Ich glaube, ich hab gar keinen Hunger.
Klara, nur noch eine halbe Stunde.
Ich muß dir –
es ist mir sehr dringend –

KLARA   Ich höre.
Zum Chinesen. Übrigens ist das falsch.
Gebratengerichte. Gebackengerichte.
Das ist ganz falsch.
Richtig heißt es
Gebratenes und Gebackenes oder
gebratene und gebackene Gerichte.
Was haben Sie denn.
Frühlingsrolle und chop suey.
Sehen Sie, da ist Gebackenes schon
höchst problematisch.
Gebackenes, das sorgt schon gleich
für Mißverständnisse.
Wir denken da eher an Kuchen.
Entschuldigen Sie mein Insistieren,
ich habe einmal Speisekarten entworfen
für eine Hotelkette,
eine Berufspingeligkeit.

CHINESE   Ich finde viel schöner so.

              Gibt Kopf zu denken.
              Speisekarte muß sein wie Poesie,
              sonst schmeckt der Wein
              schon vor Probieren
              nicht nach Pflaumen,
              sondern abgestanden.
              Ich gebe Ihnen auch ein Gedicht.
KLARA   Entschuldigen Sie,
              ein Gericht, ein Gericht,
              ja, eine Frühlingsrolle.
CHINESE Eindeutig ein Gedicht.
              Später.
              Ab.
KLARA   Wo geht er hin.
              Ich habe allerdings nicht
              an dich gedacht.
              Ich esse jetzt gleich etwas
              und hoffe, du lädst mich ein.
              Ich habe nämlich kein Geld.
GOTTFRIED Das soll sich ändern, Klara.
              Ich besorge dir den Kredit.
KLARA   Bedingung.
GOTTFRIED Keine.
KLARA   Wirklich.
GOTTFRIED Wirklich.
KLARA   Toll. Danke.
              Pause.
              Ich kann das nie zurückzahlen.
              Ich arbeite ein paar Stunden
              als Babysitter,
              das ist –
              das ist lächerlich demütigend
              und noch nicht mal ein Taschengeld.
GOTTFRIED Darüber reden wir später.

              Schweigen.

KLARA   Und ich habe immer noch
              keine Sicherheiten.
GOTTFRIED Erfunden.
              Ich habe dir eine perfekte

Legende erfunden.
Wir belügen die Bank.
Ich belüge die Bank.
Wozu habe ich diese ganzen Trainingsprogramme mitgemacht.
Größerer Service. Mehr Effizienz.
Kundenbezogene Beratung. Ja, was denn sonst.
Genau das. Mache ich jetzt.
Die Bank – ist nur ein Abstraktum.
Nichts tut ihr weh. Nichts fügt ihr einen Schaden zu.
Da ist kein Organismus. Nur Zahlen.
Pause.
Ich hätte nicht gedacht,
daß das so viel Spaß macht.
KLARA Du bist ein Wirtschaftskrimineller.
GOTTFRIED Nur ein Bankräuber.
Ein ganz kleiner.
Aber ich bin noch im Wachstum.

Schweigen.

KLARA Was willst du dafür.

Pause.

GOTTFRIED Nichts.
Schweigen.
Ich weiß es nicht. –
Ich möchte keine Angst mehr haben. Haben müssen.
Daß etwas außer Kontrolle gerät. Ja.
Deshalb muß ich anfangen,
die Dinge zu kontrollieren.
Keine Angst mehr haben, daß ich schwach bin.
Das bin ich nicht. Das bin ich nicht.
KLARA Du tust das doch nicht umsonst.

Pause.

GOTTFRIED Jetzt.
Den Bullen bei den Hörnern packen. –
Klara,
Tomas betrügt dich.

Klara schweigt.

GOTTFRIED Klara.

Hast du mich gehört. –

Hast du verstanden, was ich gesagt habe. –

Habla español, parlez-vous français,

Dein – Freund – betrügt – dich – mit – einer – anderen – Frau.

Klara schweigt.

GOTTFRIED Klara –

Er geht zu ihr, packt sie und schüttelt und schüttelt sie –

KLARA Ach so.

Schweigen.

Ach so.

Schweigen.

GOTTFRIED Es ist ja auch zwischen mir und Irene

nicht mehr so wie früher.

Pause.

Sie schreit im Schlaf.

Und ich bin so starr,

so unbewegbar wie ein Baum.

Als ob mich etwas fest- und zurückhalten würde,

aus der Erde heraus greift es nach mir und hält mich fest,

wenn ich auf sie zugehen will,

dann strecke ich noch die Arme aus,

aber da hat sie sich schon weggewendet.

Sie hat sich schon lange weggewendet.

Wohin weiß ich nicht.

Im Gegensatz zu dir. Du weißt wenigstens,

daß es eine andere Frau ist.

Das ist schon mal was. Das ist ein Feind.

Klara schweigt.

GOTTFRIED Ich habe gar nicht mehr gewußt,

wie schön es ist, mit dir zu reden.

Schön –

wie lebendig ich sein kann, mit dir.

Zuhause ist es immer so still.

Eigentlich ist es wie in der Bank.

Nirgends liegt etwas herum,

es gibt für alles Schubladen, Schränke und Fächer,

wo nötig mit Schloß.

Und die Schlüssel dazu
werden in einem eigenen Schlüsselkasten aufbewahrt,
der seinerseits auch verschließbar ist.
Als wären wir von gefährlichen Dingen umgeben,
vor denen wir uns sichern
und in acht nehmen müssen,
damit sie uns nicht angreifen –
Klara, ich habe mich in dich verliebt.
Pause.
Ich kann dir helfen.

KLARA   Ich höre gar nichts.
Sie haben Ruhetag.
Keine Geräusche.
Es riecht nicht nach Essen.
Ich habe die U-Bahn verpaßt.

GOTTFRIED   Man wird sehen, wie sich alles entwickelt.
Carola ist ja schon groß,
sie wird bei ihrer Mutter bleiben.
Es ist natürlich ein Skandal:
die Schwester meiner Frau.
Aber ich werde für beide zahlen –

KLARA   Ich brauche Bargeld.

GOTTFRIED   Wieviel.
Ich habe zwei Hunderter bei mir –

KLARA   Nein, der Kredit.
Ich will den ganzen Kredit in bar.

GOTTFRIED   Ausgezahlt.

KLARA   Ausgezahlt.

GOTTFRIED   Ich fürchte,
das ist allerdings ein Problem,
das mich momentan
überfordert.

KLARA   Du kannst es dir ja überlegen.

GOTTFRIED   Und sonst.
Pause.
Ich würde gerne ein paar Tage
wegfahren.
Mit dir.

KLARA   Glaubst du, du kannst mich kaufen.

GOTTFRIED   Nein. Trösten.

KLARA   Hau ab jetzt. Hau ab.

Der Chinese kommt zurück.

KLARA   Ich habe gerade
           eine Marktlücke entdeckt.
           Sommerrollen, Herbstrollen, Winterrollen und
           die Vier-Jahreszeiten-Rolle –
CHINESE   Das Gedicht:
GOTTFRIED *im Abgehen:* Es heißt Gericht, Gericht.
CHINESE   Der Garten blüht hell
           Den ganzen Tag gesungen
           Und du der nach mir rief
           Ich liebe dich sehr

           Die Rose ist welk
           Das Fenster zersprungen
           Dein Mund lächelt schief
           Ich liebe dich nicht mehr

Dunkel.

8

Bei Irene.

IRENE   Gottfried kümmert sich
           um das Kind.
           Ich,
           ich bin zwar da, ich bin zu Hause, ich versorge es,
           aber kümmern –
           Ich fühle nicht mit ihm,
           ich wollte das Kind nicht,
           kein Kind von niemand.
           Nicht an einen Menschen die Pflicht weitergeben,
           leben zu müssen.
           Leben müssen,
           denn so empfand ich es selbst,
           als ich ein Kind war.
           Ein Urteil war gesprochen worden über mich,

ohne daß mich einer gefragt hätte,
ins Leben gerufen, ob ich wollte oder nicht.
Das Leben ist an mir zwangsvollstreckt worden,
so dachte ich.
Pause.
Immer habe ich die Kinder, die Freunde beneidet,
die morgens schon fröhlich waren;
wahrscheinlich schon vor dem Aufstehen fröhlich,
nicht so wie ich
nur im Traum;
denn mir ging es nur gut,
wenn ich schlief.

Pause.

ELISABETH *leise:* Lustig ist das
            Zigeunerleheben –
  IRENE Ich konnte mein Urteil
            nur erträglich machen,
indem ich mir äußerste Disziplin auferlegte.
Einen strengen Stundenplan,
ein Tageskorsett,
das mich zum Atmen zwang.
So überlebte ich.
Pause.
Gottfried
war eine Sicherheitspolice,
eine Lebensversicherung,
wie ich sie in meinen Eltern nicht,
nicht in Klara, nicht in unserem Bruder,
erst recht nicht, gefunden hatte.
In einer Ehe mit Gottfried
da würde nichts geschehen,
nichts Unvorhersehbares, Aufregendes, Umwälzendes,
und das war eine große Erleichterung
und eine mich entlastende Aussicht.
So würde ich diese ganze Lebensstrecke,
die noch vor mir lag,
in Abschnitte unterteilen und
gleichmäßig bewältigen können.
Pause.

Und selbst wenn einmal etwas passierte,
Gottfried wäre in jedem Sturm
ein geprüftes Rettungsfloß.
Aber wenn alles ganz gut ginge,
dann würde gar nichts, gar nichts passieren;
darauf wagte ich gar nicht zu hoffen.
Pause.
Am größten war meine Angst davor,
selber einen Menschen zum Leben zu verurteilen;
den Richtspruch, der mich getroffen hatte,
weitergeben zu sollen.
Deshalb wollte ich kein Kind, nie.
Als ich schwanger war,
wollte ich es vor Gottfried verbergen, aber
in einem kurzen, rauschhaften Aufbegehren
und der plötzlichen, irrigen Annahme,
etwas wiedergutmachen zu können
an einem Kind, –
ich weiß gar nicht, woher das kam,
so leichtsinnig –,
da habe ich es ihm gesagt, und
von da an war alles entschieden.
Pause.
Ich beobachtete dieses fremde Lebewesen,
ängstlich ohne Unterlaß,
auf jedes Anzeichen von Überdruß, Melancholie, Furcht, Apathie hin,
und es ist nicht schwer zu sehen, was man sehen will.
Meine eigene Unruhe verstärkte sich,
ich glaubte mich außerstande,
dem Kind helfen zu können;
ich erlaubte mir nicht mehr,
mich ihm in irgendeiner seiner Empfindungen zu nähern,
aus Furcht, vor ihnen zu versagen,
und langsam wurden wir uns fremd
und behielten ein höfliches Verhältnis,
wie entfernte Verwandte,
und das ist bis heute so.
Pause.
Und ich verstehe es,
aber ich kann es nicht ändern.
ELISABETH Du wirst
deinen Mann verlassen müssen.

IRENE Ich –
Lacht.
Das könnte ich nie.
Pause.
Ich kann es nicht ändern,
außer im Schlaf.
Pause.
Wie kommst du nur auf die Idee.
Pause.
Bin ich dir deswegen nachgegangen,
damit du mir solche Dinge sagst.

ELISABETH Ja.
Und ich habe auf dich gewartet,
ich habe auf dich gewartet an der Ecke vor Tomas' Haus,
damit du mir nachgehen und mich anlächeln kannst,
und damit ich dir sagen kann,
du sollst deinen Mann verlassen,
und du es tun wirst,
und zwar meinetwegen.

IRENE *lacht.*
Pause.
Seit Klara bei uns war,
ist Gottfried ganz grüblerisch.
Ich glaube, sie tut ihm leid,
erstens arbeitslos,
zweitens Tomas.

ELISABETH Hast du ihm gesagt,
daß Tomas und ich –

IRENE Ja, warum nicht.

ELISABETH Freut ihr euch dann zusammen
an eurer intakten Ehe, ja.
An eurem scheinheiligen Treueübungsplatz, ja.
Wenn sich irgendwo nur
ein streichholzgroßes Flämmchen entzündet
oder mal ein bißchen Überdruck aus dem Kochtopf dampft,
ein unschuldiges Anzeichen von etwas Leben,
schaltet sich sofort die automatische Sprinkleranlage ein,
die jede Brandgefahr gründlich beseitigt,
daher der beißende Geruch,
daher dieses tödliche Miasma in der Luft,
das sogar schon aus deinen Kleidern weht.

IRENE   Wieso regst du dich so auf,
         wir fanden das sehr schmeichelhaft
         für dich.

ELISABETH   Ihr fandet das schmeichelhaft,
         ja, ihr beide –
         mit dir wollte ich darüber reden,
         nicht mit deinem Mann –

IRENE   Na ja, ein Verhältnis mit so einem jungen –,
         das ist doch immerhin –
         Ich meine,
         das ist Pech für Klara,
         aber bei dir kann man doch nur sagen,
         Respekt vor dem Dampfschiff.

ELISABETH   Da gibt es überhaupt nichts zu respektieren,
         daran ist überhaupt nichts schmeichelhaft.
         Außerdem ist sie bei ihm eingezogen,
         sie bei ihm,
         es ist sowieso längst vorbei.
         Ich habe mich verabschiedet.

IRENE   Du bist ja eifersüchtig.

ELISABETH   Natürlich bin ich eifersüchtig.
         Ich bin überhaupt nicht eifersüchtig,
         nein, ich bin nicht eifersüchtig.
         Pause.
         Nicht auf deine Schwester.

IRENE   Auf wen denn dann.

Pause.

ELISABETH   Auf deinen Mann.
         Pause.
         Auf deinen Mann.

Schweigen.

ELISABETH   Tomas, der weiß nicht, was er will,
         und er wird es nie wissen.
         Man kann es nicht aus ihm herauslocken.
         Er wird sich nie für etwas entscheiden, für jemanden,
         und dabei bleiben.

              Und er ist nicht einmal
              unglücklich dabei.
IRENE   Anders als wir.
ELISABETH   Anders als du.

              Schweigen.

IRENE   Du erzählst nichts
              über deine Vergangenheit.
ELISABETH   So alt bin ich nicht,
              daß sie interessanter wäre als meine Zukunft.

              Pause.

IRENE   Liebst du Tomas.
ELISABETH   Ich liebe niemanden.
              Tomas ist ein Zeitvertreib.
IRENE   Um Klara
              muß einer sich keine Sorgen machen.
              Die nimmt sich, was sie braucht.
              Jetzt braucht sie eine Wohnung,
              und hat dir Tomas wieder weggenommen.
ELISABETH   Weggenommen weggenommen,
              wie du redest,
              ist ja direkt ekelhaft,
              wie ein Dreijähriges
              Macht sie nach.
              MamaMamaKlarahatmirmeinSpielzeugweggenommen,
              Menschendinge Menschendinge, als ob das eins wär.

              Schweigen.

IRENE   Ich wollte dir etwas erzählen.
ELISABETH   Ja.
IRENE   Von einem Traum,
              den ich in letzter Zeit habe.
ELISABETH   Traum, toll.
              Das lieb ich ja besonders,
              sich Träume erzählen.
              Das war schon immer mein Ideal
              von einer ausgefüllten Freundschaft.

Pause.
Ich höre.
IRENE   Vielleicht später.
ELISABETH Du siehst wirklich nur, was du sehen willst.
Und hörst, was du hören willst.
Glaubst du, ich kenne deinen Traum nicht.

Schweigen.

ELISABETH Einmal war ich in einem unterirdischen Wasserspeicher,
einer in den Fels gehauenen Zisterne,
die Decke getragen von Säulen,
und zwischen diesen Säulen
lag ein Steinquader, mehr als einen Meter hoch,
ein Kopf;
er lag verkehrt herum,
das Wasser reichte bis zum Stirnansatz,
und darüber war, verkehrt herum, das Gesicht zu sehen,
das in den Stein gemeißelt war,
abschreckend, eine wulstigböse Fratze,
Schlangen wuchsen anstelle der Haare,
hoben ihre kleinen Köpfe aus dem Wasser,
die Lippen des Geschöpfes grinsten grell.
Wenn man aber wartete,
bis sich die Oberfläche des Wassers beruhigt hatte,
und glatt und kaum bewegt im Kellerlicht lag,
konnte man das Gesicht im Spiegel des Wassers
noch einmal erkennen und anders:
klar und friedlich, beinahe heiter,
die Wangenknochen ein Relief,
ein flaches, breites Gesicht,
das von vorne wirkte wie eine Münze.
Es war der Kopf der Medusa.
Pause.
Man sagt, die früheren Besitzer der Zisterne
hätten es nicht gewagt,
den Kopf richtig herum aufzustellen,
aus Angst vor Göttern und Gorgo;
aber sie wußten,
sein Spiegelbild,
das wahre Antlitz des verkehrten,

fast lächelnd,
konnten sie ansehen,
ohne zu versteinern.

Schweigen.

ELISABETH Sieh mich an.
Schweigen.
Sieh mich an.
Schweigen.
Sieh mich an.
Irene tut es.

9

Klaras Zimmer. Pension Rosa. Schäbig.

9.1

GEORG Hier wohnst du jetzt.
KLARA Man kann es wöchentlich mieten.
Sogar den Preis aushandeln.
Je länger, desto niedriger.
Ein großer Vorteil gegenüber einer Wohnung.
Sobald ich wieder Arbeit habe, bin ich ganz schnell draußen.
GEORG Was in Aussicht.
KLARA Kann nicht mehr lange dauern.
GEORG Schade. Hätte es mit dem Museum geklappt,
wären wir ganz nahe zusammen gewesen.
Ideal für die Mittagspause.
KLARA Vielleicht nächstes Jahr.

Schweigen.

KLARA Wenn das Wetter besser wäre,
hätten wir noch spazierengehen können.
Ich gehe gerne in der Nacht spazieren.

GEORG   Ich eigentlich weniger.

Schweigen.

GEORG   Das nächste Mal
        können wir auch in ein richtiges Hotel gehen.
KLARA   Das nächste Mal –
GEORG   Willst du nicht.
KLARA   *zuckt die Schultern. Pause.*
        Aber Hotel ist doch Hotel.
        Es ist dir nicht schön genug.
GEORG   Ich liebe diese ranzigen Teppiche,
        die synthetischen Überwürfe,
        die nach Ungezieferbekämpfung miefen.
        Man fühlt sich gleich so verkommen –
        Aber hier ist praktisch dein Zuhause.
KLARA   Ist es nicht.
        Pause.
        Sollte es mir unangenehm sein, deswegen.
        Soll ich nicht aufwachen, hier,
        mit einer Erinnerung an dich.
        Mich erinnern, wie du den Spiegel berührt hast,
        dich an den Tisch gelehnt,
        vor dem Fenster gestanden bist.
        In diesem Bett gelegen bist, vielleicht.
        Sollte ich mich nicht daran erinnern.
GEORG   Wenn du das gerne willst.
KLARA   Meinst du, das würde mich quälen.
        Bist du eingebildet.
        Das Erinnern tut nur weh, wenn das Erinnerte zu Ende ist.
        Ohne daß man es wollte.
        Und man sich bedauern lassen muß, deshalb.
GEORG   Na ja, da Hotelzimmer sich ohnehin ähnlich sind,
        macht es keinen großen Unterschied.

Pause.

KLARA   Hast du eigentlich Kinder.
GEORG   Nicht daß ich wüßte.
        Jedenfalls nicht von meiner Frau.
        Ich kann Kinder nicht ausstehen.
        Und sie kann keine bekommen.

KLARA　Ihr habt euch also ganz gut gefunden.

GEORG　Nein, nein haben wir nicht.

KLARA　Und warum
　　　kann sie keine Kinder bekommen.

GEORG　Klara –

KLARA　Ich frag ja nur –

GEORG　Du legst es doch nicht etwa darauf an.

Klara schüttelt den Kopf.

GEORG　Sie hatte eine Entzündung,
　　　Ovarialabszeß,
　　　als junges Mädchen,
　　　und ist zu spät ins Krankenhaus.
　　　Pause.
　　　Für meine Frau ist Krankheit beinahe so etwas wie
　　　vom Teufel befallen zu sein.
　　　In ihrer Familie
　　　durfte über Krankheit nicht
　　　gesprochen werden.
　　　Bis zum Schweregrad einer Grippe
　　　wurde der Kranke mit Medikamenten versorgt
　　　und ansonsten ignoriert.
　　　Schlimmere Fälle, Masern bis Knochenbrüche,
　　　kamen in das Krankenzimmer
　　　in Quarantäne.
　　　Die Aussichtslosen,
　　　Krebskranke zum Beispiel,
　　　nach der ersten Diagnose ins Krankenhaus
　　　und von da nicht zurück.
　　　Sie durften in Sanatorien ihrem Tod entgegenliegen.
　　　Und da ihnen niemand Mut machte,
　　　blieben sie auch dort und starben.
　　　Kein Befragen von Schmerzen,
　　　kein Austausch von Symptomen,
　　　kein Klagen, kein Auswurf, kein Wimmern, kein Blut.
　　　Pause.
　　　Ein vollkommen aseptisches Leben
　　　in diesem Haus.

KLARA　Was bist du dann für deine Frau.
　　　Ein Priester, der die Dämonen austreibt.

GEORG Wenn ich mich zu ihr legte,
       kam ich mir vor wie Herr Kurtz im Herz der Finsternis,
       der sich einen Eingeborenen holen läßt
       und schon beim Näherkommen
       das Zittern in dessen Augen sehen kann.
       Sie erwartete alles von mir.
       Wenn ich sie vergewaltigt hätte,
       es hätte sie nicht erschreckt.
       Blind gläubig, fast eine Heidin.
KLARA Ist sie katholisch.
GEORG *lacht.*

       Pause.

KLARA Und – hast du –
GEORG Was.
KLARA Sie vergewaltigt.
GEORG *lacht.*
KLARA Und jetzt – schlaft ihr nicht mehr miteinander.
GEORG Ich hatte keine Lust mehr,
       mich wie ein Exorzist zu fühlen.
       Pause.
       Oder wie ein Leichenschänder.
       Pause.
       Ich will mich lebendig fühlen.
       Pause.
       So wie bei dir.
KLARA *lacht.*
GEORG Klara, du meine Frischzellenkur, meine Blutwäsche, meine Sauerstofftherapie . . .

       Dunkel.

       9.2

       Mehrere Treffen später. Nachts. Georg zieht sich an.

KLARA Ich glaube, meinen Bruder hättest du gerne gemocht.
       Er war ein bißchen wie du.

Immer gut gelaunt, und immer auf dem Sprung.
Er hat mich dazu verleitet,
gefährliche Sachen zu machen mit ihm.

GEORG Zum Beispiel.

KLARA Zum Beispiel
gab es in der Nähe unseres Hauses einen Staudamm,
und kurz hinter dem Wehr,
an der Stelle, wo das Wasser in einen Kanal abgeleitet wurde,
und sich unterhalb der Stausufe diese dunklen Wirbel bilden,
da führte ein schmaler Eisenträger über das Wasser,
vierkant, kaum breiter als eine Schuhsohle.
Mein Bruder stiftete uns an, da hinüberzubalancieren;
wir würden uns fühlen wie Hochseilartisten,
versprach er uns.

GEORG Und, habt ihr es gemacht.

KLARA Er ist bei jedem Wetter da hinübergegangen,
ein Mutbeweis.
Bei Regen war es natürlich am gefährlichsten.
Ich konnte nicht hinsehen. Niemand sah ihm dann zu.
Und er tat es trotzdem.
Er ging langsam in seinem Regencape mit ausgebreiteten Armen
über den glitschigen Pfeiler, hoch über dem tosenden Wasser,
ein kleiner Ölzeugdrache vor dem Abheben.

GEORG Und du.

KLARA Ich bin auch hinüber.
Nur wir beide haben es gemacht.
Ich und mein Bruder.
Die anderen Kinder sahen uns zu
und waren verlegen.

GEORG Du bist stolz auf ihn.

KLARA Ja. Klar.

GEORG Und was ist aus ihm geworden.

KLARA Tot.
Überdosis. –
Ich vermisse ihn so.
Es ist fast wie ein Phantomschmerz. –
Er hätte sicher eine Idee gehabt für mich,
er wußte immer einen Weg,
er wußte immer, wie es weitergehen sollte.

GEORG Offensichtlich nicht.

KLARA Das war ein Unfall, ein Unfall, ein Unfall,

weil er leichtsinnig war, weil er ohne Maß war, weil er keine Angst hatte,
weil er dachte er sei unverletzbar –
weil er sich nicht zufriedengeben wollte mit diesem erstickenden drücken-
den Alltag so freudlos und ohne jedes – Glück –

GEORG Klara Klara Klara.
Ich helfe dir.
Ich finde dir eine Arbeit.
Ich sage dir, was du tun sollst.
Pause.
Schlaf jetzt.
Ich lasse dir ein paar Tabletten hier, zur Beruhigung.

Dunkel.

9.3

Abends. Klara zieht sich aus.

GEORG Allmählich verstehe ich,
was du an ihm findest.
KLARA Gefunden hast.
GEORG Ein ziemlich hübscher Kerl,
und dabei so weich.
KLARA Er ist nicht so sensibel, wie er scheint.
Nur schwach.
Er weiß nicht, was er will.
Ein Opportunistencharakter.
GEORG Trotzdem mögen wir ihn.
Pause.
Du hast doch noch immer etwas für ihn übrig.
KLARA Nicht so viel.
GEORG Gib es zu.
Ich bin nicht eifersüchtig.
Im Gegenteil.
KLARA Wie meinst du das.
GEORG Ihr wart ein schönes Paar,
heute abend, ihr beiden.
Es ist sehr – anregend,
euch zu beobachten.
Tomas jedenfalls muß sich sogar manchmal räuspern,

        wenn er etwas sagt zu dir,
        so nervös machst du ihn.
KLARA Das ist das schlechte Gewissen.
GEORG Ist es nicht, und das weißt du genau.
        Es macht dir heimlichen Spaß zu sehen,
        wie er sich windet.
KLARA Du magst vielleicht so sadistisch sein, ich nicht.
        Wolltest du nur deswegen mit uns essen gehen,
        um uns zu beobachten und Liebeszeichen zu kontrollieren.
GEORG Ja. Genau.
        Und ich muß sagen,
        ich finde ihn sehr sympathisch.
        Sehr sympathisch.
        Und mehr als das.
        Pause.
        Er sieht dich an wie ein
        Abhängiger.
KLARA Und du.
GEORG Ich –
        ich liebe dich, Klara.
        Ich liebe dich.
KLARA Das sagst du zum ersten Mal.
GEORG Ja, ich weiß.
KLARA Ich meine zu mir zum ersten Mal.
GEORG Ja, ich weiß.
KLARA Was soll ich jetzt sagen.
GEORG Ich weiß nicht.

        Schweigen.

GEORG Klara, – kannst du dir vorstellen,
        daß wir Tomas zu uns einladen.
KLARA Zu uns. Was heißt zu uns. Hierher.
GEORG Ja.
KLARA Wozu. Bin ich nicht scharf drauf.
GEORG Ich meine,
        in unser Bett einladen.
KLARA Daß wir was –
GEORG Warum nicht.
        Wir können uns alle drei gut leiden.
        Ich fühle mich zu Tomas auch –
        hingezogen.

KLARA Du stehst auf Männer.
GEORG Ich sehe das nicht so
       dogmatisch.
       Er war dein Liebhaber
       und ich bin es jetzt,
       eine ideale Fügung.
KLARA Was bist du, ein Voyeur.
GEORG Ein Genießer.
KLARA Auf keinen Fall.
GEORG Sei nicht dumm, Klara.
       Du willst doch was erleben.
       So eine Gelegenheit kommt vielleicht
       nie wieder.
KLARA Warum suchst du dir nicht zwei Fremde.
GEORG Weil ich die Vertrautheit suche
       und das Unbekannte darin.
       Es ist, wie auf eine Expedition zu gehen.
       Mit einer Karte, die andere einmal gezeichnet haben.
       Da ist ein Weg eingetragen,
       aber man kann nicht sicher sein,
       daß er noch existiert und was einen erwartet,
       und wie verändert man zurückkommt.

       Pause.

KLARA Aber Tomas wird nicht mitmachen.
GEORG Er wird.
KLARA Woher kannst du das wissen.
GEORG Ich habe ihn beobachtet.
       Vertrau mir.
       Er wird.

       Schweigen.

KLARA Ich glaube, es ist diese Elisabeth.
       Mit der er mich betrügt.
GEORG Betrogen hat.
KLARA Ja.
GEORG Und – sieht sie gut aus.
KLARA Sie ist schon – älter.

Pause.

GEORG Er ist noch so verliebt in dich.

Pause.

KLARA Machst du das mit deiner Frau auch.
GEORG Niemals.
KLARA Warum nicht.
GEORG Sie hat keine Männerbekanntschaften.

Schweigen.

GEORG Hast du eigentlich schon eine Antwort bekommen.
KLARA Nur Absagen.
GEORG Was ist mit dem Arbeitsamt.
KLARA Geh ich nicht mehr hin.
GEORG Warum nicht.
KLARA Ein unangenehmer Mitarbeiter.
GEORG Und die Umschulung.
       Klara, ich leg dir Geld in die Schublade,
       das wird für nächste Woche reichen.

Schweigen.

GEORG Ich glaube im übrigen,
       meine Frau hat einen Verdacht.
KLARA Und –
GEORG Ich konnte ihn ihr ausreden.
       Pause.
       Heilige Jungfrau, die kann vielleicht Szenen machen.
       Und mein Schwiegervater
       nebenan im Wohnzimmer.
       Äußerst unangenehm.

Pause.

KLARA Du, Georg.
GEORG Hm.
KLARA Du würdest dich nicht scheiden lassen, oder.
GEORG *lacht und schüttelt den Kopf.*

KLARA Wieso eigentlich nicht.
GEORG Aber Klara, weil ich sie liebe.

10

Tomas, in Klaras Hotelzimmer, wartet auf sie.

TOMAS Eine Überraschung.
       Pause.
       Was kann das schon für eine Überraschung sein.
       Pause.
       Ich verdiene keine Überraschung.
       Du bist immer noch freundlich zu mir.
       Während Elisabeth, also die Frau, mit der ich –
       weißt du, sie ist eine, eine, eine alternde
       Ex-Biologielehrerin im Vorruhestand,
       eine Frührentnerin,
       das sagt doch schon alles,
       nie verheiratet gewesen,
       das kommt noch dazu –
       nein ich will sie jetzt nicht schlecht machen,
       aber sie jedenfalls schneidet mich.
       Sie kennt mich nicht mehr.
       Du, du bist immer noch freundlich zu mir.
       Das ist der Unterschied.
       Pause.
       Verlassen habt ihr mich allerdings beide.
       Pause.
       Vielleicht,
       wenn ihr euch kennenlernen würdet,
       würdet ihr euch ganz gut verstehen.
       Pause.
       Das Zimmer ist ja schon Überraschung genug.
       Ein Raum, ein wohnlicher,
       möchte doch so beschaffen sein,
       daß sich das Auge darin ausruhen kann,
       mit einer gewissen Befriedigung
       darin umherschweifen und ausruhen,

ein optischer Wohnraumerholungseffekt sozusagen.
In so einem Wohnraum sollten sich folglich
vor allem solche Dinge befinden,
auf die sich das Auge
mit einigem Wohlgefallen
betrachterisch niederlassen kann.
In diesem Raum
möchte man eigentlich am liebsten
beide Augen schließen.
Nicht einmal als Trödler
kann ich in diesen Gegenständen
einen Gewinn sehen.
Nicht praktisch
und von der Ästhetik
ganz zu schweigen.
Schweigen.
Klara.
Pause.
Ich bin eigentlich gar nichts.
Nicht einmal als Trödler
habe ich irgendeinen Wert.
Ich bin niemand. Nichts. Niemand.
Klein geschrieben.
Ein klein geschriebener niemand.
Dabei kommen meine Vorfahren aus Ungarn.
Meine Großeltern sind aus Ungarn eingewandert,
und mein Vater, selbst ein in Österreich geborener Ungar,
ist sogar nach Hódmezövasarhely gereist,
extra,
um sich von dort eine in Ungarn geborene Ungarin zu holen,
weil von dort die Gänse kommen,
die berühmten Gänse für die berühmte Gänseleberpastete,
und die Mädchen von dort müssen sehr kräftig sein,
um die widerspenstigen würgenden Gänse zu stopfen.
Mein Vater dachte,
ein Mädchen mit Oberarmmuskeln
wie ein Gewichtheber und harten Fingern,
das mit einem widerwilligen Gänsehals fertig wird,
würde auch gegen ihn antreten können.
Denn mein Vater betrachtete sich selbst als
starrköpfig, starrhälsig.

Ich bin nicht nach ihm geschlagen.
Für meinen Charakter
hat das Gänsestopfen nichts gebracht.
Pause.
Und tatsächlich
hat mein Vater meine Mutter
in einer Kirche kennengelernt.
Na ja, eher eine Kapelle.
Sie hat Gänse gehütet
in einer verfallenen Kapelle
in der Gegend von Kiskunfélegyháza.
Ganz genau genommen
war es sogar nur eine Ruine,
nicht weit von Jakabszállás;
der Himmel war das Dach,
roter Mohn legte einen Teppich aus.
Na, schön romantisch.
Sie haben sich kennengelernt
in der Ruine,
nach und nach,
und die Gänse haben sie bewacht.
Ich bin in einer Ruine
gezeugt worden.
Daher meine Vorliebe für Trödel
und meine schlechten Zähne.
Schweigen.
Ich bin allein.
Pause.
Klara.
Ich möchte, daß du mir verzeihst.
Es stimmt, du bist wie eine
Schwester für mich.
Das ist nichts Schlechtes.
Für seine Schwester
hat man auch ein zärtliches Gefühl.
Man möchte ihr nicht weh tun,
man möchte sie beschützen.
Pause.
Manchmal denke ich,
ich mache viele Sachen nur,
damit mir hinterher einer verzeiht.

Pause.
Aber meistens kommt es ganz anders.

Auftritt Klara und Georg.

1 1

Klaras Hotelzimmer. Klara, Georg, Tomas.

KLARA   Einen Moment lang ist es ganz ruhig. Wir sitzen nur da, ich in der Mitte, und unsere Hände liegen aufeinander, als wären wir Kinder, die sich vor einem Meer verirrten und nun ratlos auf die endlose Ebene der Wellen sehen. Es ist still. Also gut, denke ich, dann tue ich es jetzt. Etwas, was ich noch nie getan habe. Und es ist wie eine zufällige Fügung. Das heißt, es ergibt sich so, und es könnte eine Absicht sein. Das heißt, ich müßte es auch nicht tun, ich könnte es verhindern. Es liegt jetzt an mir. Liegt es an mir?
Ich sehe zu Tomas, der mit seinen langgewordenen Haaren ein bißchen wirkt wie ein Mädchen. Das macht es mir nicht gerade leichter. Ich beuge mich zu ihm hinüber und küsse ihn, rasch. Das ist mein Abschied, Tomas. Das ist mein letztes Mal, bei dem ich dich betrüge, so wie du es mir voraus getan hast. Aber du wirst mir zusehen müssen, ich hoffe, das brennt. Ich lache wieder, aber diesmal können sie es nicht sehen, so gut verstecke ich das Lachen innen in meinem Mund, daß es ja nicht aus mir herausgehüpft kommt, ganz mir soll es gehören, ich schlucke es hinunter, und da, in meinem Brustkorb, springt es auf dem Zwerchfell herum wie auf einem Trampolin. Es kommt gar nicht auf das Gefühl an; da habe ich so lange gedacht, das sei es schließlich, was alles möglich macht, mein Gefühl, was für ein Irrtum, es ist viel leichter, nur nach Entschlüssen zu leben, und das Gefühl wird sich beugen. Gefühl, wie ich dieses Wort hasse. Ich lache. Diesmal laut. Das erschreckt sie. Georg macht kleine harte Augen, er wartet meine Entscheidung ab, er ist sich noch nicht sicher, was ich tun werde, er würde mich gerne zwingen, er würde mich gerne gefügig machen, ich sehe es ihm an, wie er sich anstrengt, mich seinen Willen spüren zu lassen. Er ist dumm, ich empfinde schon nichts mehr für ihn als Taubheit, das Lachen in meinem Brustkorb füllt mich mit Taubheit, er weiß nicht, daß ich allein es in der Hand habe, daß ich nichts ihm zuliebe tun werde, daß ich ihn benutzen werde. Ich werde die Augen zumachen und seine Lust aus ihm herauslokken, und wenn ich sie öffne, werde ich seine selbstvergessenen Züge vor mir

sehen, die mich weich ansehen, bittend, weil sie von meinen Bewegungen, von meinen Lauten abhängen. Ich werde wissen, wie weit ich gehen kann, wozu ich fähig bin, kalten Herzens, das werde ich dir verdanken.

Gefüühl, ich werde es ganz langsam sterben lassen mit ihrer Hilfe und nicht darüber erschrecken, wie wenig es schmerzt.

Meine Zartheit aber wird Tomas gehören, auch wenn ich ihn nicht mehr liebe, all meine Sanftmut, derer ich fähig bin. Weil ich ihn nicht mehr liebe, werde ich ihm ein letztes Mal geben, was er verliert. Ihm, dem jüngsten, dem geschmeidigsten, dem feigsten und falschesten von uns dreien; ihm, der Georg verachtet und beneidet um der Skrupel willen, die er, Georg, nicht hat, die er aber in aufbrausendem Temperament behaupten und für sich geltend machen kann. Tomas wird Georg lieben und anhimmeln für das, was ähnlich an ihnen ist, ihr gefällig gemachtes Aussehen, das Eitle in dem, wie sie sprechen, die Sehnsucht danach, daß die Tage voller Bewegung, voller Schönheit und Überraschung nie aufhören mögen, daß sie nie mehr schlafen müßten. Nach dieser Nacht wird auch Georg aufgehört haben, mich zu lieben, und für Tomas werde ich endgültig in die Abgründe der Vergangenheit gestürzt sein . . .

12

Klara und Irene im Park des Krankenhauses.

KLARA   Jetzt sag schon.
   Du hast mich herbestellt.
   Warum.
   Bist du krank.
IRENE   Ich muß dir jemand vorstellen.
KLARA   Du mir.
IRENE   Bitte –
   Du kennst die Person schon.
   Aber du weißt nicht alles.
   Bitte –
   Laß uns auf sie warten.
   Pause.
KLARA   Jemand vom Personal.
IRENE   Eine Patientin.
   Pause.

Bitte –
Reg dich nicht auf.
Sie hat gerade eine
komplikationsreiche Gallensteinoperation
hinter sich.
KLARA Sie.
IRENE Ja.
Du – du hast
diesen Kinderbetreuungsjob aufgegeben.
Warum.
KLARA Will ich jetzt nicht drüber reden.
IRENE Wieso.
KLARA Ich hab dir gesagt,
daß ich das nicht kann.
Abgesehen davon,
daß es nicht zum Leben reicht.
IRENE Ein paar Augen sind es auch.

Schweigen.

KLARA Ich glaube, ich habe dem Kind weh getan.
Ich glaube, ich habe es verletzt.
Unabsichtlich. Nicht schlimm. Aber trotzdem.
Es hat geweint, und ich habe ihm seine Milch heiß gemacht,
und sie ihm in der Flasche gegeben,
aber plötzlich ein Zucken und Aufheulen,
und ich, ich habe gar nicht gemerkt –
ich glaube, die Milch war viel zu heiß,
sie muß viel zu heiß gewesen sein,
ich habe die Kehle des Kindes verbrannt,
und ich hatte nicht daran gedacht,
ich hatte einfach nicht daran gedacht,
und da wurde mir klar,
daß ich das auf keinen Fall weiter –
ist dir das auch schon passiert –

Auftritt Elisabeth. Im Morgenmantel.

IRENE Dafür hat man doch den Handrücken. Nein.
Klara, du bist völlig verantwortungslos.
Immer schon gewesen. Irgendwann wird das schiefgehen.
Da ist sie ja. Die arme Galle.

ELISABETH Vielmehr die Frau ohne Galle.
Ganz und gar ohne Galle. Leider.
Ich kann Sie verstehen.
Kinder sind der Horror.
KLARA In Ihrem Alter
besteht ja glücklicherweise
keine Gefahr mehr,
daß Sie die Welt mit Kindern
verseuchen.
ELISABETH Ich hatte genug damit zu tun,
die Kinder fremder Eltern
zurechtzubiegen.
KLARA Zurechtzubiegen.
Ganz die eiserne Hand des Lehrkörpers, wie.
Ich dachte, so was wie Sie
wäre vom Aussterben bedroht;
soll man jetzt Artenschutz beantragen
oder lieber der Natur ihren Lauf lassen.
Zu Irene.
Was willst du von mir.
IRENE Ich trenne mich von Gottfried.
Zum Monatsende zieh ich aus.
Und ich ich ich
ja
ich werde mit Elisabeth zusammenleben.

Schweigen.

KLARA Du –
Pause.
Ihr beide habt ja einen biegsamen Geschmack.
Man nimmts wies kommt, wie.
Zu Irene. Hat sich deine MTA-Ausbildung
doch noch gelohnt.
Scheint ja ein echter Pflegebedarf zu bestehen.
Zu Elisabeth.
Rentenalter schon erreicht;
von nun an gehts bergab
ins kühle feuchte Grab.
ELISABETH Es war nur ein Gallenstein.
Ein winziger Gallenstein.

Das ist überhaupt keine Frage des Alters,
es gibt siebzehnjährige Befallene,
die lassen sich ihren herausoperierten Gallenstein
in Gießharz einbetten,
und nehmen ihn mit nach Hause
als Briefbeschwerer,
zur Erinnerung an die Vergänglichkeit
der eigenen inneren Organe,
und stellen ihn auf den Schreibtisch,
in eine Reihe mit dem Nierenstein, dem Blinddarm,
dem ein oder anderen in Gold gefaßten Weisheitszahn;
das ist keine Frage des Alters,
das ist eine Frage der persönlichen Veranlagung
und der allgemeinen Verfassung.
Und vor allen Dingen eine Frage
der Geisteseinstellung.
Ich für mein Teil möchte nicht
Auge in Auge
mit den Einzelbestandteilen meiner Person
an einem Tisch sitzen;
ich würde mir irgendwie
aufgelöst vorkommen,
dissoziiert, ja,
so ein bißchen multipel sogar.
Aber diese Gießharzkugeln können sowieso
nur hergestellt werden,
falls die Schmerzsteine nicht
wie in meinem Fall
mit dem Ultraschallhammer zertrümmert wurden,
oder zu Staub gelasert,
und sich aus eigener Kraft aus dem Körper
hinaus- und in die Kanalisation spülen.
Aber ganz sicher ist,
daß man auch ohne irgendein inneres
biologisch-organisches Echtheitszertifikat
über hundert Jahre alt werden kann,
auch mit einer Plastikhüfte, einem Gummidarm und
sogar mit einem Kunstherzen.
Man muß das Älterwerden nur trainieren;
da bekomme ich zum Beispiel im Restaurant
einen Seniorenteller vorgesetzt,

ist euch schon mal aufgefallen,
daß ein Seniorenteller praktisch identisch ist
mit dem Kinderteller,
stellt euch diese Demütigung vor,
nein, ist es gar nicht,
ist ein Teil des Trainings,
wer den Seniorenteller überlebt,
überlebt alles.
Von dieser Würde,
meine liebe Klara,
können Sie nur träumen.

IRENE   Und apropos.
Ich
werde tatsächlich wieder
arbeiten.

Pause.

KLARA   Als was.
IRENE   Im Freizeitpark.
Die Souvenirhandlung suchte
eine Verkäuferin.
KLARA   Und die haben dich
genommen.
IRENE   Leitende Verkaufsangestellte.
Schon ist ein Anfang gemacht.
KLARA   Und Carola.
IRENE   Soll schön bei Gottfried bleiben.
KLARA   *zu Elisabeth:*
Da haben Sie aber nochmal
Schwein gehabt.
Kein Kind kommt mit in die Ehe.
ELISABETH   Sie können mich duzen und
»meine Schwägerin« nennen.
KLARA   Hättest du dir nicht
eine etwas weniger geschmacklose
Freundin aussuchen können.
Zu Elisabeth.
Sie arrogantes kleines Arschloch
brauchen nicht vor lauter überquellendem Stolz

ihre ordinäre Brust herauszudrücken,
weil Sie die Familie meiner Schwester ruiniert haben.
ELISABETH Ein bißchen dankbarer
könnten Sie mir schon sein.
Ihnen habe ich doch immerhin
einen Gefallen getan.

Auftritt Tomas, heruntergekommen und übernächtigt, mit Blumen.

KLARA Einen Gefallen.
Weil Sie mich betrogen haben.
Was soll das denn bedeuten.
ELISABETH Na – betrogen –
befreit –
Ich habe Sie von Ihrem Geliebten befreit.
Ein grauenhaft anhänglicher Köter.
TOMAS Elisabeth Elisabeth ich habe dich die ganze Nacht gesucht und die Nacht
davor und alle die Tage und Nächte . . .
ELISABETH Was Sie allerdings
daraus gemacht haben,
ist Ihr Problem.
Sie geht schnell weg, um nicht auf Tomas zu treffen.
TOMAS *ihr hinterher:* Elisabeth Elisabeth ich liebe dich Elisabeth ich habe auf dich
gewartet –
IRENE *ihr auch hinterher, zu Klara:*
Jetzt weißt dus.
KLARA *allein:* Armer Gottfried.

13

Bank, Park in der Gegend des Museums. Klara allein.

KLARA Ich ich ich ich ich ich ich ich ich ich ich ich ich ich versuche ich zu sagen die
ganze Zeit
Pause.
War im Naturhistorischen Museum und habe mir die Mißgeburten angese-
hen. Siamesische Zwillinge, ein Kopf zwei Leiber, zwei Köpfe ein Leib, ein
Rumpf ein Kopf zwei Gliedmaßen, Wasserköpfe, Föten halb Fisch halb

Mensch, Embryos mit Fell mit Maulwurfshänden mit Drachenschwanz mit offenem Rücken sogar ein Zyklop war dabei und, könntest du sie hören, mit der Stimme einer Katze. *Pause.* Habe darauf gewartet. Habe darauf gewartet, sie zu hören. Daß sie sich bewegen, ihre verwachsenen Finger beugen, die blinden Augen drehen, ein Zeichen geben, gegen das Glas klopfen, das Formalin teilen die Einweckgläser in denen sie wie totes Gemüse sauer stekken, zersprengen. Nichts. Es bleibt alles ruhig. Nichts bewegt sich. *Pause.* Das Klopfen des eigenen Herzens, das Atmen, das Rauschen des eigenen Blutes in den eigenen Adern das einzige Geräusch.
Ich.
Habe auf eine Antwort gewartet. Was soll werden. Was soll ich tun. Vergeblich.
Ein Kind von zwei Vätern. Habe ich mir dann gedacht. Das wird hübsch werden. Es hat von uns dreien je das Beste. Das einzige, was es von anderen seiner Art unterscheidet, wird sein: es wird mit zwei Herzen geboren werden. Wenn ich nach ihm lausche, höre ich einmal das eine einmal das andere Herz schlagen, einmal das helle schnellere, einmal das dunkle langsame Herz. Ein Tagherz und ein Nachtherz. Das kann im Leben ein Vorteil sein. Später. Nicht.

Der Chinese, der Klara zugehört hat, kommt näher.

CHINESE   Frau. Haben Fieber. Ich bringe Sie nach Hause.
   KLARA   Nach Hause.
CHINESE   Wo wohnen Sie.
   KLARA   Pension Rosa.
CHINESE   Gehen wir.
   KLARA   Wenn ich sterbe, möchte ich verbrannt werden.
              Wenn das Kind stirbt, soll es auch verbrannt werden.
              Es ist kein Platz mehr für Gräber. Es ist zu dunkel und zu kalt.
CHINESE   Wieso sollten Sie sterben.
   KLARA   Ja. Es geht nur so: das Kind oder wir beide.
              Wie auch immer. Es wird allen recht geschehen.
CHINESE   Ich begleite Sie.
   KLARA   Wie lange. Für immer. Wohin. Das wird ein langer Schlaf.
CHINESE   Bis zum Ende.
              Ich bleibe bei Ihnen.
              Pause.
              Ich war einmal Totengräber.
              Früher. In meinem Land.
              Deshalb gehe ich gern

um die Mauern spazieren.
Beruhigt Sie das.

KLARA Ja.
Erzählen Sie. Von früher.
Als die Menschen in weißen Hemden nach Hause gingen.
Und vom Weihrauch und dem Öl des Priesters begleitet wurden.
Gesalbt in die Bewußtlosigkeit.

CHINESE Auch ich habe meine Arbeit verloren.
Weil sich die Menschen nicht mehr begraben lassen.
Wie Sie.
Mehr und öfter sehnen sie sich nach sauberen Rückständen,
platzsparend und hygienisch.
Die Krematorien müssen neue Öfen bauen.
Da brauchen sie mich nicht mehr, um Gräber auszuheben,
sie brauchen Maurer, um die Urnennischen zu mauern,
und Heizungstechniker.
Ein nicht ungefährlicher Beruf.
Früher stürzte manchmal einer von uns
in die frische Grube,
weil es regnete und er auf dem glatten Wrasen rutschte,
weil er betrunken war oder kurzsichtig;
heute fliegen manche in die Luft,
weil ein Herzschrittmacher im Ofen explodiert.
Pause.
Totengräber ist ein trauriger Beruf geworden.
Jetzt ehren wir die Toten nicht mehr,
nicht mehr, indem wir ihnen mitgeben,
woran ihr Herz hängt.
Einen Ring, ein Amulett, ein Bild, eine Puppe, einen Krug.
Sondern wir weiden sie aus
und entreißen ihnen, was sie am Leben hielt;
die Herzmaschine muß aus ihnen
herausgeschnitten werden,
damit sie die Verbrennungsmaschine
nicht in Gefahr bringe.

KLARA Ich ich ich ich aber möchte auch verbrannt werden.
Pause.
Ja eine saubere Sache.
Pause.
Dagegen ist nichts zu sagen.

Schweigen.

KLARA Aber dann,
dann soll meine Asche
zu kleinen Kugeln gepreßt werden.
Kleine Kugeln
nicht ganz regelmäßiger Form und Größe.
Die grün schimmern.
Grün wie untiefes Meer,
grün wie das Fleisch von Kakteen,
grün wie die Luft
durch ein Flaschenglas gesehen.
Daraus wird man eine Kette machen,
und das Kind, das ich nie gehabt habe,
soll sie tragen.
Versprechen Sie mir das –

14

Klara allein, auf der Straße, vor einem Parkstück. Ein Fremder kommt, wartet ein Weile, gesellt sich dann zu ihr.

FREMDER Ich habe auch nichts zu tun.

Schweigen.

KLARA Ich schon.

Schweigen.

FREMDER Ach so. *Pause.* Sind Sie –
KLARA Ich bin genau das, was Sie denken.

Schweigen.

FREMDER Ja dann.
KLARA Ja.
FREMDER Dann also.

Sie gehen.

15

Klaras Pension.

GOTTFRIED Hier.
Achtundsechzigtausendvierhundertsiebenundzwanzig Mark und sechzig
Pfennig.
Bar auf die Hand.
Ich habs geschafft, ich.
Wie du es dir gewünscht hast.
KLARA Achtundsechzigtausend-
GOTTFRIED vierhundertsiebenundzwanzig. ja, na ja, rund.
Du wolltest es doch bar.
KLARA Schon.
GOTTFRIED Was ist.
Ist es nicht genug.
KLARA Irgendwo neu anfangen
kann man damit nicht gerade.
GOTTFRIED Wolltest du das denn.
KLARA Ich weiß nicht.
GOTTFRIED Ich finde, achtundsechzigtausendvierhundertsiebenundzwanzig,
das ist eine ganze Menge.
Und wenn du es richtig anstellst,
eine verdammt ganze Menge.
Beim Geld gibt es außerdem
eine Vermehrung aus sich heraus.
Und das, das ist schon ungefähr mindestens
eine halbe Eigentumswohnung.
KLARA In Niederbayern vielleicht.
GOTTFRIED Also mehr war wirklich nicht drin
in der Zeit.
KLARA Die ganze Lügerei und Fälscherei und Täuscherei
für achtundsechzigtausend.
Dann hättest du auch gleich
für eine halbe Million lügen können,
könnt ich auch nicht zurückzahlen,
aber hätt ich wenigstens abhauen können damit.
GOTTFRIED Das ist doch nicht dein Kredit.
Überhaupt kein Kredit.
Ich habe es einfach unterschlagen. Na, einfach war es nicht. –

KLARA   Gestohlen –
GOTTFRIED Ja. Und das ist erst der Anfang.
          Ich bin erst ganz am Anfang.
          Aber die werden sich noch wundern.
KLARA   Du riskierst deinen Job
          und knobelst einen Betrug aus,
          wegen mickriger Achtundsechzigtausend.
          Weißt du, wie lange man zu zweit davon leben kann.
GOTTFRIED Für dich allein Klara,
          es ist alles für dich.
          Das schafft dich aus dem Gröbsten raus.
KLARA   Was glaubst du eigentlich.
          Daß du der Robin Hood
          des Bankgewerbes bist oder was.
GOTTFRIED Du mußt dir keine Sorgen machen.
          Der Deal ist total abgesichert. Die finden das nie raus.
KLARA   Gottfried, ich will das nicht.
GOTTFRIED Du mußt ja nicht gleich alles ausgeben.
          Kannst ja erst mal einen Teil sparen.
          Und das ist erst der Anfang.
          Klara, wolltest du das, wolltest du weg.
          Weil, ich würde weggehen mit dir, jederzeit.
          Du mußt es nur sagen. Es liegt an dir.
KLARA   Wohin.
GOTTFRIED Afrika vielleicht.
          Eine schöne Rundreise.
          Und dann, einmal etwas Gefährliches erleben,
          etwas Aufregendes.
          Wir könnten eine Safari machen
          im Nationalpark. –
KLARA   Und dann.
GOTTFRIED Dann, so weit denke ich nicht.
          Ich habe meine Zukunftsplanungen
          hinter mich geworfen;
          mühsam habe ich mir meine ursprüngliche
          Spontaneität zurückerobert.
          Den Ungesichertheiten der neuen Tage
          werde ich mit –
          mit Zuversicht und Kampfeslust begegnen.
          Das Herz des Feindes essen.

Schon so spät.
Ich würde das Geld nicht unterm Bett verstecken,
die Putzfrau könnte es finden.
KLARA Gibts hier nicht.
GOTTFRIED Aber Einbrecher vielleicht.
Bis bald.

16

Klara allein.
Sie nagelt das Herz an die Wand.
Dann macht sie ein Postpaket aus den Geldbündeln und schreibt darauf Für
den namenlosen Chinesen, *stellt es gut sichtbar auf den Tisch.*

KLARA *schreibt:* Jetzt
jetzt könnt ihr mich haben
für ganz umsonst
mich und mein Kind
stelle ich hiermit als einmalige Einheit
der Wissenschaft zu Verfügung
der medizinischen Forschung
Ich bin für alles zu gebrauchen
Embryonalzellentnahme
Genpräparierung Organtransplantation Gewebespende
Ich bin sehr anfällig
Ich würde sicher schnell
zu den schwerstkranken völlig aussichtslosen Fällen zählen
damit mein Leben
nicht umsonst gewesen ist

Sie steckt den Brief in einen Umschlag, heftet ihn ebenfalls an die Wand.
Schreibt darüber: Gebrauchsanweisung. Nach meinem Tod zu öffnen.
Dann setzt sie sich auf das Bett, nimmt Tabletten, schläft ein.

17

Vor Klaras Tür. Der Chinese horcht und klopft.

CHINESE   Klara, Klara, Frau, bist du zu Hause –

Er horcht wieder, öffnet die Tür, weckt Klara auf.
Das Herz an der Wand beginnt zaghaft zu blinken.

Roland Schimmelpfennig
Die arabische Nacht

Die arabische Nacht

Personen: Hans Lomeier · Fatima Mansur · Franziska Dehke · Kalil · Peter Karpati

LOMEIER Ich höre Wasser. Es ist keines da, aber ich kann es hören. Mitten im Juni. Es ist heiß. Es kommen Anrufe aus dem achten, neunten und dem zehnten Stock, was mit dem Wasser ist. Ich weiß es nicht. Ich war im Keller. Der Druck steht. Aber: Ab dem achten Stock sind alle Hähne trocken. Der achte, neunte und der zehnte Stock haben kein Wasser. Als ob das Wasser im siebten Stock abhanden käme. Vielleicht gibt es ein Leck. Kaum vorstellbar. Und ein Leck dieser Art, ein Rohrbruch, bliebe nicht lange unbemerkt. Das läuft die Wände runter, auf die Böden, in die Flure.
Aber ich höre Wasser Ich höre es hinter den Wänden. Ich höre es aufsteigen. Klingt wie ein Lied. Die Spur eines Liedes in den Korridoren. Das Lied im Treppenhaus. Eine Spur in den siebten Stock. Ich steige in den Fahrstuhl. Ich fahre in den siebten Stock, um nachzusehen. Immer höre ich Wasser.
Der Fahrstuhl klingt, als sei er bald wieder kaputt. Siebter Stock. Rechts fünfzehn Wohnungen und der Fahrstuhl, links sechzehn Wohnungen. Auf beiden Seiten immer drei Zimmer, Küche, Bad. Am Ende des Flures steht rechts vor Wohnung 7-32 die arabische Mitbewohnerin von der Dehke, Frau Fatima Mansur. 7-32 heißt Küchenbalkon und Fenster nach Südosten, Badezimmer nach Westen. Die arabische Mitbewohnerin versucht, mit drei Tüten unterm Arm ihre Wohnung aufzuschließen, aber warum macht sie das so umständlich? Warum stellt sie das Zeug nicht einfach ab?

FATIMA Der Fahrstuhl hörte sich so an, als sei er bald wieder kaputt. Mit drei Plastiktüten unterm Arm die Wohnung aufzuschließen ist nicht einfach. Geht nicht.

LOMEIER Sie läßt den Schlüssel fallen – besser als die Tüten.

FATIMA Der Schlüssel fällt mir runter, aber mit dem Ellbogen komme ich an die Klingel. Hoffentlich ist Franziska da. Natürlich ist sie da. Hoffentlich hört sie die Klingel. Lomeier, der Hausmeister, kommt in seinem graublauen Kittel den Flur herunter. Es ist heiß.

LOMEIER Sie klingelt noch einmal. Das macht sie, indem sie mit dem ganzen Körper und den Tüten ihren linken Ellbogen gegen die Klingel drückt.
Kann ich Ihnen helfen?

FATIMA Oh, danke, geht schon. Heiß heute, was?

LOMEIER Der wärmste Tag im Jahr bisher, hieß es in den Nachrichten um 19 Uhr.

FATIMA Und – noch nicht Feierabend für Sie, Herr Lomeier?

LOMEIER Ich weiß nicht – irgendwas ist heute mit dem Wasserdruck im achten, neunten und im zehnten Stock.

FATIMA   Gut, daß es nur zehn Stockwerke gibt.
          Er lacht nicht.
LOMEIER Ja...
FATIMA   Sieht abwesend aus. Besorgt.
LOMEIER Wie sieht es denn bei Ihnen mit dem Wasser aus?
FATIMA   Ja, ich weiß nicht – ich komme gerade erst nach Hause. Wenn was ist, ruf ich
          Sie später an.
LOMEIER Ja, bitte, tun Sie das. Vielleicht haben wir irgendwo ein Leck.
          Sie klingelt noch einmal, aber es kommt niemand zur Tür.
          Entschuldigung.
FATIMA   Er bückt sich und hebt für mich den Schlüssel auf. Erst will er ihn mir geben,
          aber dann merkt er, daß ich immer noch beide Hände voll habe, und steht un-
          schlüssig da.
LOMEIER Sie hat an ihrem Schlüsselbund so viele Schlüssel.
FATIMA   Ich lächle. Was soll ich sonst tun – er sieht meinen Schlüsselbund an.
LOMEIER So viele Schlüssel...
FATIMA   Sind Sie so nett –?
          Mache ihm Platz –
          Der mit dem Kamel dran.
LOMEIER Das Kamel ist ein nicht besonders schöner, abgegriffener Schlüsselanhänger
          aus Plastik.
FATIMA   Er steckt den Schlüssel ins Schloß –
LOMEIER Ob es Sie wohl stören würde, wenn ich kurz mal den Wasserdruck bei Ihnen
          überprüfe? Nur ob es vernünftig läuft.
FATIMA   Nein, ganz und gar nicht –
LOMEIER In dem Moment, in dem ich den Schlüssel im Schloß umdrehen will, öffnet je-
          mand von innen die Tür. Vor uns steht verschwitzt und kaum bekleidet Fran-
          ziska Dehke, Hauptmieterin von 7-32.
          Oh –
FRANZISKA Huch – dachte ich mir doch, ich hätte was gehört. Hallo.
LOMEIER Tag, Frau Dehke.
FRANZISKA Tag.
LOMEIER Vielleicht ist es besser, ich komme später noch mal hoch –
FATIMA   Wie Sie wollen. Hast du mich nicht gehört? Ich klingle schon zum dritten
          Mal –
LOMEIER Sie lehnt mit den Tüten an der Tür.
FRANZISKA Ich weiß nicht – ich war auf dem Sofa und hab mich ausgeruht.
LOMEIER Ihr Schlüssel steckt noch. Ich ziehe den Schlüssel aus dem Schloß und reiche
          ihn der Mansur.
FATIMA   Er reicht mir den Schlüssel, den ich mit einem Finger zwischen die Tüten
          klemme. Danke noch mal, und kommen Sie ruhig nachher wegen des ver-
          schwundenen Wassers vorbei.

LOMEIER   Ja, vielleicht komme ich wirklich darauf zurück. Ihnen erst mal einen schönen
         Abend –

FATIMA   Schon mit den Tüten im Wohnungsflur –
         Danke! Tür zu. Die Schlüssel sind nicht mehr zu halten und fallen auf den
         Fußboden.

LOMEIER   Tür zu. Klingt so, als seien ihr die Schlüssel wieder runtergefallen.

FATIMA   Die Tüten stelle ich in der Küche ab.

LOMEIER   Franziska Dehke steht unter vergilbtem Plastik neben der Klingel. Handge-
         schrieben. Hat sich nie jemand drum gekümmert. Dabei wohnt sie da doch
         schon seit mehreren Jahren.

FATIMA   Warum machst du die Tür nicht auf?

FRANZISKA   Hab ich doch –

FATIMA   Nur wann?
         Franziska läuft zurück ins Wohnzimmer.

FRANZISKA   War eingeschlafen, glaub ich. Auf dem Sofa. Ist so heiß.

FATIMA   Mach doch die Vorhänge zu –

FRANZISKA   Hat keinen Sinn. Ich gehe duschen.

FATIMA   Mach das – im achten, neunten und zehnten Stock gibt es kein Wasser.

FRANZISKA   Ja?

FATIMA   Deshalb war Lomeier da.

LOMEIER   Oder hätte ich gleich mit reingehen sollen? Sah nicht so aus. Sie hatte ja nichts
         Richtiges an.

FATIMA   Das macht sie immer.

LOMEIER   Das Gesicht ganz rot. Die kurzen, blonden Haare so verschwitzt. Da kann ich
         doch nicht stören.

FATIMA   Sie kommt nach Hause von der Arbeit im Labor, zieht sich die Sachen aus und
         legt sich auf das Sofa. Und wird müde. Und dann geht sie duschen.

FRANZISKA   Bin irrsinnig müde. Soll ich noch duschen oder nicht?

FATIMA   Mach doch.

FRANZISKA   Ja, vielleicht. Was habe ich heute nur den ganzen Tag gemacht?

FATIMA   Sie steht unentschieden im Wohnungsflur und überlegt.

LOMEIER   Die Leute kommen von der Arbeit nach Hause und wollen kochen. Oder du-
         schen. Aber ohne Wasser?

FRANZISKA   Ich kann mich nicht entscheiden. Willst du auch ein Glas?

FATIMA   Nein, danke, ich räume erst die Tüten aus.

FRANZISKA   Ich gieß dir schon mal einen ein.

FATIMA   Geh doch erst duschen –
         Sie geht zurück zum Sofa.

FRANZISKA   Weiß nicht.

FATIMA   Na los –

FRANZISKA   Ja, vielleicht –

KALIL	Gleich halb neun. Jetzt müßte jeden Augenblick das Telefon klingeln.
LOMEIER	Gleich halb neun. Ich stehe vor dem Aufzug und überlege, ob ich noch mal bei Nummer 7-32 klingeln soll.
FATIMA	Die Flasche Cognac steht auf dem kleinen Tisch vor dem Sofa.
FRANZISKA	Ist nicht mehr viel drin.
FATIMA	Hab neuen mitgebracht.
	Sie gießt sich ein.
LOMEIER	Nein. Ich kann doch jetzt nicht umdrehen.
KALIL	Gleich ruft sie an. Ich sitze neben dem Telefon und warte. Ich weiß, daß sie anrufen wird. Wie jeden Abend. Ich liebe sie.
FATIMA	Sie steht mit dem Glas Cognac im Türrahmen und weiß nicht vor und nicht zurück.
LOMEIER	Ich rufe besser etwas später an und komm dann noch mal hoch, um nachzusehen.
FRANZISKA	Ich glaube, ich dusche doch.
KALIL	Sie ruft jeden Abend an. Immer vor Sonnenuntergang.
FATIMA	Meinst du?
FRANZISKA	Ja, ich glaube.
KALIL	Ich blicke aus dem Fenster und warte darauf, daß sie anruft.
LOMEIER	Der Fahrstuhl kommt. Zu langsam. Mein Blick wandert den Flur zurück, die Wände hoch und runter. Ich höre Wasser. Überall.
FATIMA	Sie dreht sich um.
KALIL	Wieso ruft sie nicht an?
FATIMA	Und dreht sich wieder zu mir um.
FRANZISKA	Komisch.
FATIMA	Was denn?
FRANZISKA	Was habe ich heute den ganzen Tag gemacht?
FATIMA	Gearbeitet?
FRANZISKA	Wahrscheinlich.
FATIMA	Also – geh duschen –
FRANZISKA	Nur, daß ich mich an nichts erinnern kann –
FATIMA	Ach komm –
FRANZISKA	Na ja –
LOMEIER	Die Fahrstuhltür geht auf.
FRANZISKA	Ich gehe duschen.
FATIMA	Mach das.
KALIL	Tief im Westen steht die Sonne. Das Telefon klingelt nicht.
FATIMA	Zeit, anzurufen.
LOMEIER	Soll ich einsteigen?
FRANZISKA	Soll ich wirklich duschen?
KALIL	Ob sie noch anruft?

FATIMA Gehst du jetzt duschen?

FRANZISKA Ja, doch –

LOMEIER Ich entschließe mich, die Treppe zu nehmen.

FRANZISKA Ja –

FATIMA Sie geht ins Bad. Ich nehme das Telefon.

LOMEIER Ich laufe nach unten. Das Treppenhaus klingt wie ein Lied.

FATIMA Kommst du?

KALIL Ja, natürlich –

FATIMA Aber warte noch –

KALIL Ich weiß doch –

FATIMA Bis es dunkel ist.

KALIL Ich weiß – bis gleich.

FATIMA Bis gleich.

LOMEIER Sechster Stock.

KARPATI Es wird Abend. Ich blicke aus dem Fenster auf die Fassade des Wohnblocks
C mir gegenüber.
Etwas blendet mich, ein Lichtreflex fällt in mein Auge. Die Milchglasscheibe
des Badezimmers in einer Wohnung im siebten Stock des Hauses gegenüber
steht sperrangelweit offen. In dem kleinen Schrank über dem Waschbecken
spiegelt sich die tief im Westen stehende Abendsonne. Sogar die Zahnbürsten
in dem Becher neben dem Wasserhahn kann ich erkennen. Eine kurzhaarige,
blonde Frau betritt das Bad.

FATIMA Sie ist im Bad. So ist es jeden Abend, vor Sonnenuntergang – sie kommt nach
Hause. Sie zieht sich aus, wird müde. Plötzlich kann sie sich an den zurücklie-
genden Tag nicht mehr erinnern.

FRANZISKA Ich stehe im Bad. Neben mir das Waschbecken mit den Zahnbürsten im Pla-
stikbecher.

KARPATI Sie trägt nur Unterwäsche. Sie zieht sich aus, dreht sich um und steigt in die
Badewanne. Sie dreht das Wasser auf und beginnt zu duschen.

FATIMA Sie duscht.

LOMEIER Fünfter Stock. Ich höre Wasser.

KALIL Sie hat angerufen. Bald wird es dunkel, und ich kann zu ihr.

FRANZISKA Das Wasser läuft kühl meinen Rücken runter.

KARPATI Die haben Wasser, komisch. Bei uns im Haus B geht seit zwei Stunden nichts.
Vielleicht ein Rohrbruch hinter der Verteilergabel. Ungewöhnlich, besonders
in dieser Jahreszeit.

FATIMA Sie duscht jeden Abend, nachdem sie nach Hause gekommen ist. Sie duscht
gern lange, richtig lang.

KARPATI Sie sitzt in der Badewanne und duscht. Starrt vor sich hin. Daß das Fenster offen steht, scheint sie gar nicht zu bemerken. Sie duscht sich, ich sehe nur ihren
Kopf und manchmal ihren rechten Arm.

LOMEIER   Vierter Stock.
FRANZISKA   Ich sitze in der Wanne und starre vor mich hin. Was habe ich heute nur den
             ganzen Tag gemacht?
FATIMA   Ich höre, wie im Bad das Wasser läuft.
KARPATI   Ich bleibe nicht wegen der sich waschenden Frau am Fenster stehen. Etwas ist
             sonderbar. Ein Geräusch.
FRANZISKA   Das Fenster ist ja offen –
FATIMA   Sie kommt von der Arbeit heim, sie arbeitet in einem Labor, sie kommt zur
             Tür rein, und von da an rückt mit jeder Sekunde der zurückliegende Tag wei-
             ter in die Ferne, bis sie bei Sonnenuntergang sich nicht einmal daran erinnern
             kann, wie ihr Name ist.
KARPATI   Ich höre Wasser.
KALIL   Ich stecke die Schlüssel in die Tasche und nehme den Helm.
KARPATI   Kann das sein? Kommt das von draußen? Ich mache das Fenster auf –
LOMEIER   Dritter Stock.
FRANZISKA   Im Haus gegenüber, auf der schattigen Seite von Wohnblock B, geht im sieb-
             ten Stock ein Fenster auf.
KARPATI   Kommt nicht von draußen.
FRANZISKA   Ein Mann lehnt sich aus dem Fenster, als suche er etwas.
KARPATI   Klingt wie ein Lied.
FRANZISKA   Was der wohl sucht?
KARPATI   Ist nicht drinnen – Wasser.
FRANZISKA   Ob der mich sehen kann? Glaub ich nicht.
KALIL   Ich starte das Moped.
FRANZISKA   Was habe ich heute den ganzen Tag lang nur gemacht? –
FATIMA   So ist es, seitdem wir hier sind. Seit vier Jahren wohnen wir jetzt hier zusam-
             men. Mit Sonnenuntergang schläft sie auf dem Sofa endgültig ein, jede Nacht.
             Dann kommt mein Freund, Kalil, den sie nicht kennt, von dem sie keine Ah-
             nung hat, weil sie immer schon schläft, wenn er zu mir kommt.
LOMEIER   Zweiter Stock.
KALIL   Ich kenne sie jetzt seit zwei Jahren. Sie ist die einzige Frau in meinem Leben.
             Ich würde sie niemals betrügen. Niemals.
FRANZISKA   Er macht das Fenster wieder zu. Im Glas spiegelt sich der dunkelblaue
             Abendhimmel. Ich glaube nicht, daß er mich sehen kann.
KARPATI   Sie dreht das Wasser ab. Steht auf. Trocknet sich ab.
FATIMA   Ich hab ihr nie von ihm erzählt.
FRANZISKA   Ich trockne mich ab, wickele mir ein Handtuch um und gehe raus.
FATIMA   Aber warum nicht?
KARPATI   Sie verläßt das Badezimmer.
FATIMA   Keine Ahnung.
KALIL   Es ist immer so. Ich muß warten bis Sonnenuntergang, dann darf ich zu ihr.

Ich steige auf das Moped und fahre zu ihr. Ich komme in die kleine Wohnung. Sie erwartet mich an der Tür. Auf dem Sofa liegt ihre Mitbewohnerin Franziska und schläft. Sie wacht nie auf. Sie kennt mich gar nicht, hat mich nie gesehen. Sie weiß gar nichts von mir.

LOMEIER Erster Stock.

FATIMA Na, war's schön?

FRANZISKA Mmhm.

FATIMA Willst du aufs Sofa?

FRANZISKA Gleich ist die Sonne weg.

FATIMA Noch einen Schluck Cognac?

FRANZISKA Ach –

FATIMA Sie gähnt.
Wie war's denn heute?

FRANZISKA Heute?

FATIMA Ja –

FRANZISKA Wo?

FATIMA In der Arbeit?

KARPATI Jetzt ist die Sonne weg. Aber ich habe immer noch diesen Klang in meinen Ohren – den Klang von Wasser, als ob ich sie noch duschen hören könnte.

FRANZISKA Welche Arbeit? Wovon sprichst du?

FATIMA Ihre Augen fallen zu.

LOMEIER Erdgeschoß. Unten.

KALIL Vor mir der Lichtkegel des Mopedscheinwerfers auf der Straße. Es ist warm. Ich sehe schon die Hochhäuser in der Ferne. Bald bin ich da.

LOMEIER Aus reiner Neugierde drücke ich auf den Knopf neben der Fahrstuhltür im Erdgeschoß.

KARPATI Das Lied zieht mich aus der Wohnung, zieht mich zu ihr, rüber zu Wohnhaus C, in den siebenten Stock.

LOMEIER Wußte ich es doch. Ich drücke auf den Fahrstuhlknopf, und nichts passiert. Der Fahrstuhl steht im siebten Stock und bewegt sich nicht mehr von der Stelle. Ist kaputt. Endgültig.

FATIMA Schläfst du?

FRANZISKA Mmh?

FATIMA Schläfst du schon?

FRANZISKA Was?

FATIMA Ob du schläfst?

FRANZISKA Laß mich –

KARPATI Raus aus der Wohnung – ich muß zu ihr.

FATIMA Sie wird erst im Morgengrauen wieder aufwachen, hellwach sein, arabischen Kaffee kochen, mich wecken, Guten Morgen Fatima, meine orientalische Prinzessin, ich muß gleich los zur Arbeit, aber sag mal, ich muß gestern abend wieder auf dem Sofa eingeschlafen sein, warum hast du mich nicht geweckt?

Ich frage mich, was sein würde, wenn sie nachts einmal erwachte.

KARPATI Ich laufe den Flur runter zum Fahrstuhl. Ich muß mit ihr sprechen.

FATIMA Wenn es jemandem gelänge, sie zu wecken.

KARPATI Der Fahrstuhl ist schon oben. Ich muß ihr von dem Lied erzählen. Ich öffne die Metalltür mit dem kleinen Fenster, steige in den Fahrstuhl, drücke auf E. Die Sicherheitstür der Kabine schiebt sich ratternd zu, und ich fahre nach unten.

FATIMA Es müßte jemand kommen und sie wachküssen, vielleicht.

KARPATI Sechs, fünf. Es klingt in meinen Ohren, als stünde ich in einem türkischen Bad. Vier, drei.

KALIL Die Hochhäuser kommen näher. In den unzähligen Wohnungen brennt hinter den Vorhängen Licht. Da oben wohnt Fatima.

KARPATI Zwei, eins.

LOMEIER Ich laufe den Flur im Souterrain entlang zu meiner Wohnung. An der Eingangstür fällt mir die Stimme meiner früheren Frau ein.

KARPATI Erdgeschoß. Ich verlasse den Fahrstuhl und überquere das Rasenstück zwischen den Häusern. Es ist dunkel geworden. In den Wohnungen brennen die Lichter. Die Balkontüren stehen offen.

LOMEIER Mir fällt die Art ein, wie sie sprach.

KARPATI Ich stehe vor dem Hauseingang von Haus C und blicke die sieben Stockwerke hoch.

FATIMA Wenn jemand käme und sie küßte, wären vielleicht diese Nächte vorbei, die Nächte, die sie auf dem Sofa schläft, während ich neben ihr fernsehe oder mit Kalil zusammen bin.

KARPATI Die Haustür steht offen.

LOMEIER Wie lange habe ich nicht daran gedacht –

KARPATI Nehme ich den Aufzug oder die Treppe? In den Wänden rauscht Wasser, ich kann es hören. Ich folge dem Geräusch – steige die Treppe hoch.

KALIL Ich bin fast da.

FATIMA Ich höre Kalils Moped vor dem Haus.

LOMEIER Wo kommt das jetzt auf einmal her?

KARPATI Erster Stock.

KALIL Ich weiß, daß sie schon mein Moped hört.

FATIMA Das ist er.

LOMEIER Bloß nicht daran denken.

KALIL Ich gebe noch einmal im Leerlauf Gas, bevor ich vor dem Hauseingang den Motor abstelle. Den Helm schließe ich wie immer am Gepäckträger fest.

LOMEIER Nicht daran denken.

KALIL Ich stehe vor dem Haus und sehe die sieben Stockwerke hoch. Da oben wohnt sie.

FATIMA   Jetzt kommt er gleich mit dem Fahrstuhl hoch.

KALIL   Die Haustür steht offen.

KARPATI   Zweiter Stock.

KALIL   Soll ich den Fahrstuhl nehmen oder die Treppe? Ich stehe unschlüssig vor der dunkelgrünen Metalltür des Fahrstuhls.

LOMEIER   Ich sehe sie vor mir stehen und mit mir sprechen.

KALIL   Ich drücke auf den Fahrstuhlknopf. Nichts passiert. Ich drücke noch mal. Jetzt.

FATIMA   Gleich.

KALIL   Der Fahrstuhl kommt runter. Klingt sonderbar.

KARPATI   Dritter Stock.

FATIMA   Franziska schläft.

LOMEIER   Vergiß es.

KALIL   Da kommt er. Die Sicherheitstür innen öffnet sich. Ich öffne die Metalltür mit dem kleinen Fenster und steige in den Aufzug. Drücke auf sieben. Zulässig bis 400 Kilo oder fünf Personen. Baujahr 1972, Lübbes und Peters.

LOMEIER   Vergiß es doch einfach.

KALIL   Die Sicherheitstür geht ratternd zu. Der Fahrstuhl fährt nach oben. Erster Stock.

FATIMA   Ich gehe schon mal zur Wohnungstür –

KALIL   Zweiter Stock. Der Fahrstuhlmotor klingt komisch. Dritter Stock.

KARPATI   Vierter Stock.

KALIL   Vierter Stock. Das darf nicht wahr sein. Kurz unterhalb des fünften Stocks bleibt der Fahrstuhl stecken. Steckt.

LOMEIER   Geht nicht.

FATIMA   Wo bleibt er denn?

KALIL   Der Fahrstuhl steht. Das gibt's doch nicht. Nichts geht mehr. Nicht einmal der Alarmknopf.

LOMEIER   Jetzt fällt mir ein: Ich sollte ein Schild an die Fahrstuhltür hängen: Aufzug defekt. Nicht, daß sich jemand noch wundert oder stundenlang wartet.

KALIL   Ich werde wahnsinnig. Hallo?

LOMEIER   Zieh doch den Kittel aus, wenn du zu Hause bist, hätte sie gesagt.

KARPATI   Fünfter Stock. Ich bin aufgeregt.

KALIL   Hört mich jemand?

LOMEIER   Und den Monteur von Lübbes und Peters muß ich anrufen.

FATIMA   Das war doch sein Moped. Ich laufe auf den Küchenbalkon und blicke nach unten. Ja, da steht es – seinen roten Helm hat er wie immer am Gepäckträger angeschlossen. Aber wo ist Kalil?

KALIL   Hallo?

LOMEIER   Aber den ruf ich heute nicht mehr an. Solang der Fahrstuhl im siebten Stock festhängt, kann nichts passieren.

FATIMA	Ich gehe aus der Wohnung, lasse die Wohnungstür offen und laufe den Flur runter. Kalil? Kann doch nicht sein –
KARPATI	Sechster Stock.
FATIMA	Der Fahrstuhl ist nicht unterwegs. Dann hat er die Treppe genommen. Ich laufe ihm entgegen.
KALIL	Hallo? Niemand hört mich.
FATIMA	Ich höre Schritte auf den Stufen – das wird er sein.
KARPATI	Jemand kommt von oben.
FATIMA	Nein, das ist er nicht, das ist jemand anders.
KARPATI	Eine arabisch aussehende Frau eilt mit nervösem Blick an mir vorbei die Treppe runter.
FATIMA	Noch nie gesehen.
LOMEIER	Du weißt, ich mag den Kittel nicht.
FATIMA	Sechster Stock.
KALIL	Wenn Fatima das Moped gehört hat, wird sie sich wundern, wo ich bleibe, und mich suchen. Hallo?
KARPATI	Siebter Stock. Ich bin oben. Die Wohnung der duschenden Frau müßte am Ende des Ganges liegen. Ich habe keine Ahnung, was ich sagen soll, wenn sie die Tür aufmacht.
LOMEIER	Pause. Hab ihn noch nie gemocht.
KALIL	Fatima?
FATIMA	Fünfter Stock.
LOMEIER	Ich werde noch mal rauflaufen und nachsehen. Ich lauf jetzt rauf und frag kurz bei der Dehke, ob ich die Leitung überprüfen kann.
KARPATI	Ich laufe den Gang entlang. Es rauscht in meinen Ohren.
KALIL	Was ist, wenn mich hier niemand findet?
FATIMA	Vierter Stock. Ich renne die Stufen runter. Kalil?
LOMEIER	Lieber jetzt als später –
KARPATI	Die Wohnungstür steht offen.
LOMEIER	Oder doch besser etwas später – sie hatte ja fast nichts an.
KALIL	Hört mich niemand?
FATIMA	Dritter Stock.
KARPATI	Die Wohnungstür steht offen –
FATIMA	Kalil? Wo bist du?
KARPATI	Hallo?
KALIL	Hallo?
FATIMA	Hallo? Zweiter Stock.
LOMEIER	Besser etwas später rauflaufen.
KARPATI	Ist jemand da? Ich betrete die Wohnung.
LOMEIER	Oder?
KALIL	Immer wieder drücke ich sämtliche Knöpfe des Aufzugs. Sinnlos.

FATIMA Erster Stock.

KARPATI Mein Herz klopft.

FATIMA Ich bin außer Atem. Erdgeschoß. Mir fällt ein, daß ich oben die Wohnungstür offen gelassen habe.

KARPATI Da ist sie. Sie liegt auf dem Sofa und schläft. Sie sieht wunderschön aus. Sie schläft tief. In meinen Ohren das Rauschen von Wasser, in meinem Kopf das Lied, das immer klarer wird.

KALIL Hoffnungslos.

FATIMA Kein Kalil. Kann doch nicht sein. Ich gehe auf den kleinen Vorplatz. Da steht sein Moped – ein kurzer warmer Wind kommt auf. Hinter mir fällt die Haustür ins Schloß. Und ich hab keinen Schlüssel.

LOMEIER Jetzt gehe ich rauf.

FATIMA Die Haustür ist zu.

KARPATI Was tue ich hier? Ich stehe in einer fremden Wohnung neben einer schlafenden Frau, die fast nichts anhat.

FATIMA Sinnlos, bei Franziska zu klingeln – die wacht sowieso nicht auf.

KALIL Es ist so heiß hier drin.

FATIMA Niemand kommt oder geht.

LOMEIER Jetzt hat sie Zeit genug gehabt, sich anzuziehen. Ich laufe den Flur im Souterrain entlang.

KARPATI Ich knie mich neben die Schlafende. Neben ihre hellen Schultern. Auf dem kleinen Tisch vor dem Sofa steht eine fast leere Flasche Cognac.

LOMEIER Das Licht geht aus.

FATIMA Das Licht im Flur geht aus. Niemand kommt mit einem Hausschlüssel. Über mir die Balkone von zehn Stockwerken und der wolkenlose Nachthimmel.

KALIL Ich muß hier raus.

KARPATI Ich nehme einen Schluck.

LOMEIER Ich laufe im Dunkeln weiter bis zur Treppe.

FATIMA Vor mir eine ganze Batterie von Klingelschildern. Nebeneinander senkrechte Reihen voller Namen. Ritzkowsky, Ansorg, Richter, Sadiç, Tompson, Körte, Baethge, Behrends, Schlösser, Rieling, Dacanalis –

KARPATI Ich berühre ihre kurzen blonden Haare. Verzeihung, ich –

FATIMA Hinrichs, Bartels, Düwel, Sander, Awram, Fischer, Eckstein, Viani und so weiter. Wo soll ich anfangen. Das Licht im Flur geht wieder an. Vielleicht kommt jemand.

LOMEIER Das Wasser geht im siebten Stock verloren – und seit die Sonne weg ist, rauscht es in den Wänden noch mehr als vorher.

KARPATI Als du vorhin ins Bad gingst, um zu duschen, stand ich drüben am Fenster und habe dich gesehen.

LOMEIER Erdgeschoß.

KARPATI Verstehst du – ich wohne im Haus gegenüber, und ich sah dich, als du ins Bad kamst. Das Milchglasfenster stand offen. Die Sonne spiegelte sich in dem kleinen Schrank über dem Waschbecken mit den Zahnbürsten.

LOMEIER   Ich hänge im Erdgeschoß das Schild an die eiserne Tür des Fahrstuhls. Aufzug defekt.

KALIL   Ich sitze auf dem Boden des Fahrstuhls und starre die geschlossene Sicherheitstür an.

FATIMA   Da ist Lomeier – he!

KARPATI   Ich sah dich – du hast die Wasserhähne aufgedreht. Und du, du warst so –

FATIMA   He!

KARPATI   Du warst so – wie soll ich das beschreiben –

LOMEIER   Sieben Stockwerke zu Fuß.

KALIL   Vielleicht geschieht etwas, wenn ich die Sicherheitstür aufstemme.

FATIMA   Er sieht mich nicht!

KARPATI   Das Milchglasfenster war offen, und die Sonne stand im Spiegel –

FATIMA   Er verschwindet im Treppenhaus – ist weg.

KALIL   Vielleicht hört man mich dann besser –

KARPATI   Und da wollte ich dich küssen – aber das wußte ich noch nicht in dem Moment.

FATIMA   Sie wird es nicht hören, aber ich versuche es trotzdem: Ich drücke unsere eigene Klingel: Dehke – Mansur.
Es klingelt.

KARPATI   Es klingelt.

LOMEIER   Erster Stock.

KARPATI   Es hat geklingelt, aber sie wacht nicht auf.

FATIMA   Sie schläft weiter.

KARPATI   Sie schläft weiter.
Es klingelt lange.

FATIMA   Klar –

KARPATI   Jemand muß unten vor der Haustür stehen, denn die Wohnungstür steht immer noch offen –

LOMEIER   Zweiter Stock.

KALIL   Ich versuche, mit den Fingern zwischen den schmalen Schlitz der Sicherheitstür zu kommen.

FATIMA   Ich gehe die Reihe von oben nach unten durch. Unter uns, im sechsten Stock, wohnt Katja Hartinger, die jeden Freitag abends im Keller ihre Wäsche wäscht. Daher kenne ich sie. Sie ist jeden Freitagabend um diese Zeit im Keller. Heute ist Freitag.

KALIL   Aber die Tür gibt keinen Zentimeter nach. Nicht einen Zentimeter.

LOMEIER   Du hast nichts begriffen, gar nichts – wieso fällt mir das jetzt ein?

KARPATI   Die Schlafende auf dem Sofa sieht so aus, als sei sie unkompliziert, optimistisch, neugierig –

FATIMA Katja macht nicht auf. Als nächstes versuche ich es bei Hinrichs im fünften. Aber der Mann geht nachts arbeiten, und sie macht nicht die Tür auf, wenn er weg ist.

KALIL Ich stemme mich mit dem Rücken gegen die Seitenwand neben den Knöpfen und versuche, die Innentür mit den Füßen aufzudrücken.

LOMEIER Dritter Stock.

KALIL Abgerutscht –

KARPATI Als ob es mit ihr Sonntagmorgens schön sein könnte, am Anfang, wenn wir fremde Cafés in der Stadt erkunden –

KALIL Noch mal –

FATIMA Marion Richter im vierten verbringt normalerweise Freitagabende wie diesen mit ihrem Freund Andi vor dem Fernseher. Die muß dasein.

KARPATI Und vor uns stehen die Tassen mit Café latte oder: Latte macchiato.

KALIL Die Tür gibt nach.

FATIMA Oder sie kochen und gehen anschließend gemeinsam in die Badewanne.

KALIL Aber nicht viel.

FATIMA Na los – Ich fange an, mit der Gegensprechanlage zu reden, obwohl mir noch überhaupt niemand antwortet. Hallo? Hallo?

KALIL Noch mal.

FATIMA Noch mal klingeln.
–
Mach schon auf.

KALIL Es noch einmal probieren.
–
Geh auf.

LOMEIER Vierter Stock.

FRANZISKA Meine Mutter in der Küche. Elektrisches Licht. Spätherbst. Die Farbe der Wände im Treppenhaus. Die Wohnung meiner Eltern, als ich klein war. Alles ist besonders.

KALIL Ich trete mit voller Wucht zu. Etwas bricht. Egal. Die Sicherheitstür gibt nach.

FATIMA Marion macht nicht auf. Sie ist nicht da, und ihr Freund auch nicht. Oder sie sind wirklich in der Badewanne.

KARPATI Am späten Vormittag laufen wir durch die Straßen. Wir bleiben in der Mitte einer kleinen Brücke stehen und blicken gemeinsam in den Fluß. Was für ein Sommer –

KALIL Die Sicherheitstür ist offen. Zu meiner eigenen Überraschung stehe ich aber nicht vor der nackten Wand des Fahrstuhlschachts. Ich stehe vor der eisernen Fahrstuhltür des fünften Stocks. Durch das kleine Fenster in der Tür sehe ich in den Flur. Aber die Tür läßt sich nicht öffnen. Ein Mechanismus sperrt das Schloß.

FRANZISKA Links das Kinderzimmer, rechts Küche, Bad, geradeaus geht es ins Wohnzim-
              mer, dahinter liegt das Schlafzimmer meiner Eltern. Ich bin vier oder fünf.

LOMEIER   Nichts – wie sie das sagte.

FATIMA   Das Klingelschild im dritten Stock ist leer, obwohl da sicher Leute wohnen.

KALIL   Durch das Fenster kann ich nicht die Treppe sehen, aber es klingt so, als käme
              jemand die Stufen hochgelaufen.

LOMEIER   Fünfter Stock.

FATIMA   Ich kann die Klingel im dritten Stock sogar bis hierhin hören. Wahrscheinlich
              steht die Balkontür offen. Ja? fragt eine Stimme über die Gegensprechanlage,
              eine Frau. Stimmen im Hintergrund, Musik, vielleicht ein Fest. Hallo, guten
              Abend, verzeihen Sie die Störung, ich habe mich ausgeschlossen und –

KALIL   Hallo?

LOMEIER   Oder: Das hast du doch nicht wirklich geglaubt.

FRANZISKA Wenn ich mich auf die Zehenspitzen stelle, kann ich gerade über das Geländer
              des Küchenbalkons gucken. Zwischen den Wohnhäusern fahren Autos, ge-
              hen Menschen.

KALIL   Niemand hört mich.

FATIMA   Die Frauenstimme spricht zu mir in einer fremden Sprache. Hallo? Ich –
              Knacken. Sie hat den Hörer ihrer Gegensprechanlage wieder aufgelegt. Ich
              klingele noch einmal.
              Es klingelt.
              Warten.

KARPATI   Alles wird neu und anders sein. Besonders.

FATIMA   Hallo? fragt ein Mann über den Lautsprecher.

KALIL   Hallo?

FATIMA   Hallo? Ich habe mich ausgeschlossen, und jetzt würde ich gerne – wieder
              Stimmen, Musik, danach nichts mehr.

LOMEIER   Sechster Stock. Ich kann nicht mehr.

KALIL   Nichts.

KARPATI   Unter ihren Lidern fahren die Augen hin und her. Sie träumt.

FRANZISKA Ich bin sechs Jahre alt. Meine Eltern haben ein Versicherungsbüro. Ich bin ein
              glückliches Kind. Im Herbst soll ich in die Schule kommen, und alles riecht
              nach Gras.
              Diesen Sommer fahren wir in die Ferien. Wir sind in der Türkei. Am Strand.
              Mutter cremt mir den Rücken ein. Der Sand ist so heiß, daß man sich die Füße
              daran verbrennt. So etwas habe ich noch nie erlebt.

KARPATI   Ich betrachte die senkrechten Striche ihrer Lippen.

FATIMA   Der Mann im zweiten Stock lebt nicht mehr dort, obwohl sein Name noch an
              der Klingel steht. Angeblich ist er gestorben, und seine Tochter soll ihn so ge-
              funden haben. Keine Ahnung –

KALIL   Mit einem Schraubenzieher könnte ich den Mechanismus vielleicht aufhebeln – oder mit einem Kugelschreiber. Einen Kugelschreiber habe ich in der Tasche.

FRANZISKA   Auf dem Rückweg sind wir in Istanbul, wir sind in den Moscheen, die von ferne aussehen wie große Schildkröten, wir gehen in den Basar. In den überdachten Basar, in dem es, wie mein Vater mir erzählt, alles gibt, was du dir wünschen kannst. Meine Mutter sagt, ich soll ihre Hand nehmen, aber ich laufe weit voraus in die verzweigten Gänge, weit voraus, und dabei blicke ich an die gewölbte Decke und auf meine Schuhe.

KARPATI   Ich will sie küssen –

FRANZISKA   Männer sitzen vor den Läden und trinken Tee aus kleinen Gläsern.

Meine Eltern sind nicht mehr hinter mir, ich weiß nicht, wo sie sind, ich habe sie verloren.

Vor mir steht, mitten im Basar, vor einer Art Café, ein riesiges Kamel.

LOMEIER   Ich bin oben, siebter Stock. Es rauscht.

KARPATI   Ich küsse sie.

FRANZISKA   Jemand legt seine Hand auf meinen Mund. Ich bekomme kaum noch Luft.

KARPATI   Meine Lippen auf den ihren, meine Hand für einen Augenblick in ihrem Haar.

KALIL   Der Mechanismus gibt nach, aber er springt nicht auf.

LOMEIER   Ich gehe den Flur entlang zur 7-32. Die Mansur hat doch gesagt, ich könnte noch mal kommen.

FRANZISKA   Und jemand trägt mich fort. Wieder sehe ich die gewölbte Decke. Aber nicht mehr meine Schuhe.

KARPATI   Aber warum wachst du nicht auf, wenn ich dich küsse.

LOMEIER   Der ganze Flur klingt wie ein Fluß.

FATIMA   Im ersten Stock ist alles dunkel, so viel kann ich von hier erkennen.

Es klingelt.

Bremer steht auf der Klingel, aber Bremers sind nicht da. Vielleicht im Kino. Oder irgendwo – so groß ist ja die Auswahl nicht.

KARPATI   Küß mich doch –

LOMEIER   Der ganze Flur klingt wie ein Strom.

FRANZISKA   Das Geräusch eines Brunnens. Wasser. Klingt fast wie Vogelgezwitscher. Entferntes Lachen.

Es ist noch früh am Morgen. Meine Dienerin Fatima stellt neben meinem Bett ein Tablett mit Tee und Ayran ab. Und mit Sesamkringeln.

Ich bin nicht mehr sechs. Ich bin zwölf.

KARPATI   Es zieht etwas an mir, es reißt mich weg – es zerrt mit aller Kraft – was ist das?

LOMEIER   7-32. Ich bin da. Sonderbar – die Wohnungstür steht offen.

KARPATI   Ich komme nicht dagegen an –

FATIMA   Die Leute im Erdgeschoß heißen Linhard. Keine Ahnung, wer das ist.

LOMEIER   Hallo? Ist jemand da? Frau Dehke?

FATIMA   Die Gegensprechanlage rauscht. Ja? fragt eine Frauenstimme.

LOMEIER   Keine Antwort.

KALIL   Der Mechanismus gibt endlich nach, und die Verriegelung der Tür springt auf.

FATIMA   Ich bin's, Fatima Mansur aus dem siebten Stock, tut mir sehr leid, daß ich Sie störe, ich habe mich aus Versehen ausgeschlossen, könnten Sie mir vielleicht die Tür aufmachen?

KALIL   Ich bin draußen.

LOMEIER   Ich betrete die Wohnung. Hallo?

FATIMA   Der Türöffner surrt. Ich bin wieder im Haus.

KALIL   O Gott. Danke.

LOMEIER   Da liegt sie auf dem Sofa. Hat fast nichts an, nur ein Handtuch umgewickelt – sie schläft, und sonst ist niemand da. Frau Dehke? Auf dem kleinen Tisch neben dem Sofa steht eine fast leere Flasche Cognac.
          Wie sie da liegt – ein feuchter Film auf ihrer Haut. Die kurzen blonden Haare sind verschwitzt, sie atmet schnell, sie träumt vielleicht.

KALIL   Ich laufe die Treppe hoch zu Fatimas Wohnung – sie hat mich sicher schon gesucht.

LOMEIER   Ich stehe neben ihr, sehe sie an. Sie schläft.

FATIMA   Ich laufe die Treppe hoch zurück zu unserer Wohnung.

LOMEIER   Frau Dehke? Sie wacht nicht auf.

FRANZISKA Ich bin die Geliebte des Scheichs Al Harad Barhadba, aber der Scheich liebt mich zärtlich wie eine Tochter, ich bin unberührt.
          Seit meiner Entführung aus Istanbul lebe ich im Harem seiner Residenz in der Wüstenstadt von Kinsh el Sar.
          Ich blicke aus dem maurisch verzierten Fenster auf die blühenden Orangen im Hof, der Wassersprenger läuft. Die Feuchtigkeit steigt in den blauen Himmel. Es ist herrlich. Es ist wunderschön.

KALIL   Sechster Stock.

LOMEIER   Warum, weiß ich nicht, ich knie plötzlich neben ihr, berühre ihre nackten Schultern –

FRANZISKA Heute ist ein besonderer Tag. Ich werde heute zwanzig, und später wird mich der Scheich, den ich beinahe meinen Vater nennen könnte, entjungfern. Ich denke nie mehr an mein früheres Zuhause, an meine Eltern, nie.

KARPATI   In meinem Kopf sticht der Geruch von Alkohol.

LOMEIER   Und küsse sie. Wie lange habe ich keine Frau mehr angefaßt, berührt, ich küsse sie.

FRANZISKA Doch Kafra, die erste Frau des Scheichs, ist krank vor Eifersucht auf mich, das blonde Kind, und hat mich gestern nacht im Harem laut verflucht.

FATIMA   Erster Stock.

FRANZISKA Dafür läßt der Scheich sie heute köpfen.

LOMEIER   Und sie schläft weiter. Nichts geschieht. Ich stehe auf, ich spüre noch auf meinen Lippen ihre Lippen. Was ist, will ich sie anschreien, was machst du da mit mir –

KALIL   Siebter Stock. Ich laufe den Flur runter zu Fatimas Wohnung, Nummer 7-32.

LOMEIER   Es rauscht so laut. Warum wachst du nicht auf?
Schlaf doch, schlaf doch einfach weiter auf deinem Sofa in deiner 3-Zimmer-Wohnung im siebten Stock, ich wollte dich nicht küssen, ist passiert, ich will hier weg, raus aus der Wohnung 7-32, ich stolpere zur Wohnungstür, die steht noch offen –

KALIL   Die Wohnungstür steht offen, eigenartig –

LOMEIER   Ich trete über die Türschwelle und stehe in gleißendem Licht. Ein heißer Wind erfaßt mich, und in meinen Augen brennt Sand.

KARPATI   Jemand schreit. Wo bin ich?

FATIMA   Zweiter Stock.

KALIL   Ich gehe in die Wohnung. Fatima? Niemand antwortet. Hallo? Ich mache hinter mir die Tür zu. Fatima?

FRANZISKA   Doch selbst rumpflos, im Staub, schreit es ihr unheimlicher Schädel noch einmal mir zu:
Sei verflucht. Auflösen sollst du dich, verloren sollst du gehen, an nichts mehr wirst du dich erinnern von dem, was du einmal gewesen bist. Unglück sollst du bringen über jeden, der deine Lippen küßt, und nie mehr sollst du den Mond sehen, bis du eines Nachts zu dem wirst, was du in Wahrheit bist.

KARPATI   Um mich herum ist Glas. Ich stehe in einer Flüssigkeit. Es riecht nach Alkohol. Ich stehe in Cognac.

KALIL   Ich laufe durch den Wohnungsflur. Auf dem Fußboden liegt Fatimas Schlüsselbund mit dem Kamel.

LOMEIER   Um mich herum ist Sand bis hin zum Horizont.

FRANZISKA   Tut etwas, schreit der Scheich; tut doch etwas, schreien die Frauen.

KARPATI   Ich bin in einer Flasche. Ich bin in der Flasche Cognac auf dem kleinen Tisch neben dem Sofa, aus der ich gerade noch getrunken habe.

LOMEIER   Hoch über mir steht die Sonne.

KARPATI   Durch das Glas sehe ich verzerrt, vergrößert die schlafende Frau auf dem Sofa, die ich gerade küßte.
Sie träumt noch immer. Noch immer fahren ihre Augen unter den Lidern hin und her.

FRANZISKA   Jetzt erst teilt das Beil des Scharfrichters den abgetrennten Kopf senkrecht in zwei Hälften. Stille.

KALIL   Hallo? Ist jemand da?

FATIMA   Dritter Stock.

KALIL   Auf dem Sofa im Wohnzimmer liegt – wie immer, wenn ich komme – Franziska, Fatimas Mitbewohnerin, und schläft.

KARPATI   Ich bin winzig klein. Meine ein Zentimeter großen Schuhe sind durchtränkt von Cognac. Über mir der Flaschenhals, den ich vergessen habe, wieder zu verkorken, unerreichbar hoch. In der Öffnung der Flasche fängt sich mit tiefem Ton ein Luftzug. Hallo?

LOMEIER   Ich stehe in einer Wüste. Es ist so hell, daß ich kaum die Augen öffnen kann. Ich blicke an mir herunter – sonst habe ich mich nicht verändert, – die Sandalen, der graue Kittel, alles so wie immer. Die Hitze ist so trocken, daß kein Tropfen Schweiß über meine Stirn läuft.

KALIL   Sie hat fast nichts an.

FRANZISKA   Was für ein Alptraum.

KALIL   Sie sieht schön aus.

KARPATI   Ein Mann hat das Zimmer betreten. Er steht neben dem Sofa.

FRANZISKA   Wo bin ich?

KALIL   Sie wacht auf – hallo.

FATIMA   Vierter Stock.

FRANZISKA   Ich liege auf einem Sofa in einem Zimmer. Neben mir ein kleiner Tisch. Darauf steht eine fast leere Flasche Cognac. Ich habe beinahe nichts an, ich bin nur in ein Handtuch eingewickelt. Wo bin ich hier?
Ein fremder Mann steht neben mir und sieht mich an. Wie komme ich hierher?

KALIL   Hallo – sie scheint verwirrt. Vielleicht hat sie geträumt.

KARPATI   Wie komme ich in diese Flasche –

FRANZISKA   Mein Blick rast durch den Raum – statt den verzierten maurischen Fenstern eine Fensterfront mit Heizkörpern und Gardinen. Draußen ist Nacht. Davor ein Fernsehapparat, der auf dem sandfarbenen Teppichfußboden steht. Drucke und Plakate an den Wänden, daneben billige Regale und Fotos von Menschen, die ich in meinem Leben nicht gesehen habe –

KALIL   Alles in Ordnung?

KARPATI   Und wie komme ich hier je wieder hinaus? Hilfe!

LOMEIER   Du hast nicht allen Ernstes vor, den ganzen Tag mit diesem Kittel rumzulaufen, oder?

KARPATI   Die Frau ist aufgewacht, aber sie hört mich nicht. Neben ihr steht, riesig groß, der Mann.
Hallo? Seht ihr mich nicht? Hier bin ich!

FATIMA   Fünfter Stock.

LOMEIER   Warum nicht?

FRANZISKA   Ich bekomme kein Wort heraus.

LOMEIER   Das Ding sieht lächerlich aus. Du bist lächerlich.

KALIL   Sie spricht nicht. Ich bin Kalil – Fatimas Freund. Die Wohnungstür war offen. Weißt du zufällig, wo Fatima hingegangen ist? Ich bin gerade im Fahrstuhl steckengeblieben – im fünften Stock –, bin aber rausgekommen. Den solltest du in Zukunft besser nicht benutzen.

FRANZISKA	Er lächelt. Und spricht von einem Fahrstuhl.
KARPATI	Sie steht auf, achtet darauf, daß das Handtuch sie bedeckt, und geht ans Fenster. Hallo?! Hört ihr mich nicht?
KALIL	Sie steht auf und geht ans Fenster.
FRANZISKA	Ich stehe an der Fensterfront eines Hochhauses, vielleicht im siebten oder achten Stock.
KARPATI	Sie sieht hinaus.
FRANZISKA	In einem Haus wie diesem bin ich aufgewachsen.
	In so einem Haus habe ich die ersten Jahre meiner Kindheit verbracht. O Gott. Über der Hochhaussiedlung steht der Mond, und es kommt mir so vor, als ob ich ihn seit Jahren nicht gesehen hätte.
KALIL	Sie ist seltsam.
FATIMA	Sechster Stock.
KARPATI	Ein hohler Ton im Flaschenhals –
FRANZISKA	Es ist, als löste ich mich auf.
LOMEIER	Über den scharfen Kamm der Dünen streicht heulend der Wind.
FRANZISKA	Ich brauche Hilfe.
LOMEIER	Du bist lächerlich. Und du machst mich lächerlich.
KALIL	Mit einem Mal stürzt sie sich in meine Arme.
KARPATI	Sie läuft zu ihm.
FRANZISKA	Bitte – rette mich. Ich bin dabei, mich aufzulösen. Das ist der Fluch der Frau des Scheichs – hol mich hier raus.
LOMEIER	Das sind Erinnerungen, die einen die Fäuste ballen lassen.
KALIL	Was?
FRANZISKA	Ich kenne dich nicht, aber lauf nicht weg. Hilf mir, bring mich zurück in die Wüstenstadt von Kinsh el Sar. Scheich Al Harad Barhadba wird dich dafür reich belohnen, laß mich nicht allein in diesem Alptraum.
LOMEIER	Dabei war ich so stolz darauf, ihr alles zu zeigen: die Heizungs- und Lüftungsanlage, die Müllverbrenner und die Fahrstuhlmotoren.
KARPATI	Sie klammert sich an ihn –
KALIL	Hör auf!
KARPATI	Und läßt nicht los.
FRANZISKA	Nein, bitte –
KARPATI	Das Handtuch rutscht ihr von den Achseln.
KALIL	Laß –
KARPATI	Sie ist nackt.
FATIMA	Siebenter Stock. Ich bin oben.
FRANZISKA	Bleib da –
KALIL	Was hast du?
	Sie ist nackt und klammert sich an mich.
FATIMA	Ich gehe den Flur hinunter zu unserer Wohnung.

KALIL　Ich will mich losreißen.

KARPATI　Er will sich losreißen.

FRANZISKA　Geh nicht weg.

KALIL　Hör auf –

FRANZISKA　Bitte –

LOMEIER　Oder hattest du vor, dein ganzes Leben so zu verbringen? Ich nicht –

FATIMA　Die Wohnungstür ist zu. Ich hatte sie aber offen gelassen.

KARPATI　Für einen Augenblick preßt sie ihre Lippen auf die seinen.

KALIL　Sie hat mich geküßt – ich weiß nicht, wie das passieren konnte.

FATIMA　Wieso ist die Tür jetzt zu? Ich drücke auf die Klingel.

Es klingelt.

KARPATI　Es klingelt.

KALIL　Es klingelt.

FRANZISKA　Etwas schellt.

KALIL　Ich versuche, zur Tür zu kommen.

FRANZISKA　Lauf nicht weg.

FATIMA　Nichts passiert. Aber ich höre in der Wohnung Stimmen.

KALIL　Laß los!

FRANZISKA　Nicht!

KARPATI　Er reißt sich los. Er rennt zur Tür, sie hinterher – ich kann sie nicht mehr sehen.

FATIMA　Die Tür geht auf.

KALIL　Vor mir steht Fatima. Hinter mir steht Franziska, die sich weiter an mich klammert, nackt –

LOMEIER　Auf dem Kamm einer Sanddüne vor mir erscheint die in der Hitze flirrende Silhouette eines Beduinenzelts. Ich halte darauf zu.

Weil du alles falsch machst, hatte sie gesagt.

FATIMA　Franziska –

FRANZISKA　Vor der Tür steht eine Frau –

FATIMA　Vor mir steht Kalil – dahinter Franziska, sie ist nackt –

KALIL　Ich kann nichts sagen –

FATIMA　Du Schwein –

KALIL　Nein, nein –

FRANZISKA　Die Frau kommt mir vertraut vor –

FATIMA　Du mieses Schwein.

KALIL　Nicht –

FRANZISKA　Bleib bei mir, bitte –

FATIMA　Er starrt mich mit großen Augen an. Ich bring dich um –

KALIL　Fatima –

LOMEIER　Weil du immer alles falsch machst.

Meine Füße versinken im Sand, ich stürze, richte mich auf und laufe weiter auf das Zelt zu.

FATIMA   Ein Messer – ich stech ihn ab. Ich brauche ein Messer.

KALIL   Sie stürzt an mir vorbei.

FRANZISKA   Die Frau stürzt an uns vorbei.

KARPATI   Eine Frau stürzt herein und verschwindet in der Küche.

LOMEIER   Die Düne ist so steil, ich komme kaum voran.

KARPATI   Die Frau kommt wieder zurück.

KALIL   Sie kommt zurück. In ihrer Hand hat sie ein Messer.

FATIMA   Er rennt weg.

KALIL   Sie will mich umbringen.

FRANZISKA   Er rennt weg.

KALIL   Sie rennt mir nach.

FATIMA   Franziska folgt mir – nackt.

KALIL   Ich nutze meinen Vorsprung, renne den Flur hinunter. Hilfe!

FATIMA   Ich bring dich um, du hast mich absichtlich aus der Wohnung gelockt, um meine Mitbewohnerin im Schlaf zu ficken!

FRANZISKA   Ich laufe hinterher. Die Frau schreit.

FATIMA   Gleich erreicht er das Treppenhaus.

LOMEIER   Ich bin fast oben. Vor mir, vielleicht noch fünfzehn Meter entfernt, sehe ich das Zelt.

KALIL   Sie folgen mir. Ich renne die Treppe runter.

FATIMA   Bleib stehen –

FRANZISKA   Was ist das für ein Haus, in dem ich bin?

KARPATI   Niemand kommt mehr. Die Wohnung ist leer. Ich bin allein.

LOMEIER   Hallo? Ist hier jemand? Der Wind pfeift. Heult. Rauscht, fängt sich im Zelt.

KALIL   Sechster Stock. Sie sind jetzt oben an der Treppe.

KARPATI   Gekrümmt im Glas vor mir die Tischkante. Der sandfarbene Teppich. Der Fernseher. Die Heizkörper. Die billigen Bücherregale. Das Sofa. Ihr Handtuch auf dem Fußboden.

KALIL   Weit hinten, am Ende des Flurs, öffnet sich eine Wohnungstür. Komm rein, höre ich eine Frauenstimme sagen, als stünde sie gleich neben mir.

LOMEIER   Eine Frau zieht von innen das Tuch im Eingang des Zelts beiseite und bittet mich herein.

KALIL   Ich renne den Flur runter zu der Wohnung. Ich kann nicht mehr.

FRANZISKA   Nicht so schnell.

KALIL   Nummer 6-32. Auf dem Klingelschild neben der Tür steht Hartinger. Die Tür ist offen.

FATIMA   Sechster Stock. Er ist verschwunden. Wo ist er hin – das Schwein versteckt sich irgendwo.

LOMEIER   Ich betrete das Beduinenzelt. Meine Augen müssen sich erst an die plötzliche Dunkelheit gewöhnen.
Die Mitte des Zeltes steht die Frau. Sie ist allein.

KARPATI   Ich bin allein in einer Flasche in einer Wohnung, die aussieht wie tausend andere Wohnungen.

FRANZISKA   Er ist weg.

KALIL   Ich schließe hinter mir die Tür und hole tief Atem. Vor mir steht eine junge Frau. Ich wollte gerade meine Wäsche aufhängen, sagt sie. Und dabei knöpft sie sich die Bluse auf.
Dann dreht sie sich um und beugt sich über einen Wäscheständer. Komm.

LOMEIER   Die Frau sieht furchtbar aus. Eine breite violette Narbe zieht sich quer über ihren ganzen Hals, und eine zweite Narbe teilt ihr Gesicht senkrecht vom Scheitel über die Nase bis zum Kinn.

KARPATI   Ich kenne das alles: das Zimmer, die Möbel. So habe ich selber schon gewohnt. Allein. Und auch zu zweit.

KALIL   Komm, sagt sie.

FATIMA   Kalil ist nicht zu finden. Ich drehe um. Das war's.

FRANZISKA   Der Mann ist weg. Mir wird kalt. Die Frau kehrt schweigend um. Ich folge ihr. Was soll ich sonst tun –

FATIMA   Das war's für mich.

KALIL   Komm her –

KARPATI   Hinter dem Glas der Flasche ziehen die Gesichter der Frauen vorbei, denen ich zwischen Möbeln wie diesen einmal nahe stand. Nur wie sie sich verändert haben. Wie alt sie sind. Wie sie heute so aussehen wie damals ihre Mütter.

FRANZISKA   Warte –

FATIMA   Vergiß es.

FRANZISKA   Aber –

FATIMA   Halt die Fresse.

KARPATI   Mit der geballten Faust schlage ich auf das Glas ein. Nichts geschieht, nichts ändert sich. All die Hoffnungen, Neuanfänge, Gemeinsamkeiten fallen mir ein, die einmal in den Gesichtern standen, die ersten Küsse, die gemeinsamen Sommernächte in Parks, auf Terrassen und Balkonen, die Großzügigkeit, das Einverständnis, das sich dann eines Tages auflöst, fort ist, obwohl man doch so fest miteinander rechnete – in Wohnungen wie dieser, oder meiner, oder in Wohnungen wie der damals mit dem begehbaren Einbauschrank vielleicht, oder der mit dem sonderbaren Badezimmer, über das wir immer so gelacht hatten.

FATIMA   Siebenter Stock.

KALIL   Ich will nicht –

KARPATI   Das ist die Hölle: daß man denkt, alles wird gut, diesmal zumindest, und dann wird es nicht so, sondern vielleicht sogar noch schlimmer, als es jemals zuvor war.

FATIMA   Ich laufe den Flur runter zu unserer Wohnung.

KARPATI   Wie unaufhaltsam werden wir zu dem, was wir am Ende sind – Vor meinen Augen wird es dunkel.

LOMEIER Schön, daß du da bist, sagt die Narbenfrau.

KALIL Aber ich kann nicht anders –

LOMEIER Was rauscht denn hier so laut? Ist das der Wind? Nein, sagt sie, das weißt du doch, das ist das Wasser.

Das Wasser?

Ja –.

Welches Wasser?

Das Wasser, das du schon den ganzen Tag suchst – deshalb bist du doch hier.

Das Wasser, das im siebten Stock abhanden kommt?

Genau, sagt sie und verzieht spöttisch den doppelt geteilten Mund. Hinter mir bricht vor dem offenen Eingang des Beduinenzelts eine Wasserfontäne aus dem Wüstensand und schießt zwanzig Meter hoch in den Himmel. Das Wasser!

KALIL Sie stöhnt so laut, sie schreit fast –

LOMEIER Das Wasser hat dich hergebracht und trägt dich jetzt zu deiner Braut, höre ich die Narbenfrau schreien, lebe wohl!

KALIL Sie schreit und reißt beinahe den Wäscheständer um.

LOMEIER Das Zelt und auch die Frau lösen sich vor meinen Augen in Luft auf – was meinte sie damit? Welche Braut – keine Antwort.

FATIMA Ich bin wieder in der Wohnung, laufe in mein Zimmer, hole die Taschen raus und fange an zu packen.

FRANZISKA Wo willst du hin?

FATIMA Wo ich hin will? Franziska steht nackt vor meinem Zimmer. Was interessiert dich das? Zieh dir endlich was an.

FRANZISKA Ich wollte nur fragen – vielleicht könnte ich mitkommen –

FATIMA Niemals. Hau ab. Zieh dir was an. Und falls du es vergessen haben solltest: Dein Kleiderschrank steht eine Tür weiter, nebenan.

LOMEIER Die Wüste läuft voll Wasser.

FATIMA Sie geht. Ich packe meine Sachen ein. Meine Sachen, die ich einmal hier ausgepackt und in den Schrank gelegt haben muß. So wie alle das mit ihren Sachen und ihren Schränken machen. Aber ich habe keine Ahnung, wie ich einmal hierhergekommen bin, ich kann mich nicht erinnern.

LOMEIER Die Wüste wird zum Fluß.

FATIMA Eines Tages stand ich vor der Tür, unten, ich hatte einen Schlüssel in der Hand und wußte: Jetzt wohne ich hier. Hier ist der Briefkasten, das ist die Fahrstuhltür, so kommst du in den siebten Stock, hier ist der sandfarbene Teppichfußboden und der Fernseher und die billigen Bücherregale, und das ist deine Mitbewohnerin, Franziska, die immer schläft und abends nicht mehr weiß, was morgens war.

LOMEIER Die Wüste wird zu einem Strom, zu einer Meeresenge. Ich stehe an dem Geländer einer Fähre über den Bosporus. Vor mir liegen die Minarette Istanbuls. Hier war ich schon einmal. Auf unserer Hochzeitsreise. Vor vierundzwanzig Jahren.

Erinnerst du dich noch? fragt mich eine Frauenstimme. Rechts neben mir steht eine Frau, die aussieht wie Helga, meine erste Frau, sie trägt dieselben Kleider wie damals, sie sieht ganz unverändert aus, nur über ihr Gesicht läuft eine breite senkrechte Narbe vom Scheitel über die Nase bis zum Kinn. –

FATIMA   Ich reiße die Sachen aus dem Schrank, die Röcke, die Hosen, die Pullover, die T-Shirts und so weiter, alles.

KALIL   Sie biegt sich, dreht sich unter mir.

FATIMA   Ich denke dabei an Kalil. Ich denke daran, wie er mich mit meiner Mitbewohnerin betrogen hat.

FRANZISKA   Wer mag der Mann gewesen sein, der vorhin hier war?

KALIL   Das muß aufhören –

FRANZISKA   In dem Zimmer, in das mich die Frau geschickt hat, steht ein Kleiderschrank.

LOMEIER   Erinnerst du dich noch, wie du damals zu mir kamst – wegen des Wasserschadens in meiner Wohnung im siebten Stock. Es war mitten in der Nacht im Sommer, der Vollmond stand hell über den Dächern der neu erbauten Siedlung. Du hattest nicht damit gerechnet, daß dich um diese Zeit noch jemand anruft. Du hattest die Sache schließlich in den Griff bekommen, war ja eine komplette Überschwemmung, was da von oben runterkam, und du standest da, auf dem Balkon, mit hochgekrempelten Ärmeln – den Kittel hattest du damals noch nicht. Vielleicht hattest du an dem Abend eigentlich etwas ganz anderes vor und hast es hinterher nie zugegeben, als wir darüber sprachen, wie es war, als wir uns kennenlernten. Das tut man ja gern. Sich daran erinnern, wie man sich kennenlernte. Oder zuerst küßte. Weißt du noch? Du wolltest rauchen und warst auf dem Küchenbalkon, und ich fand dich plötzlich so schön – so kräftig und gleichzeitig so unerlöst, daß ich dachte: Mein ganzes Leben will ich mit ihm teilen, den will ich haben, den, und keinen anderen. Da hab ich dich zum ersten Mal geküßt – bei Vollmond, auf dem Küchenbalkon im siebten Stock.

FRANZISKA   Ich öffne den Schrank.

LOMEIER   Du kannst nicht hier sein, schreie ich, du bist nicht hier, warum verfolgst du mich – laß mich!

KALIL   Ich reiße mich von ihr los.

FATIMA   Es ist so stickig. Ich gehe ans Fenster.

FRANZISKA   In dem Schrank sind Kleidungsstücke, die mir bekannt vorkommen –

KALIL   Nicht aufhören, schreit sie, ich taumele zur Tür, komm zurück, schreit sie –

LOMEIER   Was tu ich denn, sagt sie – ich will nur nicht, daß du mir untreu wirst – laß mich, ich drehe durch, ich stoße ihr den Phasenprüfer, den ich immer in der Brusttasche des Kittels bei mir trage, tief in beide Augen, wieder und wieder stoße ich zu.

Aber sie sagt nur leise oh, und dann lacht sie – und dann löst sie sich auf – genau wie gerade eben –

KALIL Nicht aufhören, schreit sie – und als ich die Wohnungstür öffne, stimmt sie ein wolfsähnliches Geheul an.

FRANZISKA Eine Bluse, ein Rock, schmale, aber bequeme Schuhe – alles scheint mir zu passen –

FATIMA Durch die nächtliche Siedlung zieht ein Heulen. Ein Schreien wie das Schreien eines Wolfs oder einer Wölfin.

KALIL Ich fliehe den Flur hinab ins Treppenhaus und stürze beinahe die Stufen runter. Das Geheul füllt alle Stockwerke.

FRANZISKA Das sind die Kleider einer Laborantin, einer MTA.

FATIMA Wer da schreit, ist eine Frau.

LOMEIER Sie müssen wissen, sagt links neben mir eine Frau, wir waren schon mal hier, vor vierundzwanzig Jahren, und der Mann an ihrer Seite nickt. Mit unserer Tochter, die wir damals verloren haben –

FATIMA Die Sachen sind gepackt.

KALIL Fünfter Stock. Ganz hinten, am Ende des Flures, öffnet sich eine Wohnungstür.

FRANZISKA Mit jedem Kleidungsstück, das ich anziehe, wird meine Erinnerung klarer: Ich bin eine medizinisch-technische Assistentin. Ich arbeite in einem Labor, jeden Tag von halb neun bis siebzehn Uhr.

KALIL Komm rein, ich warte schon auf dich, höre ich eine Frauenstimme sagen, als stünde sie gleich neben mir. Ich will es nicht, aber ich laufe trotzdem den Flur runter zu der Wohnung.

LOMEIER Wir haben sie verloren, sagt die Frau, hier in Istanbul, im Basar, vor vierundzwanzig Jahren – ein blondes Kind, seitdem haben wir sie nie mehr gesehen oder von ihr gehört, als sei sie niemals da gewesen. Und sie schüttelt den Kopf.

FATIMA Das ist alles.

KALIL Hinrichs steht auf dem Klingelschild. Die Tür ist offen.
Da steht sie.

FATIMA Mehr nehme ich nicht mit.

KALIL Hallo, sagt die Frau – Frau Hinrichs. Sie ist vielleicht Ende Dreißig.

FRANZISKA Meine Hauptaufgabe besteht darin, Blutproben zu analysieren. Das meiste machen Apparate.

KALIL Und dabei zieht sie an der Schleife des Gürtels, der ihren Morgenmantel zusammenhält –

FATIMA Ich gehe. Aber ich nehme das Messer mit, falls mir auf der Treppe das Schwein Kalil noch begegnen sollte.

FRANZISKA Und die Frau gerade eben war Fatima, mit der ich hier seit Jahren wohne, seit wann genau weiß ich nicht, wo ist sie? Warum stehe ich hier halb angezogen vor dem Kleiderschrank? Fatima?

KALIL   Darunter trägt sie nichts.

LOMEIER   Der Mann neben der Frau an der Reling sagt: Aber vielleicht war es auch gut
            so. Denk doch, was uns das Kind über die Jahre hin an Geld gekostet hätte,
            die Ausbildung allein, wie vieles hätten wir uns niemals leisten können. All
            die Reisen –
            Und dann reicht er mir seine Karte: Helmut Dehke, Versicherungskaufmann.

FATIMA   Auf dem Fußboden vor der Wohnungstür liegt noch mein Schlüsselbund mit
            dem Kamelanhänger, den ich dort fallen ließ, als ich mit dem Einkauf nach
            Hause kam.
            Keine Ahnung, warum ich all die Schlüssel habe – als wären die für eine ganze
            Residenz.

KALIL   Sie stöhnt so laut –

FATIMA   Soll ich mich noch von Franziska verabschieden?

LOMEIER   Die Sonne verschwindet hinter dem Goldenen Horn und Süleymanie, es ist
            dunkel.

FATIMA   Warum sollte ich? Ich mache die Wohnungstür hinter mir zu und laufe den
            Flur runter. Immer noch zieht dieses Heulen durch das Haus.

LOMEIER   Die Reling der Fähre liegt über einer Hochhaussiedlung. Ich stehe am Fenster
            einer Wohnung in einem Haus wie meinem.
            Hier war ich schon einmal, das kenne ich, wie stickig es hier ist, das Sofa ist
            leer, aber da auf dem kleinen Beistelltisch steht die fast leere Flasche Cognac,
            die nehme ich mir, ich brauche Luft, Luft und Schnaps und eine Zigarette.

KARPATI   Ich komme zu mir. Etwas schleudert mich hin und her. Ich bin durchtränkt
            von Cognac, ich schlage mir den Kopf an das Glas, und ich bekomme kaum
            Luft – jemand trägt die Flasche.

FATIMA   Ich habe keine Ahnung, wo ich hingehe.

LOMEIER   Ich haste auf den Küchenbalkon.

KARPATI   Der Fußboden rast unter mir dahin – der sandfarbene Teppich, der Flur und
            der PVC-Boden in der Küche . . .

LOMEIER   Da stehen noch die Einkaufstüten von vorhin –

KARPATI   . . . die Balkonschwelle, Beton.

LOMEIER   Unter mir liegt die Siedlung. Ich stehe am Geländer des Küchenbalkons. Zi-
            garette. Ein sonderbares Heulen zieht durchs Haus – was kann das sein? Und
            wo bin ich gerade eben noch gewesen? Erst jetzt bemerke ich, daß ich noch
            immer die Visitenkarte des Mannes von der Fähre in der Hand halte: Helmut
            Dehke, Versicherungskaufmann.

FRANZISKA   Wo ist Fatima?

KALIL   Das geht nicht.

LOMEIER   Ich brauche einen Schluck –

KARPATI   O Gott.

KALIL   Oder –

LOMEIER – oder besser doch nicht. Da kommt jemand.

KARPATI Jemand hält mich und die Flasche über die Brüstung des Küchenbalkons.

FATIMA An der Treppe angekommen, blicke ich zurück den Flur hinunter: In den Wänden arbeitet das Metall der Leitungsrohre – vielleicht ist jetzt im achten, neunten und im zehnten Stock das Wasser wieder da.

FRANZISKA Auf dem Küchenbalkon steht jemand.

LOMEIER Es ist die Dehke.

FRANZISKA Ach, das ist Lomeier, der Hausmeister, der sicher wegen des Wasserdrucks noch hier ist. Er raucht.

KARPATI Unter mir sieben Stockwerke Tiefe, dazwischen nur der Glasboden der Flasche.

KALIL Ich will das nicht.

LOMEIER Sie kommt und stellt sich neben mich.

FATIMA Ich laufe die Treppe runter. Mit jeder Stufe nimmt das Heulen zu.

KALIL Weg hier. Sie versucht verzweifelt, mich festzuhalten, aber ich stoße sie weg. Auf den Knien schreit sie: Was tust du mit mir?

KARPATI Unter mir die Laternen, der Vorplatz des Hauses, die geparkten Autos und die Bushaltestelle.

FRANZISKA Schöner Abend, was? Wie hell der Mond ist.

KARPATI Hört mich doch!

LOMEIER Sie sind ja aufgewacht –

FRANZISKA Ich – hab ich – ich weiß nicht – sind Sie schon lange hier?

LOMEIER Vielleicht ein paar Minuten.

FRANZISKA Und?

KALIL Ich schaffe es zur Wohnungstür. Sie bleibt zurück und beginnt zu heulen wie ein Wolf.

KARPATI Im Lichtkreis einer Laterne ein paar rauchende Jugendliche. Ich kann sie lachen hören.

LOMEIER Und was?

FRANZISKA Haben Sie was rausgefunden?

LOMEIER Was denn?

KALIL Den Flur zurück zur Treppe –

FRANZISKA Ich meinte, ob Sie schon rausgefunden haben, wo das Wasser im siebten Stock abhanden kommt –

LOMEIER Ach so – jaja.

FRANZISKA Ja?

LOMEIER Ja.

FATIMA Sechster Stock. Das Heulen wird immer lauter. Jetzt ist es überall. Was ist das? Ich bleibe stehen.

KALIL Ich laufe die Treppe runter.

LOMEIER Sie sieht so neu aus.

FRANZISKA   Er lehnt rauchend am Geländer des Küchenbalkons und schaut auf die Siedlung in der Nacht. In der Hand hält er die fast leere Flasche Cognac aus dem Wohnzimmer.

LOMEIER   Sie haben wohl richtig tief geschlafen –

FRANZISKA   Ja, ja –

LOMEIER   Sie lehnt neben mir am Geländer des Küchenbalkons und blickt auf die Siedlung im Mondschein. In den Fenstern der unzähligen Wohnungen brennt hinter den Vorhängen Licht. Daß ich sie geküßt habe, scheint sie nicht gemerkt zu haben.

FRANZISKA   Ich hatte einen sonderbaren Traum.

KALIL   Vierter Stock. Ganz hinten, am Ende des Flures, öffnet sich eine Wohnungstür.

LOMEIER   Ja?

Die Nacht ist warm. Nichts rauscht mehr. Nur das Heulen. Klingt fast wie Wüstenwind.

KARPATI   Ein Heulen zieht durch die Nacht, beinahe, als ob sich Wind im Flaschenhals verfinge, aber das ist nicht so –

KALIL   Komm zu mir, sagt eine Frauenstimme mir ins Ohr, als stünde sie gleich neben mir.

FRANZISKA   Ja – ich träumte, ein Mann hätte mich im Schlaf geküßt und wäre kurz darauf verschwunden – wohin weiß ich nicht mehr – in einem Beduinenzelt oder in einer Flasche so wie der da, ich kann mich nicht erinnern.

KALIL   Ich will es nicht, aber ich gehe trotzdem den Flur entlang bis zu der offenen Wohnungstür.

FATIMA   Fünfter Stock.

KALIL   Marion Richter steht auf dem Klingelschild.

KARPATI   Er spielt nervös mit der Flasche in seiner Hand. Wenn er mich jetzt fallen läßt, wenn ihm jetzt die Flasche aus den Fingern rutscht, stürze ich sieben Stockwerke tief in den Tod.

KALIL   Ich kann nicht anders – ich betrete die Wohnung.

LOMEIER   Die Flasche Cognac in meiner Hand hatte ich ganz vergessen.

Ach, entschuldigen Sie bitte, daß ich mich einfach bedient habe, aber –

FRANZISKA   Nein, nein, bitte, wenn Sie um diese Zeit noch arbeiten müssen, dann sollen Sie wenigstens auch –

LOMEIER   Eigentlich wollte ich gar nichts –

KALIL   Hallo, sagt die Frau, die vor mir im Flur steht. Ich bin Marion. Ich wollte gerade in die Badewanne gehen. Oder willst du lieber fernsehen? Mein Freund Andi ist heute abend nicht da. Oder wollen wir erst was kochen?

FRANZISKA   Und dann lief alles voll Wasser, und ein Mann stand neben mir im Wohnzimmer, dessen Lippen ich zufällig berührte, aber er lief weg.

Warum erzähle ich ihm das?

KALIL	Komm, wir gehen in die Küche.
LOMEIER	Sie steht neben mir und wirft mir manchmal einen unsicheren Blick zu. Sie ist hübsch.
KARPATI	Ich will nicht sterben –
FRANZISKA	Er sieht gut aus. Warum ist mir das nie vorher aufgefallen. Nur der Kittel stört ein wenig.
KALIL	Vor dem Kühlschrank beginnt sich die Frau auszuziehen.
FATIMA	Vierter Stock.
FRANZISKA	Hätten Sie etwas dagegen, kurz Ihren Kittel auszuziehen?
LOMEIER	Ich – nein, überhaupt nicht, wieso, stört er Sie?
FRANZISKA	Ich wollte nur kurz –
LOMEIER	Bitte –
	Ich ziehe den Kittel aus und lasse dabei die Visitenkarte in der Außentasche verschwinden. Wie sollte ich ihr das erklären –
KARPATI	Bitte –
FATIMA	Ich laufe weiter die Treppe runter.
KARPATI	He!
FRANZISKA	Warten Sie, ich helfe Ihnen, ich nehme solang die Flasche.
LOMEIER	Nein, nein, geht schon.
KARPATI	Er stellt die Flasche auf das schmale Balkongeländer und zieht den Kittel aus.
	Wenn jetzt einer der beiden gegen die Flasche stößt, bin ich ein toter Mann.
LOMEIER	So.
FRANZISKA	Ich wollte nur sehen, wie Sie ohne den Kittel aussehen.
FATIMA	Etwas stimmt nicht. Ich drehe um und laufe die Treppe wieder rauf.
LOMEIER	Sie lächelt.
FRANZISKA	Wahrscheinlich hatten Sie heute abend etwas ganz anderes vor, als nach einem Leck in der Wasserleitung zu suchen.
KALIL	Sie stöhnt.
LOMEIER	Sie meinen, ich wäre heute noch ausgegangen – ganz bestimmt nicht.
FRANZISKA	Können Sie ruhig zugeben . . . ich frag auch nicht, mit wem.
	Er lacht. Er ist kräftig und so –
KARPATI	Ich presse mein Gesicht gegen das Glas. Warum seht ihr mich nicht?
FATIMA	Vierter Stock. Was ist das? Ich laufe den Flur entlang.
LOMEIER	Sie gefällt mir.
FRANZISKA	So unerlöst. Ich möchte ihn küssen.
LOMEIER	Wenn sie mich jetzt küssen würde –
FATIMA	Die Tür von Marion Richter in 4-32 ist nur angelehnt. Warum?
FRANZISKA	Er dreht sich zu mir.
LOMEIER	Sie macht eine Bewegung zu mir hin.
FATIMA	Ich betrete die Wohnung.

KARPATI   Er dreht sich zu ihr. Gleichzeitig macht sie eine Bewegung auf ihn zu.

FATIMA   Ich stehe im Flur der fremden Wohnung. Aus der Küche kommen Geräusche.

FRANZISKA   Mein Ellbogen streift aus Versehen die Flasche Cognac, die noch auf dem Balkongeländer steht.

KARPATI   Sie stößt mit dem Ellbogen gegen die Flasche. Die Flasche kippt.

KALIL   Sie stöhnt so laut.

KARPATI   Die Flasche kippt über die Brüstung des Geländers in die Tiefe. Ich falle. Die Flasche fällt sieben Stockwerke tief. Ich stürze sieben Stockwerke tief.

FATIMA   Ich stehe in der Küche in der fremden Wohnung. Dieselbe Küchenzeile wie in Franziskas Wohnung. Vor mir Kalil und Marion Richter am Kühlschrank. Sie ist nackt. Und er –
sie bemerken mich nicht. Sie stöhnt.

KARPATI   Sechster Stock. Auf dem Balkon eine Frau, die den Mond anheult. Das Pflaster rast mir entgegen. Gleichzeitig geht alles ganz langsam.

LOMEIER   Sie steht ganz dicht vor mir.

FRANZISKA   Ich bin ihm ganz nah.

FATIMA   Ich stehe hinter ihnen. Sie sehen mich nicht.

KARPATI   Fünfter Stock. Auf dem Balkon eine Frau, die den Mond anheult. Die Lichter in den Fenstern werden zu Streifen.

LOMEIER   Ich traue mich kaum zu atmen.

FRANZISKA   Ich lege meine Hände vorsichtig auf seine Brust.

KALIL   Eine Küchenuhr tickt. An der Kühlschranktür haften bunte Magneten.

FATIMA   Ich jage ihm das Messer in den Rücken.

KALIL   Sie schreit. Was ist das? Blut in ihrem Gesicht.

KARPATI   Vierter Stock. Eine Frau sticht auf einen Mann ein. Blut an der Fensterscheibe.

LOMEIER   Sie küßt mich.

FRANZISKA   Er küßt mich.

KARPATI   Dritter Stock. Ein Fest. Musik.

KALIL   Was ist das?

FRANZISKA   Das ist der erste Kuß in meinem Leben.

KARPATI   Zweiter Stock. Dunkel.

LOMEIER   Wir küssen uns. Zum ersten Mal. Ich halte sie, so fest ich kann.

KARPATI   Erster Stock.
–
Ich bin tot.

FRANZISKA   Wir küssen uns. Ich mache die Augen zu, und trotzdem spüre ich das Mondlicht.
Karpati schreit. Kalil schreit. Eine Flasche stürzt vom Bühnenhimmel auf die Bühne und zerspringt.

Materialien

Jon Fosse

geboren 1959 in der norwegischen Küstenstadt Haugesund, aufgewachsen am Hardanger-Fjord, Studium der Vergleichenden Literaturwissenschaft, Dozent an der Akademie für kreatives Schreiben in Hordaland, seit Anfang der neunziger Jahre freier Schriftsteller, lebt seit Mitte der siebziger Jahre in Bergen.

1983 erschien sein erster Roman *Raudt, svart (Rot, schwarz)*, gefolgt von Gedichtsammlungen, Essays und Kinderbüchern. Für seinen Roman *Melancholie (Melancholia I & II)* erhielt Jon Fosse den Melsom-Preis, für sein Stück *Der Name* den Ibsen-Preis (1998), den Nestroy-Preis (2000), und für *Sommertag* wurde ihm 2000 der Nordische Dramatikerpreis verliehen.

Stücke: »Da kommt noch wer« (*Nokon kjem til a komme*), UA 26. 5. 1996 Det Norske Teatret, Oslo, Regie Otto Homlung; »Und trennen werden wir uns nie« (*Og aldri skal vi skiljast*), UA 25. 2. 1994 Den Nationale Scene, Bergen, Regie Kai Johnsen; »Das Kind« (*Barnet*), UA 4. 9. 1996 Nationalteatret, Oslo, Regie Kai Johnsen, DE 16. 12. 2000 Thalia Theater, Hamburg, Regie Michael Talke; »Mutter und Kind« (*Mor og barn*), UA 8. 3. 1997 Nationalteatret, Oslo, Regie Kai Johnsen; »Der Sohn« (*Sonen*), UA 8. 3. 1997 Nationalteatret, Oslo, Regie Kai Johnsen; »Die Nacht singt ihre Lieder« (*Natta syng sine songar*), UA 8. 9. 1997 Rogaland Teater, Stavanger, Regie Kai Johnsen, DSE 27. 9. 2000 Schauspielhaus Zürich, Regie Falk Richter; »Sommertag« (*Ein sommers dag*), UA 9. 1. 1999 Det Norske Teatret, Oslo, Regie Gunnel Lindblom; »Der Gitarrenmann« (*Gitarmannen*) Monolog, UA 7. 1. 1999 Cinnober, Göteborg, Regie Svante Aulis Löwenborg; »Traum im Herbst« (*Draum om hausten*), UA 8. 9. 1999 Nationalteatret, Oslo, Regie Kai Johnsen, DE Herbst 2001 Schaubühne am Lehniner Platz, Berlin, Regie Barbara Frey; »Besuch« (*Besøk*), UA 25. 5. 2000 Den Nationale Scene, Festspiele Bergen, Regie Kai Johnsen; »Winter« (*Vinter*), UA 8. 9. 2000 Rogaland Teater, Stavanger, Regie Marit Grønhaug.

»Der Name« (*Namnet*) wurde am 27. Mai 1995 im Den National Scene, Bergen, uraufgeführt; Regie führte Kai Johnsen. Die deutschsprachige Erstaufführung folgte am 6. August 2000 in einer Coproduktion Salzburger Festspiele/Schaubühne am Lehniner Platz, Berlin; Regie führte Thomas Ostermaier.

THOMAS JANSSEN · »AUSGETRÄUMT TRÄUMEN«

Samuel Beckett hat diesen Aphorismus erfunden, und er wußte genau, wovon er sprach. »Ausgeträumt träumen« formuliert die zweifache Erkennt-
nis: Es hört immer alles auf, und es geht immer alles weiter.
Davon handeln Fosses Stücke.

»Der Name«
In seinem Stück *Der Name* erzählt Fosse eine einfache Geschichte.
Knapp und lakonisch faßt sie Jens Hilje, Dramaturg der deutschsprachigen
Erstaufführung, in seiner Ankündigung zusammen: »Ein Abend in einem
Wohnzimmer irgendwo in Norwegen. Beate ist mit ihrem Freund nach
Hause zurückgekommen. Sie ist schwanger. Die Eltern kommen heim, sie
sind müde. Die Mutter legt sich kurz hin. Der Vater ißt allein in der Küche.
Ihr Freund sitzt auf dem Sofa und liest. Der Abend vergeht. Es wird nicht
viel gesprochen. Beate will einen Namen für ihr Kind, sie will, daß ihr
Freund sich kümmert. Sie streiten sich. Später kommt Bjarne. Die Eltern
gehen schlafen. Bjarne und Beate küssen sich. Der Freund verläßt das Haus.
Dann geht auch Bjarne. Beate steht allein am Fenster und schaut hinaus auf
den Fjord.«

Wiederholung
Fosse erzählt in seinem Stück *Der Name* eine komplizierte Geschichte.
Ganz in der Tradition Ibsens stehend, beschreibt Fosse die Rückkehr der
Vergangenheit, die Anwesenheit der Vergangenheit in der Gegenwart, de-
ren Herrschaft über die Gegenwart, den Zwang zur Wiederholung. Im Ge-
gensatz zu Ibsen führt jedoch bei Fosse der Versuch, dem Gefängnis der
Vergangenheit zu entfliehen, nicht zwangsläufig in den Tod, sondern die
Wiederholung birgt für ihn immer auch die Möglichkeit zum Bewußtseins-
sprung, zur Veränderung.
Konkret heißt das, daß sich in der gegenwärtigen Schwangerschaft die Situation einer Schwangerschaft in der Vergangenheit wiederholt. Diese Wiederholung bietet die Möglichkeit, jetzt – anders als beim ersten Mal, wo
Angst vor dem ›Skandal‹ und die Überlegungen zwischen Beate und
Bjarne, daß sie dem Kind aus ihrer Sicht kein lebenswertes Leben bieten
können, zum Schwangerschaftsabbruch geführt haben – dem Ungeborenen und allen Fragen, die sich mit ihm verbinden, wieder und damit neu zu
begegnen. Der Junge argumentiert jetzt aus der Perspektive des ungeborenen Kindes: »Ich kann spüren, wie gespannt das Kind ist«; wütende Reaktion des Mädchens: »Das sagst du nur aus Gemeinheit« (was nur Sinn
macht, wenn sie gedanklich und emotional in dem Moment bei ihrem ›ersten Kind‹ ist).
Das Stück lebt gerade aus dem Spannungsfeld zwischen der vergangenen
und der gegenwärtigen Situation.

Positiv – Negativ

Fosses poetisches Verfahren, von seiner Geschichte wie mit einer Platten-kamera eine superscharfe Aufnahme anzufertigen, uns davon aber nur das Negativ in Form des Textes in die Hand zu drücken – welches ex negativo natürlich jede Information enthält, die wir brauchen, um ›sein Bild‹ zu ent-wickeln, und der Umstand, daß er dieses Negativ gleichzeitig für den künstlerischen Prozeß im Theater freigibt, ohne die Erwartung zu haben, daß dort ›sein Bild‹ entwickelt wird, sondern daß er neugierig und interes-siert beobachtet, welches Bild sich entwickelt, macht ihn für mich zu einem so außerordentlichen Autor.

Wie schwer es ist, mit diesem – scheinbar auf ein absolutes Minimum an In-halt – reduzierten Text der dieser Geschichte zugrunde liegenden Vorge-schichte und – im Sinne von Biographie – den individuellen Vorgeschichten der Figuren auf den Grund zu kommen, haben wir auf den Proben selber erfahren.

Sprachloses Unglück – sprachloses Glück

Das erklärt vielleicht auch den Umstand, daß Fosse zur Zeit noch in erster Linie als Autor der Kommunikationslosigkeit und des sprachlosen Un-glücks gesehen wird.

Schweigen ist bei Fosse aber auch Ausdruck sprachlosen Glücks, und ge-rade im indirekten, unausgesprochenen Dialog findet bei Fosse auch Kom-munikation und wirkliche Aussprache statt (so z.B. in der Szene zwischen Vater und Mutter im III. Akt, wenn die beiden neben der konkreten Situa-tion auch das Scheitern ihrer Beziehung, das wechselseitige Wissen um ihre Vereinsamung verhandeln oder, ein anderes Beispiel, die erste ›Stille‹ im Stück, wenn das Mädchen ihren Kopf in Bjarnes Schoß legt und es nichts mehr ›zu sagen‹ gibt).

Ambivalenz ist Absicht und Mittel, diesen, wie Fosse sagt, »melancholi-schen Klang, den das Leben hat«, zu entfalten.

»Doing Fosse is Going Point Zero.«

Dieser Satz des norwegischen Regisseurs Kai Johnsen – er hat Fosse zum Schreiben für das Theater animiert, und seitdem fast jedes seiner Stücke zur Uraufführung gebracht – formuliert seine Erfahrung im Umgang mit ei-nem Autor, der sich und uns keine Illusionen gestattet.

Trotzdem oder vielleicht gerade deshalb ist für mich das Stück gerade in sei-ner absolut illusionslosen Schilderung des täglichen Scheiterns, der Kor-rumpierung durch den Alltag, des der ewigen Wiederholungen Müdewer-dens – jenseits aller Illusionen – auch ein echtes Prinzip Hoffnung.

Der letzte Satz des Vaters »Morgen ist auch noch ein Tag« in seiner ganzen Ambivalenz – ›ich entziehe mich der Situation, weil ich ihr nicht gewachsen bin; ich entziehe mich der Situation, weil ich störe, weil ich merke, daß Beate und Bjarne ihre Geschichte von damals zu verhandeln haben; ich fürchte mich vor dem morgigen Tag, weil er im gleichen enden könnte wie der heutige‹, bis hin zu der Möglichkeit, diesen Satz ganz im Sinne Becketts »Versuche es immer, scheitere immer, macht nichts, versuche es weiter, scheitere weiter, scheitere besser«, als offen für ein Morgen zu lesen – ist für mich der umfassendste Ausdruck dieser Haltung.

(*Originalbeitrag*)

Else Lasker-Schüler

(Elisabeth Schüler) geboren am 11. Februar 1869 als Tochter des jüdischen Privatbankiers Aaron Schüler und dessen Frau Jeanette (geb. Kissing) in Elberfeld (bei Wuppertal). Nach ihrer Heirat mit dem Arzt Berthold Lasker im Jahre 1894 zieht sie nach Berlin, wo sie sich ihrer zeichnerischen Ausbildung widmet. Durch die Freundschaft mit dem Schriftsteller Peter Hille (1854-1904) findet sie 1899 Anschluß an die literarische Szene und veröffentlicht erste Gedichte in der Zeitschrift *Die Gesellschaft*. Geburt ihres Sohnes Paul, dessen Vater unbekannt bleibt. 1902 erscheint ihr erster Gedichtband *Styx*, der vom Impressionismus und Jugendstil geprägt ist. Nach der Scheidung von Lasker 1903 gerät sie in materielle Schwierigkeiten. Sie schließt Freundschaft mit Schriftstellern wie Gottfried Benn und Richard Dehmel. Heirat mit dem Schriftsteller Herwarth Walden (1878-1941), dem späteren Herausgeber der expressionistischen Zeitschrift *Der Sturm*. Nach dem Tod ihres engsten Freundes Hille reflektiert sie 1906 den gemeinsamen Weg in ihrem ersten Prosawerk *Das Peter-Hille-Buch*. 1907 versammelt sie in der Prosasammlung *Die Nächte der Tino von Bagdad* orientalische Geschichten. 1909 wird das Schauspiel *Die Wupper* publiziert, das aber erst 1919 im Deutschen Theater in Berlin uraufgeführt wird. Mit dem Gedichtband *Meine Wunder* (1911) wird sie zur führenden Repräsentantin des Expressionismus. Nach der Scheidung von Walden im Jahre 1912 erscheint der Briefroman *Mein Herz*, in dem sie die zeitgenössische Berliner Bohème schildert. Völlig mittellos, ist sie fortan auf Zuwendung durch Freunde angewiesen. Insbesondere der Wiener Publizist Karl Kraus unterstützt Else Lasker-Schüler. In der Gedichtsammlung *Hebräische Balladen*, der 1913 erscheint, versucht sie die Neuerschaffung eines hebräischen Mythos. Außerdem setzt sie sich in ihrer Lyrik zunehmend mit ihrer Herkunft und Familie auseinander. Sie bezeichnet sich seit mehreren Jahren als »Prinz von Theben« und gibt ihrem neuesten Gedichtband, der 1914 erscheint, diesen Titel. Die *Gesammelten Gedichte* (1917) enthalten einen Zyklus über den von ihr verehrten Gottfried Benn. In der Kaisergeschichte *Der Malik* verarbeitet Else Lasker-Schüler 1919 den Verlust enger Freunde, wie den von Franz Marc, durch den Ersten Weltkrieg. 1927 stirbt ihr Sohn Paul, sie zieht sich zunehmend aus dem öffentlichen Leben zurück. Else Lasker-Schüler erhält 1932 den Kleist-Preis für ihr Gesamtwerk. Veröffentlichung der Prosaskizze *Arthur Aronymus* sowie des Schauspiels *Arthur Aronymus und seine Väter*. Nach tätlichen Angriffen auf offener Straße emigriert sie 1933 in die Schweiz, wo sie vom Jüdischen Kulturbund Unterstützung erfährt. Sie reist in den folgenden Jahren dreimal nach Palästina. Uraufführung von *Arthur Aronymus und seine Väter* 1936 in der Schweiz. 1937 erscheint der Prosaband *Das Hebräerland*. Der Beginn des Zweiten Weltkriegs 1939 verhindert bei ihrer dritten Palästina-Reise die Rückkehr in die

Schweiz. 1940/41 schreibt sie die Tragödie *IchundIch*, die erst 1979 urauf-geführt wird. 1943 erscheint ihr letzter Gedichtband *Mein blaues Klavier* in Jerusalem. Am 22. Januar 1945 stirbt Else Lasker-Schüler in Jerusalem.

Stücke: »Die Wupper«, UA 27. 4. 1919 Deutsches Theater, Berlin, Regie Heinz Herald; »IchundIch«, UA 10. 11. 1979 Düsseldorfer Schauspiel-haus, Regie Michael Gruner.

»Arthur Aronymus und seine Väter« wurde am 30. November 1932 am Züricher Schauspielhaus uraufgeführt; Regie führte Leopold Lindtberg.

Georg-Michael Schulz · Zur Entstehungs- und Aufführungs-geschichte von »Arthur Aronymus und seine Väter«

Obwohl der Zusatz zum Titel dieses zweiten Dramas – »aus meines gelieb-ten Vaters Kinderjahren« – einen privaten familiengeschichtlichen Akzent setzt, bezieht Else Lasker-Schüler die ohnehin recht frei behandelte Fami-liengeschichte auf allgemein-geschichtliche Zusammenhänge zurück, näm-lich auf die antijüdischen Ausschreitungen, zu denen es im Jahr 1844 in Ge-seke und Störmede in Westfalen gekommen war. Das Stück wirbt für ein einträchtiges Zusammenleben von Christen und Juden, bei dem die letzte-ren nicht – im Sinne einer restlosen Assimilation – auf ihre Identität ver-zichten müssen. Es zeigt die wachsende Pogromstimmung, der sich auf christlicher Seite nur zwei besonnene Kirchenmänner entgegenstellen, un-mißverständlich aus der Sicht einer bedrohten jüdischen Familie, so daß das Stück als eine in ein historisches Gewand gekleidete Reaktion auf die anti-semitische Propaganda des Nationalsozialismus gegen Ende der Weimarer Republik zu sehen ist – unbeschadet der biedermeierlichen Züge, die die Autorin dem Stück selbst zuspricht.
In gedruckter Form, nämlich als unverkäufliches Bühnenmanuskript, er-scheint das Stück im Frühjahr 1932 im Verlag S. Fischer. Es wird zu Lebzei-ten der Autorin der einzige Druck bleiben. – Der Weg auf die Bühne scheint zunächst kürzer zu werden als im Fall der *Wupper*. Bereits im Mo-nat der Fertigstellung des Stücks, nämlich am 23. November 1931, fordert Max Reinhardt die Autorin auf, ihm ein Manuskript zu schicken, und be-kräftigt dann in einem Telegramm vom 3. Mai 1932 aus Rom, daß er sich für das Werk engagieren wolle. Louise Dumont erklärt im März (zwei Monate vor ihrem Tod), das Stück für das Düsseldorfer Schauspielhaus lesen zu wollen. Im Juni versichert Karl Heinz Martin, Mitdirektor des Deutschen Theaters Berlin, seine Bereitschaft, das »süße« Stück zu spielen. Richard Weichert, im Begriff, als Regisseur an das Staatstheater München zu wech-seln, verspricht im Juli, das Stück mit Interesse lesen zu wollen. Zuvor aber,

nämlich im Mai 1932, hat bereits Gustav Hartung als Intendant des Hessischen Landestheaters Darmstadt das Recht der Uraufführung für den 1. Februar 1933 erworben – ein Projekt, das er, wie er in einem Brief an Else Lasker-Schüler vom 28. Februar 1933 erläutert, »angesichts des politischen Fanatismus« nicht mehr realisieren kann. In Berlin indessen gehen die Bemühungen um das Stück zunächst noch weiter. So findet sich noch am 3. März 1933 in der *Vossischen Zeitung* die Mitteilung, das Stück werde »am Sonntag, 19. März, in einer Mittagsvorstellung im Schiller-Theater zur Uraufführung« gelangen, und zwar unter der Regie von Leopold Jessner. Aber auch dazu kommt es dann nicht mehr – Jessner, Jude wie die Autorin und wie auch Gustav Hartung, geht in die Emigration.

Wie seinerzeit *Die Wupper* kommt auch *Arthur Aronymus* zunächst nur in Lesungen zu Gehör; so trägt Else Lasker-Schüler am 30. November 1932 noch in Berlin zusammen mit anderen Texten auch ein Bild aus dem Drama vor. Die Uraufführung findet erst am 19. Dezember 1936 im Züricher Schauspielhaus statt. Leopold Lindtberg, dem Else Lasker-Schüler bereits auf ihrer ersten Palästina-Reise im Frühjahr 1934 begegnet war, führt Regie, die Bühneneinrichtung stammt von Teo Otto, mit dem die Autorin sich aufgrund der gemeinsamen rheinischen Herkunft verbunden fühlt. Erhalten ist das Manuskript einer kurzen Ansprache an das Publikum, in der Else Lasker-Schüler erzählt, daß sie das Stück in sechs Wochen geschrieben habe und daß ihr am Ende der Geist ihres Urgroßvaters erschienen sei.

(Auszug aus: Else Lasker-Schüler, Werke und Briefe, kritische Ausgabe Bd. 2, Jüdischer Verlag im Suhrkamp Verlag, Frankfurt am Main 1997.)

Dea Loher

geboren am 20. April 1964 in Traunstein/Obb., Studium der Germanistik und Philosophie in München, lebt seit 1989 in Berlin. Dea Loher erhielt den Royal Court Theatre Playwrights Award 1992, den Preis der Frankfurter Autoren Stiftung 1993, die Fördergabe des Schiller-Gedächtnispreises von Baden-Württemberg 1995, den Jakob Michael Reinhold Lenz-Preis der Stadt Jena 1997, den Gerrit Engelke-Preis der Stadt Hannover 1997 und den Mülheimer Dramatiker-Preis 1998.

Stücke: »Olgas Raum«, UA 7. 8. 1992 Ernst-Deutsch-Theater, Hamburg, Regie Yves Jansen; »Tätowierung«, UA 8. 10. 1992 Ensemble Theater am Südstern, Berlin, Regie Thomas Hollaender; »Leviathan«, UA 2. 10. 1993 Niedersächsisches Staatstheater, Hannover, Regie Antje Lenkeit; »Fremdes Haus«, UA 14. 9. 1995 Niedersächsisches Staatstheater, Hannover, Regie Andreas Kriegenburg; »Blaubart – Hoffnung der Frauen«, UA 26. 11. 1997 Bayerisches Staatsschauspiel, München, Regie Andreas Kriegenburg; »Adam Geist«, UA 28. 2. 1998 Niedersächsisches Staatstheater, Hannover, Regie Andreas Kriegenburg; »Manhattan Medea« UA 22. 10. 1999 steirischer herbst, Graz, Regie Ernst M. Binder.

»Klaras Verhältnisse« wurde am 23. März 2000 am Burgtheater Wien uraufgeführt; Regie führte Christina Paulhofer. Die deutsche Erstaufführung folgte am 26. Oktober 2000 am Thalia Theater Hamburg; Regie führte Mark Zurmühle.

»Wenn der Kitsch vorbei ist, geht der Kampf weiter«
Dea Loher im Gespräch mit Sonja Anders

Sonja Anders: Sind Sie Klara?
Dea Loher: (Schweigen) Bißchen
Kennen Sie eine Klara?
Es gibt kein lebendes Vorbild im Sinne einer einzelnen Person, von der ich mir gedacht habe, die nehme ich mir jetzt und wandle sie ab und mache eine Kunstfigur daraus.
Diese Klara-Figur hat eine eigene Entstehungsgeschichte. Ich wollte zum einen eine Art Gegenentwurf zu *Adam Geist* schreiben. Eine ähnlich odysseehafte Geschichte von jemandem, der auf der Suche ist nach seinem Platz im Leben, aber eben nicht mit einem Mann, sondern einer Frau im Zentrum, und dann wollte ich versuchen, wie weit das durchführbar ist bzw. wie sich die Situationen und Prämissen ändern.

Ist Klara in ihrer Unbedingtheit auf der Suche nach Authentizität ein litera-
risches Konstrukt?

Es würde mich nicht stören, wenn sie ein literarisches Konstrukt wäre, wobei der Ausdruck etwas abwertend ist. Mir würde nichts daran liegen, eine
Figur zu entwerfen, von der die Leute sagen: O ja, das ist jetzt aber total
realistisch, genau so etwas kenne ich ... Dieses Bedürfnis nach Realismus
verkleinert nur das, was man selber damit anfangen kann. Der Wieder-
erkennungseffekt verkürzt sofort die Distanz, verhindert die Weite des
Blicks, den man unbefangen auf etwas anderes, Neues werfen kann. Das ist
ja der normale Vorgang in der Kunst: Sachen zu verknappen, zu verkürzen,
zu verdichten und dadurch in eine Künstlichkeit zu treiben, die über das
bloß Realistische hinausgeht.

Ist Ihnen Klara manchmal auch auf die Nerven gegangen? Z. B. mit ihrem
Anspruch auf Wahrhaftigkeit oder schlußendlich auch mit ihrer totalen Ich-
Bezogenheit ...

Nein, weil ich glaube, daß das beim Schreiben ein anderer Prozeß ist. Da
nerven mich ganz andere Sachen. Nicht die Figuren.

Weil sie doch auch verletzen kann –

Das schon, aber das ist dann auch schon das Lebendigwerden einer Figur.
In dem Akt des Schreibens, wenn's gut läuft und man merkt, daß die Figur
ein gewisses Eigenleben kriegt und Forderungen stellt und z. B. eine Szene,
die ich mir anders vorgestellt habe, selbsttätig ändert, dann finde ich das eigentlich eher toll, also dann wundere ich mich.

Es ist ja durchaus eine Qualität, wenn eine Figur einen hintenherum er-
wischt. Man sie erst einmal gern hat, dann aber Aggressionen gegen sie ent-
stehen. Für mich ist das ein spannender Vorgang, einer literarischen Figur
gegenüber ein gewisses Aggressionspotenzial zu entwickeln.

(Schweigen)

Ich geh mal weiter ...

Nein, das ist interessant, weil, ich weiß auch nicht, ob ich die alle so gern
habe. Sie müssen mir sympathisch sein, sonst könnte ich sie nicht schre-
ben. Die letzten Wochen habe ich gemerkt, daß beim Prosa-Schreiben die
Entstehung der Figuren auf angenehme Weise anders ist als die Entstehung
dramatischer Figuren, weil die Prosa-Figuren einem näherkommen können, weil man sie von außen beschreiben kann, sie über ihre Tätigkeiten beschreiben kann. Ihre Möglichkeiten, sich selbständig zu machen, sind in dem
Fluß des Schreibens viel größere und überraschendere als beim Drama.

Drama erfordert eine sehr viel größere Distanz und eine viel mehr voraus-
berechnendere Mathematik des dramatischen Baus. Und das verhindert,
daß man den Figuren zu nahekommt und verhindert auch, daß sie sich zu
selbständig machen, einem vollkommen entgleiten, und gleichzeitig sche-
nen die dramatischen Figuren auf vertrackte Weise sperriger und weniger
biegsam.

Sie haben gesagt, Klara sucht ihren Platz – sucht sie auch einen Platz in der
Gesellschaft?

Inwieweit sind die Figuren durch die Außenwelt bestimmt?
Sie sind natürlich durch die Außenwelt bestimmt, aber sie sind durch die eigene Beschaffenheit auch gehandikapt. Die Möglichkeiten, das eigene Leben zu ändern, werden zwar wahrgenommen, aber oft auf eine völlig verkehrte Art. Und die Tatsache, daß es keine Außenwelt in Form von Schule oder Bankarbeit oder Ämtern gibt, liegt daran, daß mich das als Szene nicht so sehr interessiert hat, die Repressionen in der Arbeitswelt oder so, ich wollte die Wirkungen zeigen, die das hat.
Der Soziologe Ulrich Beck schreibt zum Thema Individualisierung, daß die Menschen heute als eine Priorität in ihrem Leben die Suche nach dem »eigenen Leben« setzen: Im Zuge der zunehmenden Globalisierung ist der Mensch darauf bedacht, sich sein Leben selbst zu gestalten, sozusagen aus vielen möglichen Puzzleteilen zusammenzubasteln. Wenn ich »Klaras Verhältnisse« orte, spielen für mich diese Thesen mit hinein – können Sie damit in bezug auf Ihr Stück etwas anfangen?
Ich glaube, die Situation der Vielen – und zwar relativ egal, in welcher beruflichen Situation, ob in der Bank, im Krankenhaus oder in der Schule – ist diejenige einer Lebensspaltung, die fast schon eine biografische Spaltung ist. Auf der einen Seite dieses Muß-Leben, dieses Geldverdienen-Leben, in dem man sich vorgefundenen Bedingungen anpaßt, und auf der anderen Seite das Freizeit-Leben, das möglichst unverwechselbar und individuell sein soll, das zweite Leben, das dann das »eigentliche« ist. Das, was Klara versucht – und insofern ist sie nicht typisch – ist noch mal eine Überformung dieser Erscheinung, dieser Doppelleben-Strategie. Sie will vollkommen selbstbestimmt sein, aber gleichzeitig auch nützlich und in ihren Möglichkeiten herausgefordert. Der Sinngedanke ist sehr entscheidend für sie. Im Grunde versucht sie, beides zusammenzulegen, aus dem Doppelten wieder eine Einheit zu machen. Sie will also nicht das eine Leben, das berufliche Leben, was allen möglichen Zwängen und Verpflichtungen untergeordnet ist, diesem anderen, eigentlichen Leben unterordnen. Sie will, daß ihr echtes Leben auch ihr echtes ganzes Leben ist und nicht nur ein Wurmfortsatz. Daran scheitert sie natürlich.
Und die anderen Figuren? Alle leben damit, daß sie eine große Sehnsucht haben und eine große Angst.
Bei den anderen ist es in verschiedenen Graden ähnlich ausgeprägt. Es gibt verschiedene Stadien, ausgelöst durch Klara, die in ihren Forderungen sehr viel weiter ist.
Alle gehen Risiken ein, das ist dieser Virus Klara. Aber während die anderen Bungee-Jumping betreiben oder auf einsamen Inseln angeleitetes Überleben trainieren, besteigt Klara einen Achttausender und geht das Risiko ein, daß ihr die Füße abfrieren oder aber sie gar nicht zurückkommt. Ist Klara ein altmodischer Mensch in einer modernen Gesellschaft?
Stimmt, in dieser Einheitssehnsucht ist sie sicherlich total altmodisch. Aber es geht ja gar nicht um ein klassisches, universales Menschenbild oder so. Klara weigert sich, eine affirmative Haltung zu den Lebensoptionen einzunehmen, die sich ihr bieten.

Wir rätseln natürlich über den Schluß des Stückes, rätseln über den Chinesen – ist der für Sie so etwas wie eine Utopie?

Eine Utopie . . . Der ist einfach was anderes.

Aber er leistet etwas Ungeheures zum Schluß.

Ja – wobei ich dazu sagen muß, daß ich den Schluß zigmal geändert habe. Zunächst war es so, daß Klara sich umbringt und dem Chinesen das ganze Geld vermacht, und da haben ganz viele Leute gesagt, jetzt ist es wieder so traurig am Schluß, wieder ein Selbstmord, und warum kann denn nicht endlich mal eine Figur überleben und es ein optimistischeres Ende geben – na ja, ich meine ja sowieso immer, daß diese Schlüsse optimistisch sind, aber ich habe gedacht, o.k., jetzt mache ich es noch ein bißchen optimistischer, und dann muß es aber wirklich grausam kitschig sein.

Haben Sie eine Utopie für Klara?

Nein, wie denn – jetzt habe ich zwar gerade von dem optimistischen Schluß geredet, aber die Tatsache, daß sie am Ende nicht stirbt und weiterleben muß, ist ja tatsächlich viel trauriger; wenn der Kitsch vorbei ist, geht der Kampf weiter.

(*Aus: Programmheft Thalia Theater, Hamburg, 26. 10. 2000.*)

Roland Schimmelpfennig

geboren am 19. September 1967 in Göttingen, ab 1987 Aufenthalt in Istanbul als Autor und Journalist, ab 1990 Regiestudium an der Otto-Falckenberg-Schule in München, Regieassistent an den Münchner Kammerspielen und seit 1999 Dramaturg an der Schaubühne am Lehniner Platz, Berlin. Die Hörspiele von Roland Schimmelpfennig haben Ulrich Lampen, Walter Adler und Claus Buhlert inszeniert. 1997 erhielt Roland Schimmelpfennig den Else Lasker-Schüler Förderpreis, 1998 die Fördergabe des Schiller-Gedächtnispreises des Landes Baden-Württemberg.

Stücke: »FISCH UM FISCH«, UA 8. 5. 1999 Staatstheater Mainz, Regie Roland Schimmelpfennig; »DIE EWIGE MARIA«, UA 27. 12. 1996 Theater Oberhausen, Regie Volker Schmalöer; »KEINE ARBEIT FÜR DIE JUNGE FRAU IM FRÜHLINGSKLEID«, UA 4. 4. 1996 Münchner Kammerspiele, Regie Peer Boysen; »VOR LANGER ZEIT IM MAI«, UA 13. 3. 2000 Schaubühne am Lehniner Platz, Berlin, Regie Barbara Frey; »DIE ZWIEFACHEN«, UA 6. 6. 1997 Münchner Kammerspiele, Regie Markus Völlenklee; »AUS DEN STÄDTEN IN DIE WÄLDER, AUS DEN WÄLDERN IN DIE STÄDTE«, UA 25. 4. 1998 Staatstheater Mainz, Regie Hartmut Wickert; »MEZ«, UA 5. 5. 2000 Schaubühne am Lehniner Platz, Berlin, Regie Gian Manuel Rau; »PUSH UP«, UA 19. 3. 2000 Schauspiel Bonn, Regie Jessika Steinke.

»DIE ARABISCHE NACHT« wurde am 3. Februar 2001 am Staatstheater Stuttgart uraufgeführt; Regie führte Samuel Weiss.

»UND WENN SIE NICHT GESTORBEN SIND, DANN LEBEN SIE NOCH HEUTE«
Roland Schimmelpfennig im Gespräch mit Sebastian Huber

Sebastian Huber: Einer meiner Lieblingssätze von Ihnen stammt aus dem Monolog MEZ, wo es heißt: »Man holt die Zigaretten aus dem Aschenbecher und möchte sie ein zweites Mal rauchen. Wenn das ginge.« Ist das so, daß die nächste Zigarette immer nur ein schlechter Ersatz für die vorhergehende ist?
Roland Schimmelpfennig: Natürlich könnte die nächste Zigarette so gut sein wie die letzte oder dasselbe bedeuten wie die letzte, aber das tut sie in Wirklichkeit nie. Die letzte Zigarette, die man noch mal rauchen möchte, ist der Versuch der Wiederholung dessen, was nie mehr zu wiederholen ist.
Ich habe bisher immer gedacht, man raucht die nächste, weil man hofft, sie wäre besser als die vorhergegangene.
(lacht) Ich denke, diese Hoffnung ist völlig unberechtigt. Aber den Wunsch

nach Wiederholung oder nach einer Schlaufe, in der man die Dinge besser machen kann, die man das letzte Mal falsch gemacht hat, den haben wir alle.

Weil die Erinnerung der Gegenwart gegenüber immer im Vorteil ist?

Die Erinnerung ist grundsätzlich im Vorteil, dominant, aber meistens materialisiert sie sich nicht. Ich plane zur Zeit einen Text, in dem die Geister der Vergangenheit jemanden einholen und er sie nicht mehr los wird. Allerdings nicht wie in der Arabischen Nacht als Zeitschlaufe am Schluß.

Der Mangel an Erinnerung ist ja etwas, was Sie als Verlust an Identität beschreiben. Der Fluch der ersten Frau des Scheichs lautet ja: Auflösen sollst du dich, verloren sollst du gehen, an nichts mehr wirst du dich erinnern.

Der Fluch sagt im Grunde, daß Franziska nicht etwas anderes werden darf als das, was sie ist. Aber da sie keine Erinnerung hat, tritt sie wie von außen in ihr eigentliches Leben. Sie kann es nicht bestimmen. Der Schauspieler Rolf Boysen hat mal gesagt: Die Erinnerung ist die Rakete der Utopie.

Ich habe den Fluch immer so verstanden, daß wenn Franziska den Mond sieht –

– sie von ihm erlöst ist, ja. Oder was heißt erlöst: Der Fluch ist vollendet, vollzogen, sie ist endgültig in der Vergangenheit angekommen. Plötzlich hat sie auch eine Zukunft. Sie hält sich sogar für glücklich – und geht denselben Weg, den Lomeiers erste Frau auch genommen hat. Sie meint ihn zu lieben, aber schon im ersten Moment der Liebe will sie ihn ändern, indem sie sagt, zieh doch den Kittel aus und werd ein anderer, als du bist.

Es könnte, wenn man spekulieren wollte, allerdings auch sein, daß der Kittel gar nicht das ist, was Lomeier ausmacht. Mit beiden Figuren gehen ja schließlich große Veränderungen vor. Franziska gewinnt Erinnerung zurück, und Lomeier, nachdem er seine Frau ausgelöscht hat, muß eben nicht mehr mit dieser Erinnerung leben, kann vergessen.

Die beiden haben nicht dieselben Ausgangspositionen. Der eine hat mit etwas abgeschlossen und fängt tragischerweise trotzdem noch mal von vorne an – und sie hat mit dem Kuß im Grunde erst ihren wirklichen Start, wenn man mal die Jahre davor, die sie in der Grauzone verbracht hat, nicht rechnet, weil das kein bewußtes Leben war. Jetzt lebt sie es bewußt –

Was gehört denn zu einem bewußten Leben?

Im Fall von Franziska: der Umgang mit Erinnerung. Daß sie weiß, wer sie ist und was sie möchte. Was der Hausmeister nicht weiß, was er nicht begreift, ist, daß das, was ihn möglicherweise ausmacht, gar nicht zu vermitteln ist. So sinnlos, wie es ist, daß sie glaubt, er werde ohne Kittel besser sein als mit, so sinnlos ist es, daß er glaubt, es werde wunderbar, ihr die Müllverbrennungsanlage und die Fahrstuhlmotoren zu zeigen. Seine Begeisterung ist nicht wirklich zu teilen oder zu vermitteln. Kurzfristig mag er daran glauben, aber langfristig funktioniert das nicht. Das ist letztendlich das Thema, der Ausbruch, die Veränderung des Lebens, und ob das gutgeht. Ob das hält. Oder ob das nur ein momentanes Hoch ist, an dem man sich dann abarbeiten muß, die nächsten Jahre, bis man wieder endgültig scheitert. Die Liebe bleibt der außergewöhnliche Moment in Lomeiers Leben, irgendwann kommt vielleicht wieder der Phasenprüfer.

Der Einbruch des Außergewöhnlichen wird ja ausgelöst durch einen mechanischen Defekt, den steckengebliebenen Fahrstuhl. Da kippen gewöhnliche Menschen, die sich in einem festen Gefüge, einer gut funktionierenden Ordnung befinden, aufgrund einer Panne plötzlich aus diesem Zusammenhang. Das ist ja auch ein Muster des Boulevard-Theaters.

Der Einbruch der Katastrophe ist wichtig als Motor, der die Bühnenfigur aus der Bahn der Normalität wirft. Nur daß die, die durch den fatalen Kuß in die Katastrophe befördert werden, zumindest in zwei Fällen nicht mehr rauskommen, nicht mehr in die Normalität zurückfinden – im dritten Fall ist die Entwicklung etwas längerfristig.

Sie meinen im dritten Fall, im Fall Lomeiers, die Katastrophe, die heißt, »Und wenn sie nicht gestorben sind, dann leben sie noch heute«. Also ein Happy-End – das aber leider dauern wird.

Was mit dem Schluß seinen Anfang nimmt, wird ja im Stück erzählt.

Dieser Aspekt von Dauer, von, sagen wir mal, ewiger Gegenwart, die durch ständiges Vergessen oder durch ständiges Erinnern entsteht, in welchem Zusammenhang steht das mit dem Präsens, in dem das Stück erzählt ist?

Das Präsens verhindert Verklärung. Das Präsens macht das Beschriebene scheinbar eindimensionaler, aber gleichzeitig entsteht dadurch die Möglichkeit, die Handlung im Moment des Erzählens zu erleben. Die Identifikation beim Zusehen/Hören/Lesen ist anders. Direkter.

Es handelt sich auf der Bühne ja sozusagen um ein doppeltes Präsens. Die Schauspieler sind ja anwesend und erzählen gleichzeitig von ihrer Anwesenheit, gewissermaßen. Da ist auf eine bestimmte Art besonders wenig Luft dazwischen: In dem Augenblick, in dem der Schlüssel fällt, wird gesagt, daß er fällt.

Da transportiert das Präsens die Handlungsmechanismen des Boulevards in der Sprache. Im Boulevard würde die Tür wirklich zufallen, und hier wird gesagt, daß die Tür in der Sekunde zufällt. Aber der Effekt ist derselbe.

Das ist ja eine der Herausforderungen an Ihrem Text, daß es diese zeitliche oder räumliche Distanz zwischen Erzählen und Erzähltem nicht gibt. Heißt das, daß es keine andere Zeit gibt, kein Davor und kein Danach?

Es gibt nur die eine Nacht, nur den Moment. Gäbe es den Morgen davor oder danach, bräuchte die Geschichte eine andere epische Erzählweise.

Es fallen aber nicht nur die unterschiedlichen Zeiten in eins, sondern auch die unterschiedlichen Wirklichkeitsebenen. Wenn Franziska aufwacht, sagt sie als erstes: Das ist ja ein Alptraum. Das heißt, sie wacht in einem Alptraum auf.

Der Traum ist für sie in dem Moment viel wahrhaftiger als der Ort, wo sie aufwacht – den sie nicht wiedererkennt. Sie will dorthin zurück, wo sie zu Hause ist: in die Wüste – oder in den Schlaf.

Gleichzeitig würden Karpati und Khalil ganz gerne wieder aufwachen. Das heißt, der Traum ist nicht eine Gegenwelt, in die man abtaucht und aus der man verändert wiederkehrt. »Traum« ist also eigentlich von vorneherein ein ganz falscher Begriff.

Ja. Man müßte den Männern eher wünschen, daß sie einschlafen. Das wäre ja die Erlösung. In der Flasche einzuschlafen oder in der Wüste und dadurch dem Rest zu entgehen. Aber es gibt keinen Notausgang. Der Mann in der Flasche wacht aus seiner Ohnmacht auch wieder in der Flasche auf.

Das heißt, es gibt keine andere Zeit – keine Vergangenheit, aus der man schöpfen kann, keine Zukunft, in die man geht – und keine Traumrealität, in die man entweichen kann, demzufolge auch keine wirkliche Wirklichkeit, in der man seine Steuern zahlt, und dann wird alles gut. Wo sind die Figuren am Ende eigentlich?

Es sind fünf Individuen, die die gleiche Ausweglosigkeit teilen, dies aber nicht aus einer gemeinsamen Perspektive erleben.

Sie wollen sagen, es handelt sich bei dem Stück auch um fünf voneinander potentiell unabhängige Monologe.

Es ist scheinbar wenig dialogisch, ja. Die Figuren handeln nicht gemeinsam, sie können es nicht. Es ist ihnen unmöglich.

Das zusätzlich Überraschende ist ja, daß die fünf Beschreibungen untereinander übereinstimmen. Daß die Wirklichkeit, aus fünf Perspektiven geschildert, nicht fünfmal völlig unterschiedlich aussieht.

Das macht es eigentlich nur noch schlimmer. Oder?

Schlimmer – und komischer

(*Aus: Programmheft Staatstheater Stuttgart, 3. 2. 2001.*)

Copyright-Vermerke

Jon Fosse, »Der Name« (Namnet)
© 1995 by Jon Fosse at Colombine Teaterförlag, Stockholm
© der deutschen Übersetzung Rowohlt Theaterverlag, Reinbek bei Hamburg 1997
Abdruck erfolgt mit freundlicher Genehmigung des Rowohlt Theaterverlags, Reinbek bei Hamburg
Die Rechte der Bühnenaufführung, der Übertragung durch Rundfunk und Fernsehen sowie des öffentlichen Vortrags liegen für alle deutschsprachigen Länder beim Rowohlt Theaterverlag, Reinbek bei Hamburg

Else Lasker-Schüler, »Arthur Aronymus und seine Väter«
© Jüdischer Verlag im Suhrkamp Verlag, Frankfurt am Main 1997
Aufführungsrechte: Theaterverlag Kiepenheuer & Witsch, Köln, vertreten durch die Gustav Kiepenheuer Bühnenvertriebs GmbH, Berlin

Dea Loher, »Klaras Verhältnisse«
© Verlag der Autoren, Frankfurt am Main 1999
Abdruck erfolgt mit freundlicher Genehmigung des Verlages der Autoren, Frankfurt am Main
Aufführungsrechte: Verlag der Autoren, Frankfurt am Main

Roland Schimmelpfennig, »Die arabische Nacht«
© Fischer Taschenbuch Verlag GmbH, Frankfurt am Main, 2000
Abdruck erfolgt mit freundlicher Genehmigung der Fischer Taschenbuch GmbH, Frankfurt am Main
Aufführungsrechte: S. Fischer Verlag, Theater & Medien, Frankfurt am Main

Moderne Dramatik in »Spectaculum«

Achternbusch, Herbert
  Ella 31
  Susn 35
  Weg 41
  Gust 42
  Mein Herbert 45
  Auf verlorenem Posten 51
  Der Stiefel und sein Socken 58
Adrien, Philippe
  Sonntags am Meer 11
Akerman, Chantal
  Sophies Nacht 57
  Der Umzug 62
Albee, Edward
  Wer hat Angst vor Virginia Woolf? 7
  Drei große Frauen 61
  Das Spiel ums Baby 71
Allen, Woody
  Spiel's nochmal, Sam 63
Audiberti, Jacques
  Quoat-Quoat 3
Babel, Isaak
  Marija 11
Barlach, Ernst
  Der arme Vetter 29
Batberger, Reinhold
  Buster, Bestie 57
Bauer, Wolfgang
  Change 14
Beckett, Samuel
  Endspiel 2
  Das letzte Band 3
  Glückliche Tage 5
  Spiel 6
  Kommen und Gehen 9
  Atem 13
  Spiel ohne Worte I und II 13
  Nicht ich 20
  Warten auf Godot 23
  Tritte 25
  Bruchstücke I und II 27
  Damals 28
  Der Verwaiser 34
  Ohio Impromptu 35
  Rockaby 36
  Katastrophe 37

  Was Wo 39
  Ein Stück Monolog 40
  Nacht und Träume 50
  Eleutheria 70
Berkéwicz, Ulla
  Nur Wir 54
Bernhard, Thomas
  Ein Fest für Boris 17
  Der Ignorant
    und der Wahnsinnige 19
  Die Jagdgesellschaft 20
  Die Macht der Gewohnheit 22
  Der Präsident 24
  Die Berühmten 25
  Minetti 28
  Der Weltverbesserer 30
  Vor dem Ruhestand 32
  Der Schein trügt 39
  Ritter, Dene, Voss 44
  Einfach kompliziert 46
  Heldenplatz 49
  Der Theatermacher 50
  Der deutsche Mittagstisch 55
  Elisabeth II. 67
Binnerts, Paul
  Black Box 71
Böll, Heinrich
  Aussatz 15
Bond, Edward
  Gerettet 11
  Trauer zu früh 13
  Die Hochzeit des Papstes 14
  Lear 17
  Die See 20
  Bingo 22
  Der Irre 25
  Die Schaukel 27
  Das Bündnis 30
  Sommer 37
  Restauration 41
  Rot, schwarz und ignorant 43
  Ollys Gefängnis 58
  September 61
  Jacketts oder Die geheime Hand 68
Brasch, Thomas
  Der Papiertiger 26

Lovely Rita 28
Lieber Georg 30
Rotter 37
Mercedes 38
Frauen · Krieg · Lustspiel 50
LIEBE MACHT TOD 56
Braun, Volker
    Die Kipper 16
    Hinze und Kunze 19
    Guevara oder Der Sonnenstaat 27
    Simplex Deutsch 42
    Transit Europa 45
    Die Übergangsgesellschaft 50
Brecht, Bertolt
    Der gute Mensch von Sezuan 1
    Leben des Galilei 1
    Die heilige Johanna der Schlachthöfe 2
    Schweyk im Zweiten Weltkrieg 3
    Furcht und Elend des Dritten Reiches 4
    Der Prozeß der Jeanne d'Arc zu
        Rouen 1431 5
    Baal 6
    Bearbeitung von Shakespeares »Coriolan« 8
    Turandot oder Der Kongreß der
        Weißwäscher 10
    Die Tage der Commune 14
    Die Kleinbürgerhochzeit 22
    Trommeln in der Nacht 24
    Die Gewehre der Frau Carrar 25
    Der Bettler oder Der tote Hund 32
    Das wirkliche Leben
        des Jakob Geherda 41
    Herr Puntila und sein Knecht Matti 45
    Der Untergang des Egoisten Johann
        Fatzer 59
    Die Dreigroschenoper 61
    Leben des Galilei Fassung 1938/39, 1955/56,
        Modelle 65
Broch, Hermann
    Die Entsühnung 40
    Die Erzählung der Magd Zerline 52
Bukowski, Oliver
    Inszenierung eines Kusses 62
Camus, Albert
    Caligula 6
Canetti, Elias
    Hochzeit 19
    Komödie der Eitelkeit 23
    Die Befristeten 27

Companeez, Nina
    Die Sanduhr 49
Cortázar, Julio
    Nichts mehr nach Calingasta 38
Dobbrow, Dirk
    Diva 62
Dorst, Tankred
    Toller 11
    Eiszeit 19
    Auf dem Chimborazo 22
    Die Villa 35
    Heinrich oder Die Schmerzen der
        Phantasie 40
    Ich, Feuerbach 47
    Korbes 49
    Karlos 53
    Fernando Krapp hat mir diesen Brief
        geschrieben 55
    Herr Paul 58
    Die Schattenlinie 60
    Wie Dilldapp nach dem Riesen
        ging 61
    Die Geschichte der Pfeile 62
    Harrys Kopf 66
    Große Szene am Fluß 71
Dürrenmatt, Friedrich
    Der Besuch der alten Dame 2
    Romulus der Große 4
    Die Physiker 7
Duras, Marguerite
    Ganze Tage in den Bäumen 9
    Die Englische Geliebte 17
    Eden Cinéma 41
Eliot, Thomas Stearns
    Mord im Dom 1
    Die Cocktail Party 1
    Ein verdienter Staatsmann 3
    Der Privatsekretär 25
Endres, Ria
    Der Leibwächter 60
Enquist, Per Olov
    Die Nacht der Tribaden 26
    Aus dem Leben der Regenwürmer 40
    In der Stunde des Luchses 49
    Tupilak 60
    Die Bildermacher 67
Eppendorfer, Hans/Fichte, Hubert
    Der Ledermann spricht mit Hubert
        Fichte 25

Fallada, Hans/Dorst, Tankred
  Kleiner Mann – was nun? 18
Federspiel, Jürg
  Brüderlichkeit 30
De Filippo, Eduardo
  Die Kunst der Komödie 41
Fleißer, Marieluise
  Pioniere in Ingolstadt 13
  Fegefeuer in Ingolstadt 16
  Der Tiefseefisch 21
  Der starke Stamm 32
Fo, Dario
  Zufälliger Tod eines Anarchisten 31
Forte, Dieter
  Martin Luther & Thomas Müntzer
    oder Die Einführung der Buchhaltung 18
Fosse, Jon
  Der Name 72
Friel, Brian
  Väter und Söhne 48
Frisch, Max
  Nun singen sie wieder 1
  Don Juan oder Die Liebe zur Geometrie 1
  Biedermann und die Brandstifter 2
  Graf Öderland 4
  Andorra 5
  Biografie: Ein Spiel 12
  Triptychon 33
  Jonas und sein Veteran 52
Fritsch, Werner
  Es gibt keine Sünde im Süden des
    Herzens 64
García Lorca, Federico
  Yerma 3
  Doña Rosita bleibt ledig 22
  Sobald fünf Jahre vergehen 25
  Das Publikum 38
  Komödie ohne Titel 40
  Bernarda Albas Haus 70
Genet, Jean
  Die Neger 8
Goetz, Rainald
  Krieg 54
  Katarakt 59
  Kritik in Festung 69
  Jeff Koons 70
Gorki, Maxim
  Das Nachtasyl
    oder Die letzte Bleibe 46

Graser, Jörg
  Rabenthal 54
  Die Blinden von Kilcrobally 67
Greiner, Peter
  Kiez 25
  Orfeus 29
  Fast ein Prolet 35
  Die Torffahrer 41
Griffiths, Trevor
  Komiker 29
Hacks, Peter
  Das Volksbuch vom Herzog Ernst 8
  Amphitryon 13
Hampton, Christopher
  Der Menschenfreund 14
  Geschichten aus Hollywood 36
  Gefährliche Liebschaften 48
Handke, Peter
  Publikumsbeschimpfung 10
  Kaspar 12
  Quodlibet 13
  Der Ritt über den Bodensee 14
  Die Unvernünftigen sterben aus 20
  Über die Dörfer 36
  Das Spiel vom Fragen
    oder Die Reise zum Sonoren Land 51
  Die Stunde da wir nichts
    voneinander wußten 58
  Zurüstungen
    für die Unsterblichkeit 64
Havel, Václav
  Das Gartenfest 12
Henkel, Heinrich
  Eisenwichser 15
Hildesheimer, Wolfgang
  Die Verspätung 6
  Mary Stuart 14
Hirschberg, Dieter
  Fünfzehn, Sechzehn, Siebzehn 25
Hochhuth, Rolf
  Guerillas (Bühnenfassung:
    Robert David MacDonald) 15
  Juristen 35
Horváth, Ödön von
  Kasimir und Karoline 8
  Glaube Liebe Hoffnung 13
  Geschichten aus dem Wiener Wald 16
  Zur schönen Aussicht 18
  Figaro läßt sich scheiden 20

Italienische Nacht 22
Himmelwärts 25
Hrabal, Bohumil
    Der sanfte Barbar 47
Hürlimann, Thomas
    Großvater und Halbbruder 46
    Das Lied der Heimat 68
Ionesco, Eugène
    Die kahle Sängerin 5
    Der König stirbt 7
Jahnn, Hans Henny
    Thomas Chatterton 2
    Die Krönung Richards III. 29
    Die Trümmer des Gewissens 32
    Medea 50
    Straßenecke 59
Jandl, Ernst
    Aus der Fremde 34
Jarry, Alfred
    Ubu Rex 30
Jelinek, Elfriede
    Burgtheater 43
    Krankheit oder Moderne Frauen 47
    Totenauberg 56
    Raststätte oder Sie machens alle 61
    Stecken, Stab und Stangl 63
    er nicht als er 67
Joyce, James
    Verbannte 21
Jung, Franz
    Heimweh 26
Kane, Sarah
    Zerbombt 63
Keeffe, Barrie
    Gimme shelter 31
Kipphardt, Heinar
    In der Sache J. Robert Oppenheimer 7
Kirchhoff, Bodo
    Das Kind oder Die Vernichtung von
        Neuseeland 31
    An den Rand der Erschöpfung weiter 34
    Glücklich ist, wer vergißt 40
    Die verdammte Marie 48
    Der Ansager einer Stripteasenummer
        gibt nicht auf 60
Kolmar, Gertrud
    Möblierte Dame (mit Küchenbenutzung)
        gegen Haushaltshilfe 69
    Nacht 71

Koltès, Bernard-Marie
    In der Einsamkeit der Baumwollfelder 48
    Rückkehr in die Wüste 51
    Roberto Zucco 53
Kosturi, Ronald
    Zwei grüne Paprika 71
Kroetz, Franz Xaver
    Heimarbeit 15
    Oberösterreich 18
    Stallerhof/Geisterbahn 21
    Lieber Fritz 25
    Mensch Meier 30
    Nicht Fisch Nicht Fleisch 39
Kühn, Dieter
    Herbstmanöver 27
Kuhlmann, Harald
    Pfingstläuten 27
    Wünsche und Krankheiten
        der Nomaden 39
    Engelchens Sturmlied 55
Kushner, Tony
    Engel in Amerika 56
    Slawen! 60
Laederach, Jürg
    Die Lehrerin verspricht der Negerin
        wärmere Tränen 34
Lasker-Schüler, Else
    Die Wupper 26
    IchundIch 42
    Arthur Aronymus und seine Väter 72
Leutenegger, Gertrud
    Lebewohl, Gute Reise 44
Loher, Dea
    Tätowierung 57
    Klaras Verhältnisse 72
Ludwig, Volker/Michel, Detlef
    Das hältste ja im Kopf nicht aus 25
MacLeish, Archibald
    Spiel um Job 3
Majakowski, Wladimir
    Die Wanze 2
Mamet, David
    Das Kryptogramm 61
Mayröcker, Friederike
    NADA. NICHTS. 53
Medoff, Mark
    Wann kommst du wieder, Roter Reiter? 24
Meyer Hörstgen, Hans
    Der König von Wien 54

Michelsen, Hans Günther
  Feierabend 1 und 2   6
  Helm 10
  Planspiel 13
Miller, Arthur
  Tod eines Handlungsreisenden 66
Mitterer, Felix
  Stigma 48
Mnouchkine, Ariane
  Mephisto 34
Mrożek, Slawomir
  Die Polizei 4
  Tango 9
Müller, Elfriede
  Glas 51
Mueller, Harald
  Totenfloß 43
Müller, Heiner
  Prometheus 11
  Philoktet 12
  Leben Gundlings
    Friedrich von Preußen
    Lessings Schlaf Traum Schrei 26
  Mauser 27
  Germania Tod in Berlin 31
  Die Hamletmaschine 33
  Verkommenes Ufer 39
  Quartett 43
Muschg, Adolf
  Kellers Abend 23
Norén, Lars
  Dämonen 43
  Rachearie 53
  Und gib uns die Schatten 57
Oates, Joyce Carol
  Shelley 42
Obaldia, René de
  Genusien 10
O'Casey, Sean
  Der Pflug und die Sterne 6
  Der Stern wird rot 17
  Juno und der Pfau 24
  Das Ende vom Anfang 25
  Das Freudenfeuer für den Bischof 37
  Das Ende vom Anfang 67
  Gutenachtgeschichte 67
  Purpurstaub 70
O'Darkney, George
  Die Blinden von Kilcrobally 67

Olmi, Véronique
  Passagiere 66
O'Neill, Eugene
  Hughie 3
Ostermaier, Albert
  The Making Of. B.-Movie 68
de la Parra, Marco Antonio
  Solo für Carlos und Sigmund 48
Pinter, Harold
  Der Hausmeister 8
  Betrogen 34
  Einen für unterwegs 40
  Asche zu Asche 63
Pirandello, Luigi
  Sechs Personen suchen einen Autor 6
von Plato, Heidi
  Der elektrische Reiter 56
Plenzdorf, Ulrich
  Die neuen Leiden des jungen W. 20
  kein runter kein fern 52
Pohl, Klaus
  Da nahm der Himmel
    auch die Frau 32
  Karate-Billi kehrt zurück 54
Poss, Alf
  Wie ein Auto funktionierte 15
Puig, Manuel
  Unter einem Sternenzelt 45
  Der Kuß der Spinnenfrau 47
Redonnet, Marie
  Tir & Lir 58
Reinshagen, Gerlind
  Sonntagskinder 25
  Himmel und Erde 28
  Eisenherz 36
  Tanz, Marie! 44
  Die Feuerblume 46
  Die grüne Tür
  oder Medea bleibt 66
Reza, Yasmina
  »Kunst« 62
Rohmer, Eric
  Das Trio in Es-Dur 49
Roth, Friederike
  Ritt auf die Wartburg 38
  Das Ganze ein Stück 44
  Erben und Sterben 57
Roth, Gerhard
  Sehnsucht 26

Roth, Patrick
  Kelly 55
  Die Hellseher 60
Rózewicz, Tadeusz
  Die Zeugen oder Unsere kleine
    Stabilisierung 7
Sachs, Nelly
  Eli 5
Salvatore, Gaston
  Büchners Tod 18
  Stalin 49
  Lektionen der Finsternis 53
Sartre, Jean-Paul
  Tote ohne Begräbnis 4
Schenk, Johannes
  Transportarbeiter Jakob Kuhn 25
Schimmelpfennig, Roland
  Die arabische Nacht 72
Schleef, Einar
  Berlin ein Meer des Friedens 40
  Totentrompeten 1 68
  Drei Alte tanzen Tango,
    Totentrompeten 2 69
Schneider, Robert
  Dreck 58
Schnitzler, Arthur
  Das weite Land 46
Schütz, Stefan
  Fabrik im Walde 25
  Die Amazonen 28
Schwab, Werner
  Volksvernichtung oder
    Meine Leber ist sinnlos 54
  Die Präsidentinnen 60
Seidel, Georg
  Villa Jugend 52
Semprún, Jorge
  Bleiche Mutter, zarte Schwester 68
Shaw, George Bernard
  Die heilige Johanna 1
  Der Kaiser von Amerika 4
  O'Flaherty 9
  Frau Warrens Beruf 15
  Pygmalion 19
  Helden 25
Sperr, Martin
  Jagdszenen aus Niederbayern 9
Sternheim, Carl
  Bürger Schippel 9

Strauß, Botho
  Bekannte Gesichter,
    gemischte Gefühle 26
  Trilogie des Wiedersehens 28
  Groß und klein 33
  Kalldewey Farce 36
  Der Park 42
  Die Fremdenführerin 44
  Besucher 50
  Die Zeit und das Zimmer 52
  Schlußchor 55
  Das Gleichgewicht 58
  Ithaka 64
  Die Ähnlichen 69
Streeruwitz, Marlene
  Waikiki-Beach. 52
  Elysian Park. 59
  Bagnacavallo. 63
Strindberg, August/
Weiss, Peter
  Fräulein Julie 10
  Ein Traumspiel 21
Süskind, Patrick
  Der Kontrabaß 56
Suter, Lukas B.
  Schrebers Garten 39
  Spelterini hebt ab 42
  Erinnerungen an S. 45
  Kreuz und Quer 47
  Insel mit Schiffbrüchigen 51
  Althusser oder auch nicht 60
  Kormoran 66
Sylvanus, Erwin
  Jan Palach 16
  Victor Jara 26
Synge, John Millington
  Ein wahrer Held 7
Tabori, George
  Jubiläum 38
  Mein Kampf 46
  Weisman und Rotgesicht 53
  Die Goldberg-Variationen 55
  Die 25. Stunde 59
Taylor, Cecil P.
  So gut, so schlecht 37
Thomas, Dylan
  Unter dem Milchwald 5
Triana, José
  Die Nacht der Mörder 12

Tschechow, Anton
  Der Kirschgarten 36
Turrini, Peter
  Die Minderleister 51
  Alpenglühen 59
Valle-Inclán, Ramón del
  Worte Gottes 21
Vargas Llosa, Mario
  La Chunga 47
Vinaver, Michel
  Flug in die Anden 38
Waechter, Friedrich Karl
  Schule mit Clowns 25
Walser, Martin
  Der Schwarze Schwan 8
  Die Zimmerschlacht 12
  Ein Kinderspiel 17
  In Goethes Hand 37
  Nero läßt grüßen
    oder Selbstporträt
    des Künstlers als Kaiser 57
  Das Sofa 62
Walser, Theresia
  King Kongs Töchter 71
Wampilow, Alexander
  Letzten Sommer in Tschulimsk 28

Weiss, Peter
  Marat/de Sade 9
  Hölderlin 16
  Der Prozeß (nach Franz Kafka) 24
  Die Ermittlung 33
  Der neue Prozeß 35
  Wie dem Herrn Mockinpott
    das Leiden ausgetrieben wird 52
Wenzel, Jean-Paul
  Weit weg von Hagedingen 27
Wesker, Arnold
  Goldene Städte 10
Widmer, Urs
  Top Dogs 64
Williams, Tennessee
  Endstation Sehnsucht 45
Witkiewicz, Stanisław I.
  Die da! 11
Wolf, Robert
  Zyankali 2000 69
Wysocki, Gisela von
  Der Erdbebenforscher 57
Zuckmayer, Carl
  Der fröhliche
    Weinberg 10
  Der Rattenfänger 23